市场营销名校名师
新形态精品教材

U0733461

客户关系管理

钱丽萍 ◉ 主编
花拥军 邵兵家 ◉ 副主编

*Customer Relationship
Management*

人民邮电出版社
北京

图书在版编目（CIP）数据

客户关系管理 / 钱丽萍主编. -- 北京 : 人民邮电
出版社, 2023.3
市场营销名校名师新形态精品教材
ISBN 978-7-115-60026-4

Ⅰ. ①客… Ⅱ. ①钱… Ⅲ. ①企业管理－供销管理－
高等学校－教材 Ⅳ. ①F274

中国版本图书馆CIP数据核字(2022)第165020号

内 容 提 要

本书以客户关系管理为主线，重点分析 3 个问题：谁是企业的客户、企业能为客户做什么、客户愿意选择企业吗。本书共分为 8 章，包括客户关系管理概述、客户关系管理理论基础、客户识别与区分、客户互动、客户获取、客户满意与投诉、客户忠诚与流失、客户关系管理绩效评估。

本书提供了丰富的教学资源，用书教师可登录人邮教育社区（www.ryjiaoyu.com）免费下载。

本书可作为高等院校市场营销、工商管理、电子商务、金融学等专业的教材，也可供市场营销、工商管理领域的从业人员学习使用，还可作为市场营销领域研究人员的参考书。

◆ 主　　编　钱丽萍
　　副 主 编　花拥军　邵兵家
　　责任编辑　武恩玉
　　责任印制　李 东　胡 南

◆ 人民邮电出版社出版发行　　北京市丰台区成寿寺路 11 号
　　邮编　100164　电子邮件　315@ptpress.com.cn
　　网址　https://www.ptpress.com.cn
　　固安县铭成印刷有限公司印刷

◆ 开本：787×1092　1/16
　　印张：12.75　　　　　　　　2023 年 3 月第 1 版
　　字数：269 千字　　　　　　2025 年 1 月河北第 5 次印刷

定价：49.80 元

读者服务热线：(010)81055256　印装质量热线：(010)81055316
反盗版热线：(010)81055315
广告经营许可证：京东市监广登字 20170147 号

近年来，以 ABCD［A 即人工智能（AI），B 即区块链（Blockchain），C 即云计算（Cloud Computing），D 即数据科学（Data Science）］为代表的新一代信息技术引发了商业环境的巨大变化。这种变化主要体现在两个方面。从供应端来看，得益于信息技术的赋能，众多行业重新洗牌、竞争格局重构，企业间的竞争态势更为激烈。从需求端来看，信息技术的广泛使用改变了客户的行为模式，客户的需求偏好和购买习惯日益多元，全渠道购买成为消费主流。以追求市场份额为中心的经营理念已无法帮助企业在复杂多变的环境下赢得竞争优势，以客户为中心的长期经营理念才是企业应对环境变化的利器。由此，构建并维护良好的客户关系成为企业经营的重中之重。

客户至上的理念并非刚刚产生，它早已成为诸多成功企业的信条，但客户关系管理却在近年才被企业广为重视。这是因为客户关系管理不仅是一种管理理念，同时也是一种融合了信息技术的管理方法和过程。以 ABCD 为代表的新一代信息技术的发展极大地推动了客户关系管理的发展，尤其是客户关系管理技术的发展，让以往无法有效实施客户关系管理的小型企业也可以实施客户关系管理。先进的客户关系管理理念、可行的客户关系管理技术以及有效的实施，构成了客户关系管理的铁三角。本书正是基于上述理念，对客户关系管理进行了深入的解读。

本书具有以下特色。

（1）内容全面，通俗易懂。基于对企业客户管理实践的解析和领域文献的梳理，本书介绍了客户关系管理理论基础、客户识别与区分和客户互动等内容，并使用通俗易懂的语言阐述相关知识。

（2）注重理论联系实践。本书每章均提供"开篇引例"，并结合理论知识对引例进行深入透彻的分析；每章的理论知识都融入相关领域的研究成果，相关知识点旁设置了"知识拓展""前沿研究"等模块；每章均提供"企业实务"等内容，大部分案例来自国内企业，立足本土，讲好中国故事；每章均设置了"本章习题"和"项目实训"模块，读者可通过练习来巩固所学知识。

（3）丰富的配套资源。本书配有丰富的教学资源，主要包括教学大纲、教学计划、教学教案、教学课件等，用书教师可登录人邮教育社区（www.ryjiaoyu.com）免费下载。

本书在重要知识点旁设置了微课二维码，读者扫码后即可观看和学习相关知识。微课内容来源于编者主讲的"客户关系管理"国家级线上一流课程。通过学习微课内容，读者可以加深对相关知识的理解。

本书由钱丽萍担任主编，花拥军、邵兵家担任副主编，编写分工如下：第1章由钱丽萍、邵兵家编写，第2章由钱丽萍、叶菲菲编写，第3章和第5章由钱丽萍、杨云雁编写，第4章由钱丽萍、邵兵家、杨云雁编写，第6章由钱丽萍、曹燕敏编写，第7章由钱丽萍、花拥军、曹燕敏编写，第8章由花拥军、钱丽萍编写。方阳洲、雷欣佳参与了本书案例的整理和撰写工作。各章初稿完成后，钱丽萍对全书进行了修改和完善。

由于编者水平有限，书中难免存在不足之处，编者由衷希望广大读者朋友和专家学者能够拨冗提出宝贵的修改建议。修改建议可直接反馈至编者的电子邮箱：qlp@cqu.edu.cn。

编者

2022 年秋于重庆

目 录 ——————————————————————————— CONTENTS

目录

CONTENTS

目 录

第1章
客户关系管理概述

在深入洞察客户关系管理的具体内容之前，首先需要了解客户关系管理的产生原因和内涵。作为本书的开篇，本章主要介绍客户关系管理的产生与内涵，以及从目标客户、应用集成度和系统功能的角度划分客户关系管理软件系统的类型，重点介绍了移动客户关系管理软件系统和社交客户关系管理软件系统。

本章学习目标

（1）了解客户关系管理产生的原因，理解客户关系管理的重要性和必要性；
（2）掌握客户关系管理的内涵；
（3）熟悉客户关系管理软件系统类型。

开篇引例：客户忠诚度计划

客户忠诚度计划（Customer Loyalty Program）可以追溯到 1960 年前后美国 S&H（Sperry and Hutchinson）公司在零售行业发起的客户回报活动。客户购物结账之后，会获得一张基于购物金额的补助票，之后客户可以用这些补助票兑换 S&H 公司发行的客户回报目录中的等价产品。1981 年，美国航空受到零售行业客户回报活动的启发，引入了常旅客计划。其运作方式是：根据乘客已有的飞行里程，回赠乘客一定的飞行里程，当乘客的飞行里程积累到一定程度后，获赠的里程可以用来兑换免费乘机服务。

历经市场洗礼，各公司已实施了包括会员制度、积分奖励、会员网站、会员通信、会员增值服务在内的客户忠诚度计划。客户忠诚度计划从航空行业、酒店行业迅速被普及到零售、电信、金融等行业，现已呈现跨行业、跨国家、线上线下联合的趋势。客户忠诚度计划也越来越被客户熟知，其常以会员积分制、俱乐部等形式出现在各个行业，如中国国际航空股份有限公司推出的"凤凰知音"常旅客计划、招商银行推出的"梦想加油站"积分计划、香格里拉酒店的贵宾金环会，以及斯沃琪的会员俱乐部等。实践证明，这种营销模式是培养客户忠诚的有效营销手段之一。例如，英国乐购（TESCO）推出的会员卡不仅具有积分功能，而且能够收集客户数据，以助于公司分析客户的购买行为，将客户划分成十多个不同的"利基俱乐部"，并为俱乐部成员制定不同版本的俱乐部杂志，刊登吸引他们的促销信息和其他他们感兴趣的话题。英国乐购的客户忠诚度计划大大提高了客户的转换成本，成为其有效的竞争壁垒。

随着客户忠诚度计划的发展，由单个公司推出的客户忠诚度计划同质化程度在不断提高，而客户忠诚度计划的效果却在减弱。在实施客户忠诚度计划的过程中，不少公司发现分属不同行业的公司可能服务于同一客户群，由此不少公司推出了联合型忠诚度计划（Coalition Loyalty Program）。相对于传统的独立型忠诚度计划（Standalone Loyalty Program）而言，联合型忠诚度计划是由两家或两家以上的公司联合向客户推行的忠诚度计划。在联合型忠诚度计划中，会员客户可以在多个商家的日常消费中获取消费积分，并在这些商家中使用这些消费积分。因此联合型忠诚度计划本质上是一种针对消费者在多商家购买行为的回报计划。联合型忠诚度计划在全球的航空、银行、零售、酒店等诸多行业得到广泛应用。例如，雅高酒店集团与欧洲之星（Eurostar）宣布就双方现有的客户忠诚度计划，即雅高乐雅会（Le Club Accor Hotels）和欧洲之星俱乐部（Club Eurostar）建立合作关系，让客户拥有更多选择，享受更丰富的独家礼遇，并且可以灵活实现两个客户忠诚度计划之间的积分互换。欧洲之星俱乐部的会员有机会享受雅高酒店集团提供的各项会员服务，如精英体验（Elite Experiences）、电子商店（La Collection e-boutique）以及梦幻住宿（Dream Stay），还可以获得巴黎雅高酒店体育馆的专属礼遇，观看运动赛事和音乐演出。雅高乐雅会会员也可以获得欧洲之星客户忠诚度计划的相关权益，享受欧洲之星车票、升舱及其他特殊优惠，并且可购买欧洲之星俱乐部商店内的商品。此外，欧洲之星俱乐部的会员可以将其积分转换为雅高乐雅会奖励积分，用于兑换全球3 500多家酒店的免费房间，雅高酒店集团提供从经济型到高端型的各类酒店供会员选择。会员也可以将雅高乐雅会奖励积分兑换成欧洲之星俱乐部积分，获得增添积分的新方式。

联合型忠诚度计划本质上仍是一种会员制管理系统。虽然联合型忠诚度计划在实践中的应用范围不断扩大，但是其运作模式的有效性和可持续性仍受到管理界的质疑。例如，参与企业会部分失去对其消费者体验的控制，且其营销活动对目标消费者的重要性也会下降，这就会降低企业参与联合型忠诚度计划时的获益程度；缺乏令各参与企业满意的积分对等规则、统一的沟通方案和有效的营销信息传递机制。总体来看，目前联合型忠诚度计划的运作模式仍处于探索和完善之中。

1.1 客户关系管理的产生与内涵

随着客户需求动态性和多样性的增强、市场竞争的日趋激烈、数字技术的蓬勃发展和广泛应用，企业经营活动正面临前所未有的严峻挑战。以往以产品和规模为中心的粗放式经营管理模式已不再适应环境的变化，企业迫切需要建立以客户为中心、实现客户价值和达到企业满意利润的集约化经营管理模式。在这一过程中，实施有效的营销管理，建立和维护良好的客户关系是企业转型成功的基石。

1.1.1　客户关系管理产生的原因

客户关系管理产生的原因可以归纳为以下 3 个：客户价值实现过程中需求的拉动、管理理念的更新，以及信息技术的推动，如图 1.1 所示。

图 1.1　客户关系管理产生的原因

1. 客户价值实现过程中需求的拉动

随着商业社会的发展，客户的需求发生了显著的变化，主要体现在以下 3 个方面。

第一，客户需求个性化特征日益显著。需求是指人对某种目标的渴求和欲望。人们的需求层次随着社会的进步和生活水平的提高而提高。工业革命以后，大规模生产逐渐成为企业生产经营的主流。在这一模式下，企业的生产效率显著提高、成本逐步降低，能够满足人们的共性需求。在数字经济时代，随着产品种类的进一步丰富、产品供过于求，人们的个性化需求日益高涨。较之以往，人们的需求越来越多样化，人们越来越追求心理上的满足，喜欢个性化的产品，崇尚个性化消费。在这一背景下，企业的竞争焦点集中于怎样更好地满足客户的个性化需求，因此不断满足客户的个性化需求也就成了企业发展的必然途径。

第二，客户的消费行为模式呈现流动性。随着数字经济和电子商务的发展，客户能通过线上、线下多种渠道知晓、了解和购买产品及服务。由此，客户的购买行为不再拘泥于单一渠道，而是会随着自身所处的实际情况在不同渠道间跳转。例如，客户可能通过社交媒体了解了产品的信息，在线下实体店中试用或者体验了产品，最后在电商平台购买产品。在这一背景下，企业不能再孤立地看待每一种渠道，而是需要系统规划和设计与客户的互动渠道。

第三，客户已经不满足于消费者的角色，渴望转型为产消者（生产者＋消费者）等角色。在传统的交易关系中，客户与企业之间是简单的交易关系，企业扮演生产者角色，客户是单纯的消费者。企业在产品投放之前，通过有效的营销策略构建自身的品牌形象，通过品牌的号召力，使客户追随。但是在数字经济时代，客户已经不是单纯的消费者，而是扮演着产品的共同开发者、经营的合作者和竞争者、价值网络的共同创造者等多种角色。例如，客户可以在社交媒体上发表自己对产品的看法，而其他潜在客户则会根据该客户的评论决定是否购买产品。毫无疑问，在客户角色的转变过程中，企业已经不能按照过往的模式定义客户角色，而是需要采取新的理念和方式建设客户关系。

案例

据统计，2021 年我国 Z 世代[①]人口规模超过 2 亿人，新一代的青年人正在快速崛起。与往届青年人不同，这一届青年人更加注重追求自我个性的突显。与流行相比，Z 世代更看重个性，通过个性化追求来诠释自我的美与价值观。《年轻力中国 2021 文化洞察及商业启示报告》认为：年轻一代用"我用什么""我穿什么"来诠释自我个性与价值观。由此，个性化的产品和品牌更能打动青年人。青年人购物不只是单纯的消费，还是表达自我的方式，如麦肯锡《消费者季刊》中提出：中国 Z 世代消费者中，逾半数（51%）偏爱提供个性化产品的品牌，53% 会选择提供定制服务的品牌。相比澳大利亚、日本或韩国消费者，中国消费者更渴望彰显个性。品牌应该打磨品牌独特的价值主张，并以个性化的方式与青年消费者沟通。

2. 管理理念的更新

客户需求的变化、企业间市场竞争的加剧，推动了战略管理、市场营销等研究领域的发展。在战略管理领域，价值链理论认为，企业是一系列创造价值和支持价值创造的活动集合，企业的差别优势来源于自身价值链如何与客户价值链相连接。企业不仅需要为客户创造和传递价值，同时也要注重客户价值链。在市场营销领域，随着大市场营销和关系营销理论的兴起，理论界越来越意识到与客户的交易关系不足以让企业保持持续的竞争优势，只有与客户建立并维持长期的友好关系，企业才能构筑竞争壁垒、获取卓越绩效。关系营销、一对一营销、数据库营销等营销理论的发展无一例外地说明了洞察客户、客户关系的重要性。更进一步，获取新客户、增强现有客户的盈利性和延长客户关系是企业实现利润增长的三大路径。

在管理理论发展的同时，企业也在不断实践。企业关注的核心从产品、价格、促销和渠道等驱动因素，转向客户、提升客户资产。企业实践的统计结果显示：只要客户的留存率提高 5%，企业的利润能提高大约 100%。管理理论的发展和基于企业实践的统计数据均表明了

---

① Z 世代通常指 1995 年至 2009 年出生的一代人。

维护客户关系的重要性。这就促使企业重视客户利益，有效实施关系营销和客户关系管理。

3．信息技术的推动

以往很多企业希望开展客户关系管理计划，但受制于技术，很多想法无法实现。但是，计算机、通信技术、网络应用的飞速发展使企业收集、整理、加工和利用客户信息的速度与质量都有了飞速的进步。新一代信息通信技术的发展不仅为企业提供了新的手段，同时也引发了企业组织结构、工作流程的重组，以及社会理念的变革。例如，信息技术的发展以及智能手机的普及，使得客户可以通过线上、线下多种方式了解企业和产品，也可以在社交媒体上发布自己对产品的使用体验。企业可以借助信息技术的发展，在全球范围内开展各项营销活动，向客户销售产品并提供各项服务。

具体而言，信息技术的发展使得信息在以下几个方面的应用成为可能。

（1）企业的客户可通过电话、传真、网络等方式访问企业，进行业务往来。

（2）任何与客户打交道的员工都能全面了解客户关系，根据客户需求进行交易，了解如何对客户进行纵向和横向销售，记录自己获得的客户信息。

（3）企业能够对市场活动进行规划、评估，对整个活动进行 360° 的透视。

（4）企业能够对各种销售活动进行追踪。

（5）员工可不受地域限制，随时访问企业的业务处理系统，获得客户信息。

（6）企业拥有对市场活动、销售活动的分析能力。

（7）企业能够获得成本、利润、生产率、风险率等方面的信息，并对客户、产品、职能部门、地理区域等进行多维分析。

办公自动化程度、员工计算机应用能力、企业信息化水平、企业管理水平的提高都有利于客户关系管理的实现。电子商务在全球范围内正开展得如火如荼，正在改变着企业的经营方式。通过互联网，企业可开展营销活动、提供售后服务、收集客户信息。重要的是，这一切的成本非常低。

客户信息是客户关系管理的基础。数据仓库、商业智能、知识发现等技术的发展，使得企业收集、整理、加工和利用客户信息的水平大大提高。在可以预见的将来，我国企业的通信成本将会降低。

1.1.2　客户关系管理的含义

1．客户关系管理的不同含义

目前客户关系管理（Customer Relationship Management，CRM）主要有三种基于不同视角的定义。

第一种是基于管理理念视角的定义，主要源于关系营销理论。伦纳德·L. 贝瑞（Leonard L. Berry）在 1982 年提出关系营销概念时就将其定义为"培养、维持和强化客户关系"。后来，贝瑞等人（1995）又从理念、战略、策略三个层次对关系营销进行了深入剖析，将关系营销描述成"通过满足客户的需要来赢得客户的偏爱和忠诚",认为关系营销的重心是客户和客户关系生命周期。罗伯特·肖（Robert Shaw，1998）指出，企业与客户的关系是一种互动关系，企业需要重视"资源投入—客户行为—形成产出"的因果链，并实现企业投入与客户需求满足之间的最佳平衡。格雷厄姆（Graham，2001）将客户关系管理视为企业对待经营业务与客户关系的一种态度、倾向与价值观。派珀斯（Peppers，2001）则从客户的差异化需求出发，构建了客户识别、细分、互动和定制的关系管理模型。

第二种是基于实施客户关系管理方法和举措视角的定义，聚焦于企业如何践行客户关系管理。查伯罗（Chablo，2000）认为客户关系管理的核心是系统整合，企业应当把所有与客户接触的领域系统整合在一起，并通过人、流程和技术的有效整合来实现客户关系管理。英霍夫（Imhoff，2001）也认为客户关系管理是协调企业战略、组织结构、企业文化和客户信息与技术之间关系的整合方法。高德纳集团（Gartner Group）认为，客户关系管理就是为企业提供全方位的管理视角，赋予企业更完善的客户交流能力，从而最大化客户的收益。

第三种是基于客户关系管理软件系统视角的定义，认为企业实施客户关系管理的关键在于配置和使用有效的客户关系管理软件系统。例如，赛仕软件（SAS）公司将客户关系管理视为一个技术过程，是企业最大限度地掌握与运用客户信息来强化客户忠诚和实现客户挽留的过程。赫尔维茨集团（Hurwitz Group）认为客户关系管理既是一套原则制度，也是一套软件和技术，客户关系管理的焦点是自动化并改善与销售、市场营销、客户服务和支持等领域的客户关系有关的商业流程。国际商业机器公司（IBM）认为，客户关系管理包括企业识别、挑选、获取、发展和保留客户的整个商业过程，并将客户关系管理分为关系管理、流程管理和接入管理。

2. 客户关系管理的内涵

综合以上客户关系管理（CRM）的定义，可以将其分为理念、技术、实施 3 个层面。其中，理念是 CRM 成功的关键，是 CRM 实施、应用的基础；技术是 CRM 成功实施的手段和方法；实施是决定 CRM 成功与否、效果如何的直接因素。三者构成 CRM 铁三角，如图 1.2 所示。

CRM 理念源自关系营销学，其核心思想概括为：为提供产品或服务的组织，找到、留住客户，并提升客户价值，从而提升组织的盈利能力（经济效益、社会效益）并加强竞争

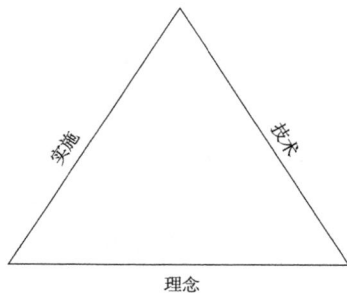

图 1.2　CRM 铁三角

优势。因此，对 CRM 理念的理解是组织能够向建立"以客户为核心、以市场为导向"经营管理模式转变的第一步。组织中包括人员、业务单元、机构。无论是在心理、潜意识，还是在工作习惯上，组织都需要逐步调整转变，需要适应期，但这个适应期又不能太长。愿不愿意接受、能否接受、如何接受 CRM 理念的问题，不是每一个组织都能顺利解决的，组织要充分考虑各阶层的利益及其需求，同时组织要有配套改革的规章制度并能够真正长久地执行。CRM 的万能论、无用论都是不可取的。组织应该考虑所面对的市场主体及发展阶段，

在适合的时间、适合的地点以适合的手段引入 CRM 理念。

CRM 技术集合了很多新的科技发展成果，包括：互联网和电子商务、多媒体技术、数据仓库和数据挖掘、专家系统和人工智能、呼叫中心等。这些技术体现在 CRM 软件中。CRM 软件不等于 CRM 理念，它是先进理念的反映与体现，吸纳了先进的软件开发技术、企业经营管理模式、营销理论与技巧。换言之，CRM 软件是将 CRM 理念具体贯彻到组织中并实现其目标的有效、有形的工具与平台，同时，CRM 软件不是一种交付即用的工具，需要组织根据自身的具体情况进行 CRM 实施。

在实施 CRM 之初，组织要确定实施的目标与范围，确保在限定的时间内完成项目、规避风险或将风险降到最低。树立风险意识是 CRM 实施成功的重要保障，实施的目标不是越高越好，实施的范围也不是越大越好，风险意识是需要组织与 CRM 软件厂商协调一致的。70% 的 CRM 项目最终以失败告终，很大一部分原因就是风险机制不健全。CRM 实施是一个艰苦而渐进的过程，拔苗助长的做法是危险和错误的。其需要分阶段设定目标，达成当前一阶段的目标后再进入下一阶段，这样信心增强、经验增加、工作扎实的 CRM 实施才会使 CRM 铁三角更加稳固。许多 CRM 软件厂商缺乏实施能力，而实施过程又是许多组织容易忽视的。组织购买 CRM 软件时谨慎选择，但购买后没有认真实施或认为没有必要花费人力、物力实施，使得 CRM 软件没多久就被束之高阁。因此，准备引入 CRM 软件的组织不但要评估软件本身，而且要考虑厂商的实施能力。

在客户关系管理中，理念、技术、实施，三者缺一不可。企业借助先进的理念，利用发达的技术，进行完美的实施，才更能优化资源配置，在激烈的市场竞争中获胜。

管理延伸

　　2019年，部分视频平台在原有付费会员体系基础上推出了超前点播增值服务，即：网友在会员基础上再付费就可以提前解锁剧集内容。该项服务推出以后，很多想要提前观看热播剧的网友纷纷付费。与此同时，这些视频平台的做法也引来无数网友的质疑，网友认为自己已经付费成为会员，再付费解锁剧集不合理。部分视频平台对网友的质疑进行了回应，表示：超前点播的初衷是想满足用户更多元的内容需求，但在会员告知上不够体贴。2021年9月，中国消费者协会强调相关视频平台的会员服务不仅要合法合规，更要质价相符；视频平台贴合用户需求，提供 VIP 会员服务，应当尊重广大消费者；超前点播重自愿，逐集限制要取消，广告特权应保障，计费规则要公平。部分视频平台宣布取消超前点播。从超前点播这一商业实践看，企业在探索新的商业模式时，不应只考虑自身的利益，还应考虑客户的权益；在制定客户关系管理战略时应当以客户需求为起点，以提升客户体验为核心，虚心聆听客户反馈和意见，并以此作为改善客户关系管理战略的依据。

1.2 客户关系管理软件系统类型

客户关系管理（CRM）涵盖了直接销售、间接销售以及互联网等销售渠道，能帮助企业改善包括营销、销售、客户服务和支持在内的有关客户关系的整个生命周期。CRM 软件系统呈现多样化发展，本节从目标客户、应用集成度以及系统功能等三个方面对客户关系管理软件系统进行分类，并介绍了新兴的移动客户关系管理软件系统和社交客户关系管理（Social Customer Relationship Management，SCRM）软件系统。

案例

早在计算机系统出现之前，企业就开始通过账本记录客户基本信息和销售信息。但这种记账方式只能处理少量的客户信息，无法快速、高效地进行客户信息的收集、分类、整理和应用。20 世纪 50 年代，丹麦工程师希尔道尔·尼尔森（Hildaur Neilsen）发明了 Rolodex 卡片索引系统。Rolodex 卡片索引系统是一种带有可拆放卡片的、可以用于存储联系信息的旋转文件设备。企业将有关个人或其他企业的详细信息记录在特殊类型的索引卡上实现信息录入，并通过将索引卡添加或移除到旋转轴上来进行客户信息的管理。相较于账本记录，它的优点在于使企业在进行寻找客户信息、更新信息或添加信息等客户关系管理活动时更加便捷。20 世纪 70 年代，大型机系统以及数据库营销等信息技术推动了 CRM 软件系统的发展。大型机系统将传统的 CRM 软件系统中所有书面文件数字化，实现节省存储空间、管理客户数据、快速搜寻等目的。1986 年，帕特·沙利文（Pat Sullivan）和迈克·穆尼（Mike Muhney）推出了一个名为 ACT（Automatic Contact Tracking）的客户评估系统，它能够管理客户数据、存储用户数据和业务参数配置数据，并通过后台工作连接销售、营销、服务等业务部门。20 世纪 90 年代，CRM 软件系统的发展迈出了重要的一步，销售能力自动化（Sales Force Automation，SFA）的出现实现了 CRM 软件系统在销售层面的应用。随后，得益于信息技术的发展，各大厂商开发了能适应不同场景的多个 CRM 软件系统。

1.2.1 按目标客户分类

并非所有的企业都能够执行相似的 CRM 策略，相应地，同一企业的不同部门或地区机构在考虑 CRM 实施时，可能有着不同的商务需要。同时，不同企业的技术基础设施也不同。因此，根据客户的行业特征和企业规模来划分目标客户群，是大多数 CRM 软件系统的基本分类方式。在企业应用中，越是高端应用，行业差异越大，客户对行业化的要求也越高。因而，一些专门的行业解决方案产生了，如银行、电信、大型零售等 CRM 软件系统应用解决方案。

而对于中低端应用，厂商则常采用基于不同应用模型的标准产品来满足不同客户群的需求。一般将 CRM 软件系统分为 3 类：以全球企业或者大型企业为目标客户的企业级 CRM 软件系统；以 200 人以上、跨地区经营的中型企业为目标客户的中端 CRM 软件系统；以 200 人以下企业为目标客户的中小企业 CRM 软件系统。

在 CRM 软件系统应用方面，大型企业与中小企业有很大的区别。大型企业在业务方面有明确的分工，各业务系统有自己跨地区的垂直机构，形成了纵横交错的庞大而复杂的组织体系，不同业务、不同部门、不同地区间实现信息的交流与共享极其困难；大型企业的业务规模远大于中小企业，致使其信息量巨大；大型企业在业务运作上很强调严格的流程管理。而中小企业在组织机构方面要简洁很多，业务分工不一定明确，在业务运作上更具有弹性。因此，大型企业所用的 CRM 软件系统要比中小企业的 CRM 软件系统复杂、庞大得多。而一直以来，国内许多介绍 CRM 软件系统的报道和资料往往是以大型企业的 CRM 软件系统为依据的。这就导致一种错觉：CRM 软件系统都是很复杂、庞大的。其实，面向中小企业的 CRM 软件系统也不少，其中不乏简洁、易用的。

现在有关企业规模方面的要求越来越随意，因为越来越多的 CRM 软件系统厂商是依据不同情况来提供不同产品的。主要的 CRM 软件系统厂商，包括 Siebel、Oracle 等，一直以企业级客户为目标，并逐渐向中型市场转移，因为后者的成长潜力更大。另外一些 CRM 软件系统厂商，如 Onyx、Pivotal、用友等，则致力于面向中型企业的中端 CRM，并试图夺取部分企业级市场。MyCRM、Goldmine、Multiactive 和 SalesLogix 等 CRM 软件系统厂商瞄准的是中小企业，其提供的综合软件包虽不具有大型软件包的深度功能，但功能丰富、实用。

1.2.2 按应用集成度分类

CRM 贯穿整个客户生命周期，涉及众多的企业业务，如销售、支持服务、市场营销以及订单管理等。CRM 软件系统既要完成单一业务的处理，又要实现不同业务间的协同，同时，作为整个企业应用中的一个组成部分，CRM 软件系统还要充分考虑与企业的其他应用［如财务、库存、企业资源计划（Enterprise Resource Planning，ERP）、供应链管理（Supply Chain Management，SCM）等］进行集成应用。

但是，不同的企业或同一企业处于不同的发展阶段时，对 CRM 软件系统整合应用和企业集成应用有不同的要求。为满足不同企业的不同要求，CRM 软件系统在集成度方面也有不同的分类。从应用集成度方面，CRM 软件系统可分为：CRM 专项应用、CRM 整合应用、CRM 企业集成应用。

1. CRM 专项应用

以销售人员为主导的企业与以店面交易为主的企业，在核心能力上是不同的。销售能力自动化（Sales Force Automation，SFA）是以销售人员为主导的企业应用 CRM 的关键，而客户分析与数据库营销则是以店面交易为主。

CRM专项应用还有著名的呼叫中心（Call Center）。随着客户对服务要求的提高和企业服务规模的扩大，呼叫中心在20世纪80年代得到迅速发展，与SFA和数据库营销一起成为CRM的早期应用。目前这些CRM专项应用仍然具有广阔的市场前景，并处于不断的发展之中。代表厂商有AVAYA（呼叫中心）、Goldmine（SFA）等。

> ## 案例
>
> 1995年，Siebel发布了第一款销售能力自动化企业级软件——Siebel Sales。这也是首款真正意义上的CRM软件产品，帮助企业运用信息技术对客户关系进行统一管理。该软件通过生成产品配置、报价和合同，以及审批系统化，提高销售人员的成单效率；通过将潜在线索、客户联系方式、拜访记录、业绩结果等信息数字化，帮助追踪、统计各销售环节的情况并及时进行管理方式上的优化以提高产出。如今，SFA已经成为销售管理人员和专业人员提高工作效率的重要帮手。SFA采用了数据库营销中的许多功能，将其自动化并与联系人管理软件相结合，使企业能够有效地跟踪潜在客户、联系人、机会、报价以及其他与销售相关的业务信息，为企业提供了更多有效的客户信息。

2．CRM整合应用

20世纪90年代中期，许多企业为了满足市场竞争的需要，开始把SFA和CRM系统合并，并加入营销策划和现场服务的思想，兼顾软件与硬件，同时还为企业员工提供全面、及时的数据，让其了解每位客户的需求和购买历史，从而为客户提供相应的服务，并在此基础上形成集销售和服务于一体的CRM软件系统。

随着技术的发展，企业意识到CRM贯穿整个客户生命周期，涉及众多的企业业务，因此企业必须实现多渠道、多部门、多业务的整合与协同，必须实现信息的同步与共享，这就形成了CRM整合应用。CRM业务的完整性和软件产品的组件化及可扩展性是衡量CRM整合应用能力的关键。这方面的代表厂商有Siebel（企业级CRM软件系统）、Pivotal（中端CRM软件系统）、MyCRM（中小企业CRM软件系统）。

3．CRM企业集成应用

在20世纪90年代，除了CRM软件系统之外，企业在其他职能部门都应用了信息技术，如ERP系统，实现了企业后台管理信息化，提高了内部业务流程（如财务、制造、库存、人力资源等环节）的自动化水平。但是当时所有的信息系统都只能解决企业一个板块的问题，如ERP系统便缺少直接面对客户的功能。企业发展是一个系统化的整体过程，需要不同企业应用之间的集成。而CRM软件系统作为整个企业应用中的重要组成部分，需要充分考虑与企业其他应用的协同，以实现客户价值的创造。

在这一背景下，1997 年，以 Oracle、SAP 等为代表的厂商将 CRM 软件系统从客户解决方案转移到 ERP 系统中，使 CRM 软件系统除具有销售、营销和支付等功能外，还具有产品计划、制造和运输等业务运营功能。之后，伴随着电子商务的发展，CRM 软件系统的信息化程度加深，具有与其他企业级应用系统集成的能力，实现系统间信息的无缝集成，如 CRM 软件系统与 ERP 系统、SCM 系统以及群件产品的集成应用。

1.2.3　按系统功能分类

1．操作型 CRM 软件系统

操作型 CRM 软件系统用于自动的集成商业过程，包括销售自动化（Sales Automation，SA）、营销自动化（Marketing Automation，MA）和客户服务与支持（Customer Service & Support，CS&S）三部分业务流程。

2．合作型 CRM 软件系统

合作型 CRM 软件系统用于与客户沟通所需手段（包括电话、传真、网络、E-mail 等）的集成和自动化，主要有业务信息系统（Operational Information System，OIS）、联络中心管理（Contact Center Management，CCM）和 Web 集成管理（Web Integration Management，WIM）。

3．分析型 CRM 软件系统

分析型 CRM 软件系统用于对以上两部分所产生的数据进行分析，产生客户智能，为企业的战略、战术的决策提供支持，包括数据仓库（Data Warehouse，DW）和知识库（Knowledge Base，KB）建设，以及依托管理信息系统（Management Information System，MIS）的商务智能（Business Intelligence，BI）。

案例

2017 年，*CIO* 杂志称约有 1/3 的 CRM 项目以失败告终。这其实是多篇分析报告结果（项目失败率从 18% 到 69%）的平均值。失败的原因有很多，如预算超支、数据完整性存在问题、技术限制等。90% 的高管认为 CRM 项目对企业的业务增长没有帮助。如果企业希望 CRM 项目真正推动利润增长（必须确保这种项目协助销售团队增加销量，才能实现这一点），可以参考以下建议：重新思考 CRM 项目，将之视为促进收入增长的工具；将营销活动与销售整合起来；管理者提供改善的建议，而非审查报告。CRM 项目是一个重要的工具，但也只不过是工具。在实施 CRM 项目的同时记住：真正负责为客户创造价值、推动收入增长的是企业的销售团队。

1.2.4　移动客户关系管理软件系统

移动客户关系管理（CRM）利用现代移动终端技术、移动通信技术、计算机技术等现代科技，让业务员在移动中也能够完成通常在办公室里才能完成的客户关系管理任务。移动 CRM 软件系统使业务员不受时间和空间的限制，随时随地与企业业务平台进行沟通，有效地提高了企业管理效率，推动了企业效益增长。今天，客户对从任何地方访问企业的需求越来越大，移动 CRM 软件系统也越来越受到重视。

1999 年，Siebel 推出了第一款移动 CRM 软件系统——Siebel Sales Handheld。同时期，PeopleSoft、SAP 和 Oracle 等企业也推出了相应的移动 CRM 软件系统。这些软件系统在营销环节能利用移动设备将产品推向市场，根据客户的地理位置和爱好实时向客户的移动设备发送个性化的信息以促成交易；在销售环节通过 Web、E-mail、联络中心或移动访问等渠道在企业数据库中进行客户信息的登记，并以短信等形式通知、提示指定的在任何地方的销售人员，销售人员通过个人数字助理（Personal Digital Assistant，PDA）或笔记本电脑进行无线通信，可以随时响应客户的要求并完成销售；在售后环节，客户服务人员可以随时随地访问企业数据库中存储的客户问题数据并下载到移动设备中，然后浏览客户的服务请求并上门解决或将解决办法发送到企业门户网站以便客户查找。

随着移动技术、信息技术和移动终端技术的发展，移动 CRM 软件系统经历了三代的更迭。

第一代移动 CRM 软件系统以短信为基础，帮助企业进行客户关系管理，但由于其实时性较差、短信字数限制致使功能不完善等缺陷，并未获得较好的客户反响。

第二代移动 CRM 软件系统基于无线应用协议（Wireless Application Protocol，WAP）技术，主要通过手机浏览器访问 WAP 网页，以实现信息的查询，一定程度上解决了第一代移动访问技术的问题，但因其存在 WAP 网页交互能力较差、缺乏灵活性以及存在安全隐患等问题，无法满足企业在客户关系管理中的需求。

新一代的移动 CRM 软件系统，融合了 4G/5G 技术、智能移动终端、虚拟专用网（Virtual Private Network，VPN）、数据库同步、身份认证及 Web service 等多种移动通信、信息处理和计算机网络的新技术，以专用网和无线通信技术为依托，极大提升了系统的安全性和交互能力，能够更好地满足企业在移动商务时代的客户关系管理需求。

1.2.5　社交客户关系管理软件系统

在客户关系管理（CRM）发展的初期，对于绝大部分企业来说，购买和使用 CRM 软件系统的成本非常高，如企业需要在 CRM 软硬件的维护和专门信息技术员工的聘用上投入大量资金。因此，CRM 软件系统最初仅在大型企业中得到广泛应用。20 世纪末至 21 世纪初，越来越多的中小型企业创立，其对相应的 CRM 软件系统的需求也越来越大。同时在社交媒体与信息技术的推动下，尝试线上运营的企业越来越多。由此，越来越多的平台企业开始进入服务中小型企业的 CRM 软件市场。而中小型企业，也通过社交媒体的应用以及在平台上使用 CRM 软件的部分服务与客户建立交互关系。

社交客户关系管理（Social Customer Relationship Management，SCRM）软件系统是通过社交媒体与客户建立紧密的双向联系，在社交媒体中与客户互动，并通过社交媒体提供更快捷和周到的个性化服务的综合系统。它是 CRM 软件系统的一种延伸，依托于社交媒体，在企业的既定目标下优化客户体验，并提高客户信任度和忠诚度。

SCRM 软件系统将 Web2.0 和社交媒体的功能与当前的 CRM 软件系统结合起来，利用社交媒体在客户和企业之间建立互动关系，从而产生互惠互利的价值。例如，对于企业而言，SCRM 软件系统可以提高客户的信任度与忠诚度，增加产品的销量；对于客户而言，SCRM 软件系统可以带来更好和更快的服务、更多的参与感以及更优质的产品。同时，社交媒体网络也在其中发挥着至关重要的作用，它为企业提供关键数据，以便企业与客户和合作伙伴建立牢固的关系。

在 SCRM 软件系统中，与客户相关的社交媒体网络信息将被推送到 SCRM 软件系统分析模块，该模块包含以下六大功能。①客户偏好统计：收集客户偏好的统计信息。②社区检测：分析大规模移动呼叫网络中客户复杂网络实体的社区关系，以用于客户社区生命周期管理。③流失预测：帮助客户关系管理者找到有转向其他服务提供商的趋势的客户。④客户维护：帮助营销员工和销售员工在提供服务时与客户保持良好关系。⑤潜在客户营销：构建一些包含当前客户和非客户的具有紧密连接的社区，以便找到新客户。⑥客户生命周期管理。

SCRM 软件系统具有以下特点。

1. 动态互动性

相较于传统 CRM 软件系统以企业为主导管理静态的客户资料，如过去的购买信息和客户属性信息等，SCRM 软件系统具有强社交属性，更强调客户的参与和双边互动。企业利用社交媒体中的信息与客户建立紧密联系，在多渠道零售环境（通常称为全渠道）中与客户进行互动，实现双向反馈，传播和创造价值，为客户提供更快速和周到的综合服务。

2. 客户参与创造价值

传统社会化 CRM 软件系统更多建立在客户个人信息和资料数据之上，依靠单纯的数据搜索和信息整合单向获取和利用客户资源。新的网络环境之下，经济开始依赖于大众合作，遵循开放、对等、分享和全球行动的原则，企业可以与客户一起设计产品，客户不再是单纯的消费者，而是开始以多重身份参与到企业的服务中，客户的需求和想法与企业产品的定位和发展融为一体。

3. 通过社交媒体发掘潜在客户

销售人员可以利用客户订单历史记录、相似产品以及购买模式来预测新的潜在客户。销售人员也可以通过社交媒体和现有系统的集成业务数据，快速访问与新的潜在客户类似的客户的资料，分析其过去的购买行为，并根据新的潜在客户的预期购买行为制定销售策略。SCRM 软件系统给销售人员提供有力的支持，为其寻找新的客户和业务提供参考，这将为企业提供接近潜在客户的新方向，帮助企业提供比竞争对手更好的服务。

4. 提供个性化服务

企业可通过社交媒体中用户的访问等行为和信息，利用大数据挖掘更多潜在用户行为，如用户偏好、人际关系、消费习惯等，以促进精确的受众细分，利用标签对不同属性和需求的客户提供差异化和个性化服务。此外，企业基于社交数据和人口统计数据构建的动态细分受众群可以更准确地衡量营销效果。

5. 追求客户终身价值

随着消费市场更新换代的频次加快，企业推出新品的速度也越来越快，新的消费行为和模式不断涌现，长期消费成为一种趋势，消费行为不仅是为了满足功能需求，还需要满足社交需求。SCRM 软件系统开始通过客户的参与来维持企业和客户之间的长期关系，从获取纯粹市场份额逐步转向获取客观客户份额，更好地留住老客户，从单纯追求短期利润转变成追求客户的终身价值。

案例

2020 年后，市场对保险的接受度提高，客户需求爆发式增长，销售模式开始向线上化、数字化转型。随着保险行业营销模式线上化的加速，某人寿公司面临着销售管理难、客户运营效率低的问题，销售人员素质参差不齐，客户沟通处于"黑盒状态"，无法精准获取客户需求，影响企业成单。加之销售人员流动性大，员工离职容易造成企业客户资源流失。探马 SCRM 软件系统从客户运营、销售管理、客户资源企业化、数据安全等四大功能模块帮助公司提升管理、运营的效率。其通过会话存档、敏感词/敏感动作质检、离职继承等功能助力公司加强销售管理；通过企业微信侧边栏一键发送话术和问答，提高销售专业性和解决客户问题的效率；通过客户标签实现客户分层管理，构建精细化客户运营，从而实现业务增长。

企业实务

Costco 的会员制

Costco 是一家仓储会员式卖场，是全球第三大零售商。其使命是：不断以尽可能低的价格为会员提供优质的产品和服务。为了实现这个使命，Costco 制定了四条准则：第一，遵守法律；第二，照顾会员；第三，照顾员工；第四，尊重供应商。Costco 年报显示，2021 年其在全球 11 个国家和地区开设了 828 家店，单店销售 2.4 亿美元，单店面积 1.35 万平方米，有大约 3 700 个存货单位（Stock Keeping Unit，SKU）。企业付费会员超过 1 亿人，客单价和坪效是沃尔玛的 2 倍以上，但运营费用率只有沃尔玛的一半。

在 Costco 创立之前，零售业遵守零售无门槛的原则，并不主动筛选客户。但 Costco 认为不同客户的需求存在差异，与其服务所有客户，不如深耕单一细分市场。因此，Costco 设立了付费会员制，要求客户预先支付 60 ~ 120 美元不等的定额会员费成为会员。只有会员或有会员陪同的人，才可进入 Costco 卖场消费。由此，Costco 将客户锁定为中产阶层，其采购、营销以及员工管理等一切经营活动都是围绕如何服务好会员而展开的。

第一，严选产品。Costco 在分析会员需求偏好的基础上，严控产品的品牌和质量，主要选择中高端品牌，如劳力士（Rolex）、新秀丽（Samsonite）、李维斯（Levi's）等，并与其长期合作。Costco 会告诉供应商，一旦产品出现问题，至少 3 年之内 Costco 不会与其合作。除了品质要求之外，Costco 还会向大品牌商提出长期大量采购的需求并要求最低价。但如果对方无法长期给出最低价，那就寻找替代品。由此，Costco 创立了自有品牌 Kirkland，主要销售保健品、生活用品、饮料、成衣、电池等。Kirkland 因其良好的产品质量和信誉，成为全美销量第一的健康品牌。

第二，减少 SKU。Costco 活跃 SKU 只有约 3 700 个，大约是沃尔玛的十分之一。这意味着，Costco 每个细分品类中只有 1 ~ 2 种产品：只有具有"爆款"潜质的产品才被允许上架。这种做法的好处是单品备货规模极大，能从供应商那里争取更大的议价空间。同时，经过多轮筛选的 SKU，降低了客户选择成本，也提升了客户体验。

第三，开展多种营销活动。Costco 卖场内经常有试吃活动，并会提供足够的分量，让更多的客户参与试吃活动。由此，只要 Costco 举办试吃活动，当天的销售额可能增长 2 ~ 3 倍。此外，Costco 的平均毛利率只有 10%，如果高于 14% 就要经过 CEO 批准。与之相比，沃尔玛的毛利率一般在 40% ~ 60%。由此，Costco 低价的形象深入人心。

第四，进行严格的采购与库存管理。Costco 采用按市场需求分批生产的策略，将库存始终保持在较低水平。当某产品销售量超出预期时，再安排多个供应链企业共同加工，加速完成。30% 的货品直接由生产厂商送至门店，70% 的货品送至中心库，产品尽量不再折包，仓储式陈列的卖场布局、大包装的整包售卖、高速运转的库存，摊薄了库房费用。Costco 的库存周转天数，比沃尔玛少 1/3。

第五，善待员工。Costco 为员工支付的时薪在美国零售行业里是很高的，同时额外为很多普通员工，包括兼职员工提供各种各样的长期福利。在 2008 年美国金融危机爆发时，几乎所有企业都在想怎么裁员，或者降低员工薪资，只有 Costco 不裁一人，还增加了员工的工资。一般零售行业一年内员工的流失率在 50% ~ 80%，而 Costco 的工作一年以上员工的保留率高达 94%。

Costco 减掉了豪华的装修和大量的销售人员，并且不在媒体上投放广告，甚至没有专门的媒体公关团队。Costco 主要依靠口碑宣传推广。截至 2021 年，Costco 拥有超过 1.07 亿会员，会费收入占总利润的 3/4 左右，在北美地区会员的续费率超过 90%。

本章小结

本章主要介绍了以下内容。

1. 客户关系管理的产生源于客户价值实现过程中需求的拉动、管理理念的更新和信息技术的推动。

2. 客户关系管理尚未有统一定义，主要存在如下三种定义。其一是将客户关系管理视为一种管理理念；其二是基于实施客户关系管理的方法和举措，聚焦于企业如何践行客户关系管理；其三是基于客户关系管理软件系统的视角，认为企业实施客户关系管理的关键在于配置和使用有效的客户关系管理软件系统。

3. 客户关系管理包含理念、技术、实施 3 个层面。其中，理念是客户关系管理成功的关键，它是客户关系管理实施、应用的基础；技术是客户关系管理成功实施的手段和方法；实施是决定客户关系管理成功与否、效果如何的直接因素。

4. 根据面对的目标客户，CRM 软件系统可分为以全球企业或者大型企业为目标客户的企业级 CRM 软件系统；以 200 人以上、跨地区经营的中型企业为目标客户的中端 CRM 软件系统；以 200 人以下企业为目标客户的中小企业 CRM 软件系统。

5. 根据应用集成度，CRM 软件系统可分为：CRM 专项应用软件系统、CRM 整合应用软件系统、CRM 企业集成应用软件系统。

6. 根据系统功能，CRM 软件系统可分为：操作型 CRM 软件系统、合作型 CRM 软件系统、分析型 CRM 软件系统。

7. 新一代信息通信技术的发展推动了移动客户关系管理软件系统的发展，移动客户关系管理软件系统已经经历了三代更迭。

8. SCRM 依托社交媒体展开客户关系管理，具有动态互动性、客户参与创造价值、通过社交媒体发掘潜在客户、提供个性化服务、追求客户终身价值的特点。

本章内容可使读者了解客户关系管理产生的背景，掌握客户关系管理的内涵，认识客户关系管理软件系统的类型，并可为读者学习后续章节的内容奠定基础。

本章习题

一、简答题

1. 论述客户关系管理产生的原因。

2. 比较不同的客户关系管理定义，分析各自的侧重点。

3. 剖析客户关系管理内涵中理念、技术、实施三者的关系。

4. 简述客户关系管理的目标。

5. 按不同的标准分类，客户关系管理系统可以分为哪几类？

6. 生活中企业经常会开展客户忠诚度计划，从你的观察看，客户忠诚度计划的实施效果如何？对企业的社会责任有什么影响？

二、案例分析题

特易购（Tesco）是英国最大的零售商。Tesco 在提升客户忠诚度方面领先同行，活跃持卡人已超过 1 400 万人。Tesco 也是世界上最成功、利润最高的网上杂货供应商之一。

Tesco 同沃尔玛一样在利用信息技术进行数据挖掘、提高客户忠诚度方面走在前列。其通过磁条扫描技术与电子会员卡结合的方式分析每一个持卡会员的购买偏好和消费模式，并根据这些分析结果为不同的细分群体设计个性化的每季会员通信内容。

Tesco 值得借鉴的方法是品牌联合计划，即同几个强势品牌联合推出一个客户忠诚度计划。Tesco 的会员制活动针对不同群体提供了多样的奖励，如针对家庭女性的"MeTime"（"我的时间我做主"）活动：家庭女性可以在日常购买中积累点数，换取当地高级美容、美发沙龙或名师设计服装的免费体验或大幅折扣。

Tesco 的会员制活动不是单纯的集点数换奖品的忠诚度计划，而是一个有效的客户关系管理系统。该系统结合信息科技，能创建和分析客户数据库，并据此来指导和获得更精确的客户细分、更准确的客户洞察，并提出更有针对性的营销策略。

通过这样的活动，Tesco 根据客户的购买偏好识别了 6 个细分群体；根据客户生活阶段分出了 8 个细分群体；根据客户使用和购买速度划分了 11 个细分群体；而根据客户购买习惯和行为模式细分的目标群体更是达到 5 000 组之多。这为 Tesco 带来的好处如下。

（1）更有针对性的价格策略。

（2）有些价格优惠只提供给价格敏感度高的组群。

（3）更有选择性的采购计划。

（4）进货构成根据数据库中所反映出来的消费构成而制定。

（5）更个性化的促销活动：针对不同的细分群体，Tesco 设计了不同的每季通信内容，并提供了不同的奖励和刺激消费计划。因此，Tesco 优惠券的实际使用率达到 20%，而不是行业平均的 0.5%。

（6）更贴心的客户服务：详细的客户信息使得 Tesco 可以对重点客户提供特殊服务，如为孕妇配置个人购物助手等。

（7）更可测的营销效果：Tesco 可以从客户购买模式的变化看出针对不同细分群体的营销活动的效果。

（8）更有信服力的市场调查：基础数据库的样本采集更加精确。

以上所列带来的结果，自然就是客户满意度和忠诚度的提高。

📇 **案例思考题**

（1）结合本章"企业实务：Costco 的会员制"内容，比较 Costco 与 Tesco 的会员制异同。

（2）请分析 Tesco 的客户关系管理策略，并说明上述客户关系管理策略给 Tesco 带来的优势。

项目实训

1. 请选择一家你熟悉／关注的企业，完成以下工作。

（1）简明扼要地阐述这家企业的基本情况，包括企业的简要介绍、产品、行业和客户等内容。

（2）阐述该企业采取的会员制度。

（3）在确定该企业竞争对手的基础上，对比该企业与竞争对手会员制度的差异。

（4）请对该企业的会员制度发表你的看法和观点。

（5）请对该企业未来会员制度的发展与完善，提出你的观点。

2. 查找资料，分析我国 CRM 软件市场的竞争状况和发展态势，并重点分析 SCRM 软件在我国的发展态势。

第2章
客户关系管理理论基础

　　客户关系管理的发展离不开理论的积淀，本章重点回顾了与客户关系管理实践紧密结合的理论。关系营销理论的兴起使得企业看待客户的视角从简单的交易关系转变为长期的合作关系，这是客户互动与忠诚得以发展的基石。一对一营销理论的发展则让企业在构筑长期客户关系时有了明确的方向，即重视客户的个性化需求而非只聚焦于共性需求。AARRR模型则帮助企业深入洞察客户需求和行为，为企业获取客户、与客户建立长期良好关系奠定基础。

本章学习目标

（1）了解关系营销产生的背景，掌握关系营销的内涵与特征；
（2）理解一对一营销的核心思想；
（3）熟悉AARRR模型的内涵。

开篇引例：小米手机的关系营销

　　2010年4月，小米科技有限责任公司（以下简称"小米"）注册成立，总部位于被称为"中国硅谷"的北京中关村银谷大厦，是一家专注智能手机自主研发的移动互联网公司。小米将目标用户群定位在对手机的配置和性能要求高，但又喜欢低价的手机"发烧友"上，以高性价比和软硬一体为核心卖点。"为发烧而生"是小米的产品设计理念，更是小米的标志性品牌口号。

　　2010年8月，小米通过对安卓系统进行深度优化，定制并开发了首个专为中国人习惯设计、全面改进原生体验的第三方手机操作系统——MIUI（米柚）。2010年年底，小米推出手机实名社区"米聊"，半年内注册用户数突破300万。2011年10月，小米首款智能手机"小米M1"正式发布，仅用三个月时间就成为第一个单款销量突破百万台的国产手机，打破了苹果手机和三星手机在国内智能手机市场占主导地位的局面，使得小米备受业界关注。如今，小米手机不仅在国内市场畅销，在海外市场也"圈粉"无数，小米成为全球前三大智能手机制造商。正如"为发烧而生"的设计理念所诠释的那样，小米的畅销离不开让用户"发烧"的高性价比产品，而小米产品的成功打造离不开小米员工的努力付出和小米供应商的积极配合，这都基于小米独具特色的关系营销策略。

（一）小米与用户的关系：和用户做朋友

小米在发展过程中最重要的理念就是"和用户做朋友"。小米的粉丝被称为"米粉"。小米创始人雷军认为，对于小米来说，"米粉"不是衣食父母，而是小米的朋友。小米有什么缺点，"米粉"应该及时指出来；小米取得了什么成绩，"米粉"也应该为之感到高兴。所以，小米让用户参与小米的产品研发、产品推广和用户服务，把小米打造成一个年轻人愿意为之聚在一起的品牌。"因为米粉，所以小米"也是雷军经常讲的一句话。

为了寻找小米产品最初的支持者，在公司成立之初，雷军和创始人团队每天在各大手机科技领域的论坛上发帖寻人，最终找到100名手机"发烧友"对小米免费提供的产品进行测试，并提出意见和建议。小米的工程师根据他们的反馈对产品进行修改和完善，继而面向更多用户开始新一轮公测。开放的研发机制带动了"发烧友"的参与热情，小米的产品也因此不断被完善，带给用户超乎寻常的使用体验，促使他们向身边的朋友推荐小米产品。为了方便让更多的用户深入参与产品策划、设计、开发和测试，小米推出了小米官方论坛。根据小米2022年第一季度业绩报告，截至2022年3月，小米全球MIUI月活跃用户数达5.29亿，同比增长1.04亿；中国MIUI月活跃用户数1.36亿，同比增长1 700万，连续6个季度实现增长。为纪念和感谢第一批支持小米的100名手机"发烧友"，小米拍摄了一部微电影《一百个梦想的赞助商》，并把他们在论坛中的名字真实地应用到电影中。此外，所有参与小米产品开发的用户都被小米称为"荣誉开发组成员"。这份荣誉感和被重视的感觉让"米粉"愿意主动成为小米的拥护者。

为了听到用户最真实的声音，小米的工程师每天必须在规定的时间内在论坛、微博、米聊或线下渠道与用户交流，而不是闭门造车。小米社区也建立了专门讨论板块，列举了小米手机在日常使用中所遇到的一些常见问题及解决方案。在论坛等级制度的激励下，用户也会自发地承担起客服的职能，热心地帮助其他用户解决在产品使用过程中遇到的困难。小米也会将论坛上的问题汇总后反馈到内部交流会上，将分析结果反馈到各部门予以改进。用户反映的问题只要合理，那么在更新系统时，问题就会得到解决。正是在这种理念的指导下，小米手机增加了无网络传输数据、实现一键换机等特色功能。

为了回馈广大"米粉"的支持，与用户建立长期稳定的关系，小米举办了一系列粉丝活动，彻底贯彻"和用户做朋友"的理念。在官方社区网站上，小米为全国的"米粉"提供了"同城会"频道，将在同一城市的粉丝聚集在小米之家，增强社群成员的凝聚力。小米每年还会到全国各地举办"爆米花"活动。在活动现场，小米的创始人、工程师、社区管理员等都会和"米粉"面对面，一起探讨小米手机的使用心得，同时吃爆米花、玩游戏，还会给"米粉"带去小米的卡通玩偶"米兔"、小米的新品发布会门票等神秘礼物。活动结束后，小米会为每一次的"爆米花"活动印刷杂志，留下与"米粉"的共同回忆。为了保证老用户能够优先购买新推出的产品，小米创造性地发明了 F 码。F 码的全称为 Friend 码，本质上是一种购买物品的优先权。能获取小米 F 码的用户主要有三种：①购买过小米手机并通过官网认证的用户；②小米论坛的版主、顾问团、资源组成员或同城会会长等资深用户；③参与不定期举行的论坛活动的用户。这几乎将所有的小米粉丝包括在内，体现了"一切为了发烧友"的口号。

（二）小米与内部员工的关系：让员工成为铁杆粉丝

除了用户是小米的"发烧友"以外，小米的员工也是小米的铁杆粉丝。这是小米的独特魅力。小米的前市场营销总监黎万强曾说过："让每一位员工都喜欢小米，并且爱上小米。只有自己的员工对别人说自己的产品好，别人才会相信。"

在招聘面试时，小米就非常重视考察面试者对小米产品及品牌文化的热爱程度。在正式入职之前，小米都会对员工进行为期 14 天的培训，培训后再进入下一轮面试。这 14 天用于对小米产品及品牌文化的系统学习，也让未来的员工对小米品牌的了解与热爱更进一步。如果培训后的面试没有通过，小米会给予 1 400 元作为这 14 天的补偿，也让面试者感受到小米的人性化关怀。在这样的选拔机制下，小米在招聘时就选择了对小米企业文化认同的员工，并对他们进行系统的企业文化培训，让每位员工意识到企业文化的重要性，把企业文化内化为个人行动价值观。

在薪酬管理上，小米将员工的利益与公司的股权捆绑在一起，形成利益共同体。员工可以选择自己的薪酬结算方式：①正常市场行情的现金工资；② 2/3 的工资，拿一部分股权；③ 1/3 的工资，拿更多的股权。在这三种方式中，第一种代表安全、稳定，让员工安心工作；第二种代表勤勉、共进退，一起努力让公司升值；第三种代表拼搏，和公司的命运捆绑在一起，荣辱与共。据 2021 年 7 月 2 日小米集团公告，小米向集团的 3 904 名员工，总计授予 7 023.2 万股的股票，约合总值 18.4 亿港元。小米就是用这样的激励方式，留住了员工，让员工与公司共进退。

在人才激励方面，小米将员工打造为用户眼中的"明星"，让他们获得极大的成就感。在公司成立之初，很多工程师非常不习惯根据用户不断变换的需求来编写程序，因为编写程序是一项很严谨、很复杂的工作，但为了深度了解用户需求，小米的工程师做到了，还和用户成为朋友，帮助他们解决各种疑难杂症。在许多用户眼里，他们不仅是工程师，更是闪闪发光的明星。2020 年 1 月，雷军宣布，小米颁出首届百万美元技术大奖，给予研发环绕屏的 10 名核心工程师，并表示"以前工程师都是幕后英雄，但小米要让他们成为耀眼的'明星'，要让工程师的技术、成果被更多人看见，给工程师探索的自由，来激发全体技术人员的创新活力"。小米正是通过这样的激励，让每一个在小米工作的员工都有成就感和幸福感，使员工更加热爱和忠诚于公司，成为小米的铁杆粉丝。

（三）小米与供应商的关系：携手实现合作共赢

小米的快速崛起与它身后日益壮大的供应商队伍密不可分。小米的目标用户群是手机"发烧友"，其对手机性能具有极高的要求，小米的产品能否达到目标用户的要求，供应商的选择与维护十分重要。雷军也经常说，小米能有今天的成功，除了感谢小米的所有员工之外，还要感谢小米的供应商。

小米成立伊始，没有名气、需求量小，同时为了符合自己性价比高的产品定位、获得价格优势，小米努力降低生产成本，因此没有供应商愿意合作，为此雷军和创始人团队大费周折，极力劝说优质的供应商与自己合作。最初的小米经常吃闭门羹。但小米的努力在2011年收获成效，著名的日本电子产品制造商夏普同意为小米供应LCD触屏，著名的美国无线电通信技术研发公司高通也决定供应处理器，因为它们认为小米的开放创新式MIUI操作系统前途无量。在关键部件的供应工作敲定后，富士康科技集团同意装配新款小米手机。通过与核心供应商达成合作，小米的信任背书大大增强，与全球数百家优质的供应商陆续建立合作关系，并成为其数一数二的重要用户。随着供应商队伍的日益壮大，小米每年都会召开供应商大会。数百家供应商共聚一堂，共同构筑起小米手机的每个生产环节。

虽然小米主打"低价高质"，但在与多家供应商的合作过程中，却并没有因此影响双方的收益。小米对供应商的要求主要有两个：一是品质要好，二是价格要低。在大部分情况下，物美价廉是个悖论，毕竟有句话叫一分钱一分货。但小米是个例外，小米通过与其供应商共同让利的方式实现真正的高性价比。因为对于供应商而言，成为小米的供应商，在接受更低价格的同时，还需要提供高品质的产品。在这种情况下，供应商需要通过规模化供货来保证利润，而小米出货量的持续增长，是供应商规模化供货的保障。小米的核心供应商，如高通、三星、海力士、闻泰等，均因小米的业务增长而获得了相应的利润增长。

和用户做朋友、让员工成为铁杆粉丝，以及与供应商携手实现合作共赢的关系营销策略，让小米实现了从默默无闻到一鸣惊人，再到深入人心的跨越式发展，未来还将继续滋养小米。从"为发烧而生"到用户、员工和供应商都"为之发烧"，小米的故事生动诠释了关系营销的神奇魅力。

2.1　关系营销理论

为了更好地理解和经营客户关系，企业需要改变其看待客户的视角。关系营销理论的兴起让企业不再着眼于单次交易活动收益的最大化，而是以长期关系的培育为导向，这在很大程度上影响了客户定位工作的开展。本节将从关系营销产生的背景、关系营销的内涵与特征、关系营销的核心——客户忠诚和关系营销推进层次四个方面对关系营销理论的整体内容进行介绍。

2.1.1　关系营销产生的背景

关系营销是 20 世纪 80 年代末、90 年代初在西方企业界兴起的一种新型营销观念，由"大市场营销"概念衍生发展而来。相较于传统市场营销战略组合（4P），菲利普·科特勒（Philip Kotler）在 1984 年提出的"大市场营销"概念主要在三个方面有所突破：一是在企业与外部环境关系上，突破了被动适应的观念，认为企业不仅可以通过自身的努力来影响外部环境，而且可以控制和改变某些外部因素，使之向有利于自己的方向转化；二是在企业与市场和目标客户的关系上，突破了过去那种简单发现、单纯适应与满足的做法，认为应该打开产品通道，积极引导市场和消费，创造目标客户需要；三是在市场营销手段和策略上，在原有的市场营销组合中，又加入了政治权利（Power）和公共关系（Public Relationships）两种重要手段，从而更好地保证市场营销活动的有效性。可以看出，这三点都强调了关系在企业营销中的重要性，标志着关系营销的概念开始萌芽。

随着理论界对关系营销研究的不断深入，目前关系营销理论已发展出众多学派。其中，产业营销（Industrial Marketing Purchasing，IMP）学派和诺丁服务营销（Nordic Services Marketing，NSM）学派是非常重要的两个学派，他们代表着当前两种不同的研究倾向。产业营销学派从对产业市场供应商与客户之间长期、复杂的供应关系出发，把对买卖双方单一关系的研究扩展到对企业网络关系的研究，分析多种关系间的联系和影响，并认为企业处于买卖方、合伙人、政府等组成的多元网络之中，其买卖关系要受到其他关系的影响。以芬兰学者克里斯蒂安·格罗路斯（Christian Gronroos）教授为代表的诺丁服务营销学派则以客户与企业的关系为研究核心，从服务和实体产品的重大差异入手，提出由于服务是无形的，客户在选择服务时非常注重企业的口碑和他人的推荐，企业的发展要依赖满意的回头客，因此建立与客户的持久关系十分重要。尽管产业营销学派和诺丁服务营销学派的研究范围不同，但是两者都认为营销是一个互动的过程，关系的建立和管理是核心，且两者都以系统的观点看待营销，因而两者的理论被统称为关系营销理论。当然，目前关系营销理论并不局限于在产业市场和服务市场中应用，而是已经逐步发展成为一个具有普遍意义且系统的营销理论——一种营销的新范式。

2.1.2　关系营销的内涵与特征

1. 关系营销的内涵

关系营销的概念最早由学者伦纳德·L. 贝瑞（Leonard L. Berry）于 1983 年在服务营销研究中提出，他将其界定为"吸引、维持和增强客户关系"。这一概念的提出促使企业纷纷从简单的交易性营销转向关系营销——在企业与客户和其他利益相关者之间，建立、保持并巩固一种长远的关系，进而实现信息及其他价值的相互交换。1996 年，他又给出更为全面的定义："关系营销是为了达到企业和相关利益者的目标而进行的识别、建立、维持、促进与客户的关系并在必要时终止关系的过程，这只有通过交换和承诺才能实现。"此外，其他学者也从不同的角度对关系营销进行了研究。芭芭拉·本德·杰克逊（Barbara Bund Jackson）从产业营销的角度把关系营销描述为"关系营销关注于获得、建立和维持与产业客户紧密的长期关系"。摩根（Morgan）和亨特（Hunt）通过经济交换与社会交换的差异来认识关系营销，认为关系营销是"旨在建立、发展和维持成功关系交换的营销活动"。古梅松（Gummesson）从企业竞争网络化的角度来定义关系营销，认为"关系营销就是市场被看作关系、互动与网络"。

以上学者对关系营销的定义虽然各不相同，但都强调关系是营销的重点。本书据此提出，关系营销是企业与客户及其他利益相关者发生互动作用的过程，正确建立和发展企业与这些利益相关者的关系是企业营销的核心，也是企业经营成功的关键。

2. 交易营销与关系营销的区别

关系营销从根本上改变了传统营销将交易视作营销活动关键和终结的狭隘认识。交易营销是指为了达成交易而开展的营销活动，是交付功能、基本产品的价值传递过程。交易营销与关系营销的区别主要如下：①交易营销关注的是一次性交易、一锤子买卖，而关系营销关注的是保留客户，发展长期关系；②交易营销着眼于近期利益，不注重与客户的长期关系，关系营销则关注长期利益，其核心在于发展与客户的长期、稳定关系；③交易营销较少强调客户服务，而关系营销则高度重视客户服务，以提高客户满意度、培育客户忠诚度为目标；④交易营销往往只有少量的承诺，关系营销则有充分的客户承诺；⑤交易营销认为产品质量应是生产部门所关心的，关系营销则认为所有部门都应关心产品质量问题；⑥交易营销以交易价格为诉求点，而关系营销以关系价值为诉求点；⑦交易营销的营销重点是促进产品的交易、刺激购买行为，关系营销的营销重点是促进与客户的持续互动。交易营销与关系营销的区别如表 2.1 所示。

表 2.1　交易营销与关系营销的区别

项目	交易营销	关系营销
核心概念	一次性交易	与客户建立和发展长期关系
企业着眼点	近期利益	长期利益
客户服务重视程度	较少强调客户服务	高度重视客户服务
客户承诺程度	有限的客户承诺	充分的客户承诺
质量归责	质量是生产部门所关心的	质量是所有部门都应关心的
营销诉求	交易价格	关系价值
营销重点	刺激购买行为	促进持续互动

3．关系营销的特征

关系营销把企业的市场营销活动置于整个社会经济的大循环之中，而不是局限于产品交易市场，其本质特征可以概括为以下几个方面。

（1）双向沟通。在关系营销中，沟通应该是双向而非单向的。只有广泛的信息交流和信息共享，才可能使企业赢得各个利益相关者的支持与合作。

（2）合作。一般而言，关系有两种基本状态，即对立和合作。只有合作才能实现协同，因此合作是双赢的基础。

（3）双赢。关系营销旨在通过合作增加关系各方的利益，而不是通过损害其中一方或多方的利益来增加其他方的利益。

（4）亲密。关系能否稳定发展，情感因素起着重要作用，因此关系营销不仅要实现物质利益的互惠，还必须让参与各方能从关系中获得情感需求的满足。

（5）控制。关系营销要求建立专门的部门，用以跟踪客户、分销商、供应商，以及营销系统中其他参与者的态度，由此了解关系的动态变化，及时采取措施消除关系中的不稳定因素和不利于关系各方利益共同增长的因素。此外，有效的信息反馈，也有利于企业及时改进产品和服务，更好地满足市场需求。

2.1.3　关系营销的核心——客户忠诚

获得和维持客户忠诚是实施关系营销战略的核心内容，一切关系营销活动都需要围绕这个核心进行。客户忠诚是指客户对企业的产品或服务的依恋之情，它主要通过客户对企业的理念、行为和视觉形象的高度认同和满意，客户对企业的产品和服务的重复购买行为，以及客户对企业的产品和服务的未来消费意向来体现。忠诚的客户是对企业有价值的客户，培养客户忠诚是实现持续的利润增长的有效方法。企业在实施关系营销的过程中，必须从仅对客户的争取和征服转为提升客户忠诚度与持久度。

客户忠诚的前提是客户满意，而客户满意的关键条件是客户需求得到满足。菲利普·科特勒（Philip Kotler）认为：客户满意是指个人通过对产品的可感知效果与他／她的期望值相比较后所形成的愉悦或失望的感觉状态。也就是说，客户满意度是客户对所接受的产品或服务进行评估，以判断是否能达到他们所期望的程度。客户满意度与客户忠诚度的不同之处在于，客户满意度用于衡量过去的交易中满足客户原先期望的程度，而客户忠诚度则用于衡量客户在未来的交易中进行复购及推荐给他人的意愿。

2.1.4　关系营销推进层次

伦纳德·L. 贝瑞（Leonard L.Berry）和帕拉苏拉曼（A. Parasuraman）归纳了 3 种创造客户价值的关系营销层次，即一级关系营销、二级关系营销和三级关系营销。

1. 一级关系营销

一级关系营销在客户市场中经常被称作频繁市场营销或频率市场营销。这是最低层次的关系营销，它维持客户关系的主要手段是利用价格刺激增加目标市场客户的财务利益。随着企业营销观念从交易营销转变为关系营销，一些促使客户重复购买并保持客户忠诚的战略计划应运而生，如频繁市场营销计划。所谓频繁市场营销计划，是指给予那些频繁购买以及按稳定数量购买的客户财务奖励的营销计划。如汇丰银行、花旗银行等与航空公司开发了"里程项目"计划，共同奖励累积的飞行里程达到一定标准的客户。又如，由新加坡发展银行有限公司、VISA 和高岛屋公司联合发起的忠诚营销也是希望与客户建立长期的关系，其智能卡（Smart-Card）的持有者能享受免费停车服务、送货服务，并参与抽奖活动等，具体形式取决于客户用智能卡购买商品的累积金额。一级关系营销的另一种常用手段是对不满意的客户承诺给予合理的财务补偿。例如，奥迪新加坡公司承诺如果客户购买汽车一年后不满意，可以按原价退款。

2. 二级关系营销

二级关系营销既能增加目标客户的财务利益，又能增加他们的社会利益。在这种情况下，营销在建立关系方面优于价格刺激。企业人员可以了解单个客户的需要和愿望，提供个性化和人格化的服务，来增加企业与客户的社会联系。因而，二级关系营销把人与人之间的营销和企业与人之间的营销结合起来。企业把客户看作贵宾。客户与贵宾之间的区别在于：对于一个企业来讲，客户也许是不知名的，而贵宾则不可能不知名；客户是针对一群人或一个大的细分市场的一部分而言的，贵宾则是针对个体而言的；客户可以由任何可能的人提供服务，而贵宾是由专职人员提供服务的。二级关系营销的主要表现形式是建立客户组织，以某种方式将客户纳入企业的特定组织，使企业与客户保持更为紧密的联系，实现企业对客户的有效控制。

3. 三级关系营销

三级关系营销能增加企业与客户的结构性联系，同时给予客户财务利益和社会利益。企业要与客户形成结构性联系需要提供这样的服务：对关系客户有价值，但客户不能通过其他来源得到。这些服务通常建立在对客户需求深度了解的基础之上，通过有效的服务流程设计并依托相应的信息技术，帮助客户提高效率和产出。良好的结构性联系将增加客户转向竞争者的机会成本，同时也将增加客户脱离竞争者而转向本企业的可能性。特别是企业面临激烈的价格竞争时，结构性联系能为扩大现在的社会联系提供非价格动力。当面对较大的价格差别时，交易双方难以维持低层次的销售关系，企业只有通过提供买方需要的技术服务和援助等深层次联系才能吸引客户。特别是在产业市场上，产业服务通常是技术性组合，成本高、难度大，有利于建立关系双方的结构性合作。

前沿研究

　　酒店行业通常会使用客户忠诚度计划来提高客户忠诚度。针对不同的客户，是否所有的客户忠诚度计划都有效？芬兰一家小型私人连锁酒店的休闲和商务旅客的研究结果显示：酒店属性和客户类型会影响客户忠诚度计划的实施效果。酒店属性，尤其是良好的基础设施，是休闲和商务旅客选择酒店的重要因素。如果酒店要实行客户忠诚度计划，那么就必须基于客户类型设计忠诚度计划。延迟退房和房间升级是休闲和商务旅客看重的忠诚度计划福利。但休闲和商务旅客的忠诚度计划偏好存在显著差异，休闲旅客更偏爱房间升级、仅限会员的新闻简报和免费住宿，而商务旅客除偏爱免费住宿外，还看重工作人员是否记住他们的名字。

2.2　一对一营销理论

　　关系营销理论转变了企业看待客户的视角，在此基础上，一对一营销理论进一步指明了企业在构筑长期客户关系时的明确方向，强调重视客户的个性化需求。本节将分别从一对一营销理论产生的背景和一对一营销的核心思想两个方面来展示一对一营销理论的整体内容。

2.2.1　一对一营销理论产生的背景

　　20 世纪 90 年代以来，随着经济的发展、互联网的普及和人们收入水平的提高，消费者需求进入多样化、个性化时代，一对一营销的概念应运而生，其理论基础是市场细分理论。1956 年，美国市场学家温德尔·史密斯首次提出市场细分是企业根据客户需求的不同，把整个市场划分成不同的客户群的过程，其目标是聚合，即在需求不同的市场中把需求相同的消费者聚合到一起。所有市场都可以细分，细分后的市场还可以再细分，细分的极致就是一个客户即为一个细分市场，这为一对一营销理论的提出奠定了基础。

　　1993 年，唐·佩珀斯（Don Peppers）和玛莎·罗杰斯（Martha Rogers）在其合著的《一对一未来》一书中首次明确提出并阐释了一对一营销概念，指出每个客户都具有个性化需求，营销者应基于特定客户的需要改变企业行为，从而与单个客户建立起长期关系，占有每个客户的生涯价值。一对一营销是指企业在充分掌握个别客户的有关信息后，根据其个性化的需求，对其展开针对性、互动性的个体营销活动。一对一营销不只关注市场占有率，还注重增加每一个客户的购买额，也就是在一对一的基础上提升对每一个客户的占有程度，实现客户终生价值的最大化。一对一营销理论一提出，就得到众多企业的追捧。

2.2.2　一对一营销的核心思想

　　一对一营销是以客户为中心，通过识别客户并对客户进行细分，与客户进行一对一互动交流，跟踪客户需求变化并不断满足客户需求，力求与客户建立起长久稳定的信任和忠诚关系的一种营销模式。其核心思想主要包括4个方面。

1. 客户份额

客户份额，也可形象地称为"钱袋份额"，是指一家企业在一个客户的同类消费中所占的比重。一对一营销提出了将企业关注的焦点从市场份额转移到客户份额的新的营销思维模式。市场份额是本企业产品销售总额占一定区域内同一产品销售总额的百分比，努力提高市场份额意味着将尽可能多的产品卖给尽可能多的客户。对一家企业而言，保留和维系客户比单纯地获取客户更为重要。根据唐·佩珀斯（Don peppers）和玛莎·罗杰斯（Martha Rogers）的看法，如果企业的客户流失率减少5%，那么企业的利润增长率会达到100%，而开发一个新客户所花费的成本要比保留一个现有客户的成本高出5倍。企业应该思考如何增加每个客户的购买额，以期与客户建立更加长远和忠诚的关系，而不应只关注短期的市场占有率。客户份额思想与市场份额思想的比较如表2.2所示。

表2.2 客户份额思想与市场份额思想的比较

项目	客户份额思想	市场份额思想
核心观点	一次向一个客户推销尽可能多的产品	一次向尽可能多的客户推销一种产品
区分标准	通过客户的不同与同业竞争者区分开来	通过产品的不同与同业竞争者区分开来
和客户的关系	同客户一起工作	把产品卖给客户
业务模式	与已经拥有的客户继续开展新业务合作	持续寻找新客户
沟通方式	通过互动式的交流了解单个客户的需求，同每一个客户交流	利用大众媒体建设品牌、宣传品牌和发布产品

2. 重复购买

重复购买是指客户连续购买同一种品牌的产品或连续使用同一种服务的购买现象，其取决于客户对某一特定产品的态度和购买动机，也会继续影响客户在未来的购买决策。客户对某品牌产品或者服务的重复购买次数越多、重复购买率越高，则客户对该品牌的忠诚度越高。企业在忠诚客户身上所花费的营销成本相对较低，这会使每笔交易的成本减少。也就是说，提升现有客户消费额所需花费的成本往往低于开发一个新客户的成本，这有利于增加企业的利润。

3. 互动沟通

一对一营销强调企业对每个客户的个性、需求与偏好等的精准掌握。这就要求企业通过沟通媒介及信息回馈机制，与客户建立双向沟通。随着双方互动的深入，企业会更完整地了解客户的差异化需求，从而使自己的产品和服务进一步接近每个客户的个性化需求，跟上客户不断变化的口味和潮流。

实施一对一营销的企业善于创造机会让客户告诉企业自己的需求，并且会记住这些需求，将其反馈给客户，由此保留该客户。因此，在互动沟通的过程中，企业需要注重对客户提供的信息做出及时和连续的反应。如果客户付出努力提供需求信息的回报是更加个性化的使其满意的产品或服务，那么客户将更忠诚，更加愿意付出努力向企业提供其个性化需求信息。

4. 定制化

定制化即企业依据每个客户的个性化需求而量身定制产品或服务，是对"客户不希望被同等对待，而希望能被特殊对待"这一现象给出的回应。由于定制化不仅涉及销售模式的调整，还涉及生产、库存、采购、财务结算等方面，因此通常被看作一对一营销中最为困难的一环。如此看来，是不是定制化就很难实施呢？其实也不然，一对一营销所说的定制化并不是彻底的定制化，而是规模定制化。大规模定制的基本思想在于通过产品结构和制造流程的重构，运用现代化的信息技术、新材料技术、柔性制造技术等一系列高新技术，把产品的定制生产全部或者部分转化为批量生产，以大规模生产的成本和速度，为单个客户或小批量、多品种市场定制任意数量的产品。在数据时代的技术加持之下，企业低成本、高效率地为客户提供令其满意的产品和服务，满足客户的个性化需求的能力将会越来越强。

2.3　AARRR 模型

移动互联网时代，海量的碎片化信息导致消费者的注意力极易被分散。为了更长久地留住客户，硅谷风险投资人戴夫·麦克卢尔（Dave McClure）提出了 AARRR 用户漏斗模型，帮助企业深入洞察客户需求和行为，及时采取有针对性的举措以减少客户流失。本节将从该模型产生的背景和模型的内涵两个方面来介绍 AARRR 模型的整体内容。

2.3.1　AARRR 模型产生的背景

数字化技术的发展进步改变了客户的传统消费习惯，由以前的单一渠道、单一触点发展到如今的跨渠道、多触点。客户可以通过相当多的方式与企业产生交互，客户旅程也因此发生改变。"现代营销学之父"菲利普·科特勒（Philip Kotler）提出经典的五阶段客户旅程，即 5A 模型，包括：认知（Aware）、吸引（Appeal）、询问（Ask）、行动（Act）和拥护（Advocate）。在数字化技术的赋能下，客户在认知阶段的信息接触面更广，在吸引和询问阶段受到网络相关评价的影响更大，在询问、行动和拥护阶段，可以借助工具更积极地与他人互动，传播对产品和服务的体验和感受。因此，负面评论一旦出现，就会快速扩散，影响客户的重复购买行为和忠诚度，使客户留存率大大降低。

为了减少客户流失，企业开始利用数字化技术对客户进行管理。通过收集和分析大量的客户数据，企业可以针对客户旅程中不同阶段的客户表现及时采取应对措施。硅谷风险投资人戴夫·麦克卢尔（Dave McClure）据此提出了 AARRR 用户漏斗模型（以下简称

AARRR 模型），包括获取用户（Acquisition）、提高用户活跃度（Activation）、提高用户留存率（Retention）、获取收入（Revenue）、自传播（Referral），分别与 5A 模型中的五阶段相对应。随着移动互联网的发展，AARRR 模型开始在硅谷一线互联网公司中应用，被引入产品运营，逐渐形成一套完整的用户运营体系。

2.3.2　AARRR 模型的内涵

客户是企业生存和发展的基础，市场竞争的实质就是夺取更多的客户资源。在以往的企业营销活动中，有相当一部分企业只重视吸引新客户，而忽视保留老客户，因此老客户就慢慢流失了，整个过程就像一个漏斗一样层层过滤。企业可以在一周内失去 100 个客户，而同时又得到另外 100 个客户，表面上看销售业绩没有受到任何影响，而实际上，争取这些新客户的成本显然要比保留老客户高得多，从盈利的角度考虑，是非常不经济的。AARRR 模型（见图 2.1）提出，用户漏斗的五层分别对应客户旅程的五阶段，一层层缩小的过程表示不断有客户因为各种原因离开，对企业失去兴趣或放弃购买。AARRR 模型的价值在于其量化了营销过程中各个环节的效率，帮助企业找到薄弱环节。

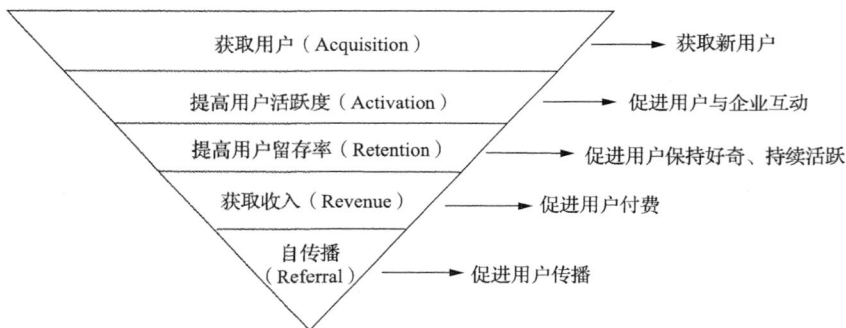

图 2.1　AARRR 模型

1.　获取用户（Acquisition）

获取用户（Acquisition）是 AARRR 模型的第一个步骤，对应 5A 模型中的第一阶段——认知（Aware）。也就是说，企业需要努力借助各种渠道让用户认识自己的产品或服务。企业在这个阶段的主要任务是扩大用户基础，因为漏斗最上层的人数越多，在下层留下的用户可能越多。当然，这里的前提是必须明确目标客户群体是谁。因此，获取用户是 AARRR 模型的基石。

2.　提高用户活跃度（Activation）

提高用户活跃度（Activation）是 AARRR 模型的第二个步骤，对应 5A 模型中的第二阶段——吸引（Appeal）。用户在认识多个品牌后，会处理接触的信息，创造短期记忆或形成长期记忆，最终只对少数几个品牌印象深刻。如果在这期间，用户没有感受到产品或服务对他的价值，便会很快离开。所以促进用户与企业的互动是获取用户后的首要任务。企业仅仅不断获取新用户是不够的，还需要使新用户在沉淀转化后，变成活跃用户，这样才能不被遗忘。

3．提高用户留存率（Retention）

提高用户留存率（Retention）是 AARRR 模型的第三个步骤，对应 5A 模型中的第三阶段——询问（Ask）。在好奇心的驱使下，活跃的用户会积极通过各种渠道收集品牌信息，如亲友评价、网络口碑等。在询问阶段，用户体验路径从个人转为社群，品牌必须获得来自其他方面的认可，才能继续出现在用户体验路径上。在这个阶段，企业务必要积极介入用户的询问过程，减少被他人意见影响而产生离开想法的用户。用户留存不仅是短期留存，更强调在经过系列市场活动后，还能留下来经常重复购买、使用和体验产品或服务的长期留存。

4．获取收入（Revenue）

获取收入（Revenue）是 AARRR 模型的第四个步骤，对应 5A 模型中的第四阶段——行动（Act）。如果用户在询问阶段被说服，就会决定采取行动，如购买或者重复购买等。在这个阶段，企业需要及时响应用户的行动意愿，提供用户满意的产品或服务，促进用户产生付费行为。除此之外，企业还可以通过广告收入、商品差价、会员续费等多样化的方式实现盈利，获取收入。

5．自传播（Referral）

自传播（Referral）是 AARRR 模型的第五个步骤，对应 5A 模型中的第五阶段——拥护（Advocate）。用户在购买产品或服务后，如果收获了较好的使用体验，便会自发地分享、传播以及推荐。用户推荐是持续性强、成本低的推广方式，会带来惊人的用户循环增长。因此，在获取收入后，企业还要努力激励用户为产品进行再传播，为企业争取更多的潜在用户，为下一轮的 AARRR 模型循环做好储备。

企业实务

京东的动态定价

熟悉京东的用户可以发现，该平台的商品价格时常发生波动，但波动范围不会很大。在商品价格波动的背后，是京东的智能动态定价策略。京东通过对有效用户数据的挖掘、整理，依托智能高级算法，构建科学高效的定价模型，实现商品的动态定价。

京东于 2017 年 3 月 2 日宣布实施智慧供应链战略。同时，聚焦智慧供应链创新和应用的 Y 事业部首次对外发布了"Y-SMART SC"京东智慧供应链战略，围绕数据挖掘、人工智能、流程再造和技术驱动四个动力，形成覆盖"商品、价格、计划、库存、协同"五大领域的智慧供应链解决方案，用技术帮助京东与合作伙伴解决"卖什么、怎么卖、卖多少、放哪里"的问题。

在京东此次发布的智慧供应链战略中，价格问题是用户最为关心的。京东商城副总裁、京东Y事业部负责人于永利认为，智能预测是智慧供应链的核心，可以说是供应链的"大脑"，而动态定价就是智能预测的主要功能。京东推出的动态定价算法是基于对价格、商品、用户信息的精准研判，通过持续的数据输入和机器学习训练，平衡商品的毛利润和销售额目标，计算最优价格，促进交易效率的提升。同时，京东通过对促销门槛、折扣力度、消费者决策树等要素的综合建模能力，优化商品的促销策略。

在京东智慧供应链的智能预测系统中，京东根据累积的用户需求数据、零售经验，利用人工智能预测用户想要什么样的商品、能接受什么样的价格、用户分布在什么地方。在零售领域，合理的价格会在很大程度上影响销量，并进一步影响库存的周转。京东的智能定价系统能够预测商品价格变动对销量的影响，还可以预测价格变化对库存的影响，并根据商品的生命周期制定阶段性价格，减少库存。例如，服装品牌李宁曾在线下零售时遇到困难，通过与京东合作，将产地仓和销地仓全方位整合，统一调拨、补货、运输、配送，提高了库存使用效率，实现了智能化定价、销售，提高了利润。

每个商品都有生命周期。企业在不同的时间节点上，根据商品的生命周期确定合理的价格，才能保证较好的销量以及合理的库存，从而实现利润的最大化。大体而言，智能定价就是在毛利和用户体验中找到一个平衡点。需要指出的是，对于京东这种规模的零售商而言，其需要考虑的因素更多，如哪些商品用来获取利润，哪些商品用来引导流量，哪些商品用来与同业竞争，哪些是长尾商品，哪些是非长尾商品，在定价上也会有不同的策略。

至于上述变革是否会导致平台商品价格提高，京东Y事业部某产品经理表示，希望价格能达到一个平衡点，既保证供应商的成本及营业收入，又符合用户理想的价格。"其实对于现在的用户来说，价格不是越低越好，随着社会的发展，用户对品质的追求也越来越高，我们要做的是在保证品质的同时制定一个用户内心可接受的价格。"

本章小结

1. 关系营销由"大市场营销"概念衍生发展而来，目前已发展出众多学派。其中，产业营销（Industrial Marketing Purchasing）学派和诺丁服务营销（Nordic Services Marketing）学派是非常重要的两个学派。

2. 关系营销强调关系是营销的重点，重视企业与客户及其他利益相关者发生互动作用的过程，以正确建立和发展企业与这些利益相关者的关系为核心。关系营销从根本上改变了传统营销将交易视作营销活动关键和终结的狭隘认识。

3. 关系营销的本质特征可以概括为双向沟通、合作、双赢、亲密和控制。客户忠诚是关系营销的核心。

4. 一对一营销的核心思想主要包括 4 个方面：客户份额，也可形象地称为"钱袋份额"，是指一家企业在一个客户的同类消费中所占的比重；重复购买，即客户连续购买同一种品牌的产品或连续使用同一种服务的购买现象；互动沟通；定制化，即企业依据每个客户的个性化需求而量身定制产品或服务。

5. AARRR 模型帮助企业减少客户流失，包括获取用户（Acquisition）、提高用户活跃度（Activation）、提高用户留存率（Retention）、获取收入（Revenue）和自传播（Referral）五个步骤。

本章内容可使读者了解关系营销理论、一对一营销理论、AARRR 模型的相关知识，为读者学习后续章节的内容奠定基础。

本章习题

一、简答题

1. 简述关系营销与交易营销的区别。
2. 阐述关系营销的特征。
3. 论述一对一营销的核心思想。
4. 请论述 AARRR 模型的内涵。
5. 请分析 5A 模型与 AARRR 模型的差异。

二、案例分析题

马莎百货集团（Marks & Spencer，以下简称"马莎"）是英国著名的跨国零售集团。其旗下的"圣米高"品牌货品在 30 多个国家出售，出口货品数量在英国零售商中居首位。马莎在英国的成功源于其关系营销策略。

首先，马莎以满足顾客真正需要为核心建立企业与顾客的稳固关系。马莎建立起自己的设计队伍，与供应商密切配合，为顾客提供高品质货品。马莎要让顾客因购买了物有所值甚至物超所值的货品而感到满意，因此采取了以顾客能接受的价格来确定生产成本的方法。为此，马莎把大量的资金投入货品的技术设计和开发，而不是广告宣传，通过实现某种形式的规模经济来降低生产成本，同时不断推行行政改革，提高行政效率以降低整个企业的经营成本。此外，马莎采用"不问因由"的退款政策；顾客只要对货品感到不满意，不管什么原因都可以换货或退款。这样做的目的是让顾客觉得从马莎购买的货品都是可以信赖的，而且对其物有所值不抱有丝毫的怀疑。

其次，马莎从同盟的角度出发建立企业与供应商的合作关系。马莎非常清楚顾客到底需要什么，也明白如果供应商不能生产出质优价廉的货品，便无法满足顾客需要，所以马莎非常重视同供应商的关系。马莎为了提供顾客真正需要的货品而给供应商制定了严格、详细的采购和制造标准。为了供应商能达到这些标准，马莎也尽可能地为供应商提供帮助。

如果马莎从某个供应商处采购的货品比批发商处更便宜，其节约的资金部分，马莎将转让给供应商，作为改善货品品质的投入。这样一来，在货品价格不变的情况下，马莎提高货品标准的要求与供应商实际提高货品品质取得了一致，最终顾客获得物超所值的货品，提高了顾客满意度和增强了企业货品对顾客的吸引力。

最后，马莎以真心关怀为内容建立企业与员工的良好关系。马莎向来把员工看作最重要的资产，同时也深信，员工是战胜竞争对手的关键因素。因此，马莎把与员工建立相互信赖的关系、激发员工的工作热情和潜力作为管理的重要任务。在人事管理上，马莎不仅为不同层级的员工提供周详和组织严谨的培训，而且为每个员工提供平等优厚的福利待遇，并且做到真心关怀每一个员工。

在英国市场取得成功以后，马莎开始了国际化扩张。2008 年，马莎首次进入中国，门店数量最多达到 15 家。2012 年年末，它在中国开设了独立网上购物平台，并入驻天猫商城。然而，马莎进入中国市场以后，并没有对中国市场进行充分的研究与分析，只是简单地把中国视为一个具有巨大发展潜力的市场，近乎固执地将"英国马莎"搬到了中国，导致马莎在中国市场"水土不服"。部分消费者认为马莎的衣服款式太过老气，尺码偏大，颜色偏暗，并不适合国内年轻消费者。无论是经营模式还是产品风格，马莎都很难被中国消费者接受，在全球快时尚抢滩中国的当下，马莎的竞争力与可选择性显得极其有限。

2018 年，马莎彻底退出了中国市场。马莎在英国本土的颓势也早已出现端倪。1997 年马莎的市值最高达到 169 亿英镑，2018 年却已下跌到 49 亿英镑。2017 财年，马莎国际市场亏损额达到 3 150 万英镑，营业利润下跌 39.6%。

案例思考题

（1）马莎在英国市场实行了哪些关系营销策略？
（2）马莎为何退出中国市场？
（3）请总结马莎成功与失败的经验。

项目实训

请选择一家实践一对一营销理论的企业，完成以下工作。
（1）简明扼要地阐述这家企业的基本情况，包括企业的简要介绍、产品、行业和客户等。
（2）阐述该企业的一对一营销策略。
（3）分析该企业一对一营销策略的成效。
（4）基于以上分析，请对该企业未来的一对一营销策略提出你的看法。

第3章
客户识别与区分

　　客户关系管理理念之一是：认识客户并承认客户之间的差异。因此，企业客户关系管理实践的第一步是认识客户。企业不仅需要掌握客户的相关信息、了解客户的特征，还需要理解客户与企业的关系会经历不同的发展阶段，客户为企业带来的价值也会随着客户生命周期而发生变化。因此，本章在客户信息获取、客户信息处理的基础上，论述了客户区分的必要性，并从客户与企业关系等方面提出了区分客户的不同方法。

本章学习目标

（1）了解客户信息的类别和内容；
（2）掌握获取客户信息的渠道；
（3）了解客户信息处理过程，掌握客户画像构建过程；
（4）弄清客户区分的不同方法；
（5）掌握不同客户区分方法的适用条件与使用情境。

开篇引例：孩子王会员体系

　　孩子王创立于 2009 年，主要从事中高端品牌母婴童商品销售，为准妈妈以及 0～14 岁婴童提供一站式购物及全方位成长服务，致力于母婴生态体系的打造。孩子王以"经营顾客关系"为核心经营理念，以会员为中心，以商品与服务为核心，创新性地采用"商品＋服务＋社交"的大店运营模式，通过"科技力量＋人性化服务"，深度挖掘客户需求以建立高黏度客户基础，快速发展成为母婴零售行业的标杆企业。截至 2021 年，孩子王拥有线下门店 400 多家，服务会员数量超过 4 200 万人，会员带来的收入占全部母婴商品收入的 98%，年交易规模超 100 亿元。

　　孩子王模式的成功源于很多因素，其中不可忽视的就是他们把会员制度做到了极致。从 2015 年开始，孩子王就意识到了存量用户的重要性，并开始着手搭建自己的会员体系。

　　（一）通过打造单客经济模型，搭建完善的会员管理体系，增强客户黏性

　　随着电商红利时代的结束，流量的争夺激烈且获客成本也提高，比起花大价钱去获

取新客，挖掘已有顾客身上的价值，似乎来得更有效率。单客经济应运而生。通过移动互联网等手段与消费者互动，促使消费者重复购买，获取消费者终生价值，这是单客经济的核心。孩子王自成立以来，始终坚持以会员关系为核心资产，以经营客户关系为理念，深度挖掘客户需求，打造了从"互动产生情感—情感产生黏性—黏性带来高产值会员—高产值会员口碑影响潜在消费会员"的整套单客经济模型，并在全业务体系推广。通过多年深入研究会员关系管理，公司建立了包括"会员获取""会员互动""会员分类""会员增值""会员评估"在内的一整套闭环会员管理体系，并与领先的大数据技术和门店场景化优势相结合，形成了完善的以情感为纽带的会员制模式。该模式有利于吸引并留存流量，增强客户黏性，提升会员客单价值。

孩子王会员管理体系如表 3.1 所示。

表 3.1 孩子王会员管理体系

模式	主要内容
会员获取	通过深入门店周边 3 ~ 5 千米的社区、公园、医院等进行会员互动及拓展；通过提供礼包、专属育儿顾问等增值服务打造会员的差异化认知；通过从门店到城市的开拓策略，联合周边异业商户共同合作开发会员；与供应商联合举办"妈妈班"等互动活动获取新用户等
会员互动	公司围绕 1 岁至 6 岁亲子家庭的成长互动需求，结合会员的年龄阶段设计开发了数十个互动产品，打造了一个涵盖孕期教育、科学育儿、趣味游戏、亲子互动、健康比赛等多种类别的会员互动体系
会员分类	公司于 2017 年 9 月上线了全新会员成长体系，统一线上和线下会员，并对会员进行分类分级管理。公司从消费、互动和服务三个维度进行会员成长值的构建，将会员分类为 L0 ~ L8 九个等级，在日常运营中通过不同的成长值增长路径，提升高等级会员占比，增加会员产值
会员增值	公司于 2018 年 5 月正式推出（2017 年试行）付费产品——黑金会员，围绕孕妇与婴幼童两大目标用户群体以及差异化需求，推出了孕享卡（399 元／年）和成长卡（199 元／年）。公司通过将会员与品牌商深度绑定，全面渗透用户日常生活场景，为会员提供从商品到服务的一站式育儿成长解决方案
会员评估	公司基于大数据挖掘与分析，建立了会员全生命周期下的数字化运营体系。对于新会员而言，在用户注册并转化为新会员后，公司通过对新会员转化时间与转化人群的同步监测，寻求触发效率最高的利益点与形式，实现精准触达。对于老会员而言，公司依托大数据的深度剖析，围绕会员营销、会员服务、会员关怀三大场景建立了数据预警、偏好行为分析等模型，提高了会员复购率

（二）采取重度会员制度，以会员为核心资产

随着消费水平的不断提高，公司创新性地采用了"重度会员模式"深耕单客经济，会员消费成为公司营收的核心来源。孩子王以会员为核心资产，定位中产阶级新家庭，基于线下门店每年举办"好孕讲堂""三好学堂""爬爬赛""入学礼"等 10 多类的互动活动，满足顾客专业、多元化服务需求。孩子王也依托第三方场地，面向会员推出"新妈妈学院""孕博会"等孕妇系列，"儿童文化艺术节""童乐会""冬（夏）令营"等儿童系列大型线下互动活动。不仅如此，孩子王还推出育儿顾问模式，育儿顾问以会员开发、维护为核心，围绕会员展开绩效考核，是会员的直接管理者、服务者，不承担门店销售任务,专为会员提供一对一长期服务,通过微信、App 社群、面对面交流(送货上门、上门服务)方式了解顾客需求,传播育儿知识,通过线上线下多频次互动,逐步形成与孕妇间的"师徒"关系,增强顾客黏性,培养潜在会员顾客。更值得一提的是,孩子王打破了门店导购的常规,要求一线员工全员升级为育儿顾问。据统计,孩子王 80% 以上的员工拥有国家认证的育儿资格证书,专业育儿顾问 6 000 人,认证育儿师 2 000 人,育儿专家 500 人。这些拥有育儿资格证的导购便成了品牌与顾客间实时在线的温度连接触点,帮助会员构建了与品牌的强关系。截至 2020 年,公司会员人数达到 4 200 万人,较 2017 年增长超过 2.6 倍,其中 2020 年消费会员人数超过 945 万人。2018—2020 年公司会员订单金额分别为 81.98 亿元、98.48 亿元和 104.81 亿元,占全年销售额的比重分别为 97.8%、98.1% 和 98.4%。图 3.1 所示为孩子王会员人数及消费会员人数,图 3.2 所示为孩子王会员订单金额及占比。

图 3.1　孩子王会员人数及消费会员人数

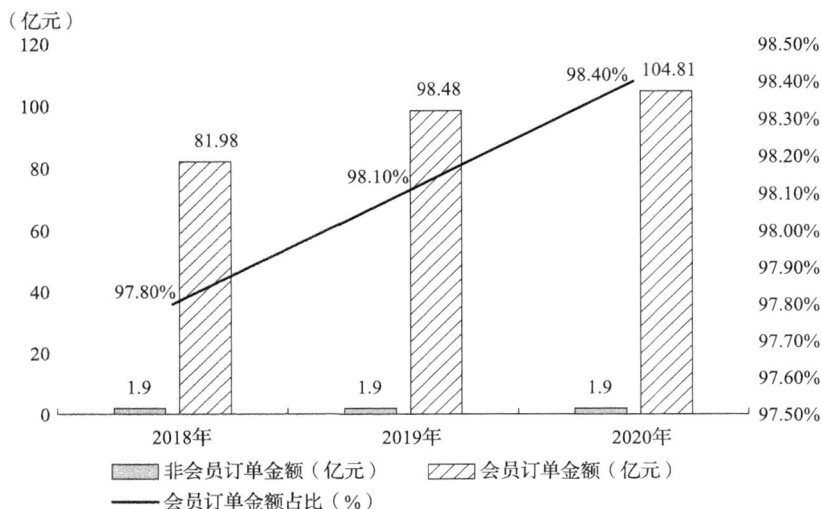

图 3.2　孩子王会员订单金额及占比

（三）黑金会员精细化运营，充分挖掘会员价值

为进一步提高单客产值，孩子王对会员进行了更加精细化的运营。孩子王在2018年5月推出付费黑金会员，分别针对孕妇和婴幼童两大目标用户群体推出了孕享卡（399元／年）和成长卡（199元／年），有效期均为1年，到期后自动作废。消费者在预付会员卡款项后就可享受会员卡内相关服务，其中包含在特定时期获取特定礼物、消费折扣及其他增值服务。截至2020年年末，公司累计黑金会员数量超过70万人，会员数量和销售收入逐年增加，2018—2020年黑金会员单个会员平均收入分别约为117元、134元和152元，2020年付费会员单客年产值为普通会员的10倍。图3.3所示为孩子王黑金会员人数和销售收入。

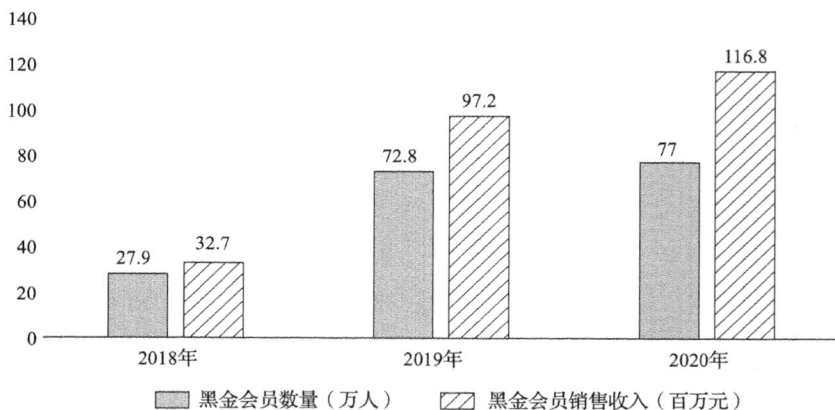

图3.3　孩子王黑金会员人数和销售收入

（四）依托大数据技术，实行精准营销

孩子王每家门店每年要举行1 000多场活动，如宝宝爬爬赛、生日会，孕妇插花班、烹饪班等。会员在孩子王能一站式体验方圆3千米以内的母婴类服务，如婴儿游泳、早教、才艺培训、英语培训、宝宝理发、产后恢复和儿童摄影等。在这个过程中，孩子王会不断收集用户母婴相关的各种信息，包括孕妇的孕期、孩子的年龄等，甚至把孩子的年龄从产前到14岁，细分成了9个阶段。依据这些收集到的信息，孩子王会给用户打上统一制定好的、对应的标签，包括常规属性标签、消费相关标签、消费偏好标签等200多个。最后，再借助营销工具，根据用户所处的阶段和对应的属性标签来推荐解决方案，实现千人千面的精准营销。

孩子王的会员制度具有高留存、高黏性、高消费和高忠诚度的特征，已经证明了在客户留存和复购能力增强的背景下，良好的会员制度能产生极大的客户消费黏性回报。随着人口红利的逐渐退却和互联网技术的快速革新，获客成本持续上升，拥有更多会员并能持续挖掘单客价值的公司则会更具市场竞争力。公司坚持以会员服务为核心，

进一步构建以服务化、数字化、生态化为基础的"会员经济"，客单价值仍有很大提升空间。可见，良好的会员制度能够帮助企业获得更高的销售额和忠诚度。

3.1　认识客户

认识客户是企业进行客户识别与区分的第一步。企业充分地认识客户才有助于进行后续的营销活动。本节将阐述企业需要了解哪些客户信息，从何种渠道获取客户信息，获取后的客户信息应该如何处理。

3.1.1　了解客户信息

早在电子商务普及之前，很多企业就已经意识到了获取客户信息的重要性。例如，在日常生活中，通常企业会要求客户在办理会员卡时填写一张申请表。这张申请表中，通常包含一些基本信息，如姓名、生日、性别、手机号码、电子邮箱地址等。有一些企业会要求客户填写证件号码或者住址。除了基本信息之外，在一些会员卡申请表上，企业还会要求客户填写收到促销活动信息的方式，或者日常行为习惯、偏好的服务项目等。在客户使用会员卡消费时，企业就收集了会员的消费行为数据。这些数据成为企业后续进行营销活动的基础。由此可以看出，客户信息对企业而言是重要且必要的。随着电子商务的普及，尤其是移动商务的兴起，越来越多的企业意识到了掌握客户信息的重要性，几乎所有的平台企业都会要求客户在使用本企业的产品之初就注册成为会员。更为重要的是，在当今互联网发达的时代，企业不仅需要认识到了解客户信息的重要性，同时也要认识到其合法性。

企业了解客户信息的重要性主要体现在两个方面。一方面，企业了解客户信息可以改善客户体验。对于企业而言，客户信息提供了一种更好地理解和满足客户需求的方法。通过分析客户行为以及大量的客户评论和反馈，企业可以灵活地调整其产品或服务，以更好地适应当前的市场；另外，由于每个客户都有个人偏好，因此，企业可以通过对海量数据的挖掘与分析，快速、准确地把握客户的个性化需求。另一方面，企业了解客户信息可以促进营销策略的完善。*Digitalist* 杂志分享的一项研究数据表明，65% 的客户乐于分享他们的信息以换取更有针对性的营销。如果他们还能获得某种形式的福利，如折扣，那么 67% 的客户愿意分享他们的信息。当客户愿意分享自己的信息时，企业可以根据信息分析结果了解客户的需求，了解客户对产品的态度以及使用产品后的满意度。当客户提供个人数据时，企业可以通过专业的大数据平台，对客户购买行为、消费数据进行采集，及时改进产品和服务，同时通过大数据预测，发现更多潜在的客户资源。

> **案例**
>
> 　　王永庆是我国台塑集团创办人，早年生活贫困，靠着东拼西凑的 200 元在嘉义市一条偏僻的巷子里开办了一家米店。那时，嘉义市已有近 30 家米店，竞争激烈。王永庆的米店刚开张时门可罗雀、生意惨淡。于是，王永庆在客户服务上下功夫。例如，卖米前把米中的杂物清理干净，省去客户淘米的麻烦；并主动送米上门，帮客户将米倒进米缸里。如果发现米缸里还有米，他就将旧米倒出来，将米缸刷干净，然后将新米倒进去，将旧米放在上层。这样，旧米就不至于因存放过久而变质。在给客户送米的时候，他细心记下客户家庭情况和米缸容量，并且问明家里有多少人吃饭，几个大人、几个小孩，每人饭量如何，据此估计该户人家下次买米的大概时间，记在本子上。到时候，不等客户上门，他就主动将相应数量的米送到客户家里。除此以外，考虑到许多客户家里都靠做工谋生，收入微薄，少有闲钱，王永庆每次送米上门以后，都不急于收钱，而是到客户发薪水的日子，再上门收米钱，因此他每次都可以顺利收回米钱。就这样，王永庆的生意越来越好。从这家米店起步，王永庆最终成为著名的企业家。

　　了解客户信息固然重要，但是，企业必须尊重客户个人的隐私，在收集客户的相关信息时应该注意获取信息的合法性。随着数字技术与人民群众生活持续深度融合，数字技术得到普遍应用，个人信息的收集、使用更为广泛，加速暴露了其潜在的安全隐患。在隐私保护方面，个人信息不当收集、滥用、泄露，导致公民权益受到侵害的事件时有发生，对社会生活秩序产生极大负面影响。在数据安全方面，网络安全防御措施的缺乏以及互联网高聚集、高流量的特征，带来很多潜在的数据安全威胁。我国作为网络信息技术和数字经济的大国之一，一直在搭建和完善个人信息保护相关的法规体系。《中华人民共和国民法典》编有专门章节规范隐私权和个人信息保护。《中华人民共和国数据安全法》《中华人民共和国消费者权益保护法》《中华人民共和国网络安全法》等均包括了保护公民个人信息的相关法律条款。2021 年 8 月 20 日正式出台的《中华人民共和国个人信息保护法》更是作为我国在个人信息保护领域的专门法律，表明了我国对于全面、完整地保护个人信息的态度和立法主旨。不仅我国，其他国家或组织对个人信息的保护也进行了不同程度的立法，如表 3.2 所示。

表 3.2　各国／组织关于个人信息保护的法律法规

法律法规	国家／组织	发布／生效时间	特点
《隐私保护和个人数据跨境流动指南》	经济合作与发展组织	1980 年	该指南规定了隐私保护和个人数据在各国间自由流动的 8 项基本原则：限制收集原则、资料完整正确原则、特定目的原则、限制利用原则、安全保护原则、公开原则、个人参与原则和责任原则

续表

法律法规	国家 / 组织	发布 / 生效时间	特点
《隐私权法》	澳大利亚	1988 年	制定隐私保护概括性原则
《亚太经合组织隐私保护框架》	亚太经济合作组织	2004 年	该框架侧重于寻找信息隐私保护和信息自由流动的平衡点。包括 9 项隐私保护原则：预防损害原则；通知原则；收集限制原则；个人信息的合理使用原则；个人信息主体的选择权原则；个人信息的完整性原则；安全防护原则；个人信息主体的获取权和要求改正权原则；责任原则
《个人数据保护法 2012》（PDPA）	新加坡	2012 年 12 月	该法规包括个人信息保护的关联内容，是一套行为范式的规则集合体
《个人信息保护法》	日本	2017 年 5 月	确保信息流通的可追溯性，加强国家监管部门对个人信息一元化的管理
《中华人民共和国网络安全法》	中国	2017 年 6 月	首次对个人信息的概念进行界定，赋予了用户个人信息的删除权和更正权
《通用数据保护条例》（GDPR）	欧盟	2018 年 5 月	意味着欧盟对个人信息保护及其监管达到了前所未有的高度
《互联网个人信息安全保护指南》	中国	2019 年 4 月	旨在进一步贯彻落实《中华人民共和国网络安全法》，有效指导我国个人信息持有者保护公民个人信息安全
《加利福尼亚州消费者隐私法案》（CCPA）	美国	2020 年 1 月	法案赋予了消费者对其个人信息更多的控制权，并且对企业收集、处理数据的方式做出了明确要求
《中华人民共和国个人信息保护法》	中国	2021 年 8 月	表明了中国对于全面、完整地保护个人信息的态度和立法主旨

在客户个人信息的收集过程中，企业应该遵循经权利人同意原则；在客户个人信息的保存、使用和处理过程中，企业必须保证信息安全；在客户个人信息的更正与删除过程中，企业应该充分尊重客户的权利，如客户有权要求企业即刻删除其个人信息。此外，企业还应该注意儿童信息的特殊保护，相关程序必须征得儿童本人或者监护人的同意。

尽管个人信息涉及很多相关的法律法规，但是，经过客户授权后，企业也可以获得客户的相关信息并利用。一般而言，企业希望获得客户的三类信息：基本信息、行为信息、心理与态度信息。

知识拓展

2021 年 3 月 3 日，全国首例利用微信"清粉"软件非法获取微信用户信息的案件进行了集中宣判，张某等八名被告人以刷阅读量、售卖微信群聊二维码等方式非法获利 200 多万元，犯非法获取计算机信息系统数据、非法控制计算机信息系统罪。据了解，在 2020 年 6 月，南通市公安局网安支队民警在工作中发现，部分微信朋友圈和群聊中散播的"清粉"软件存在很大安全隐患。民警介绍，"清粉"软件的原理，就是通过应用集群控制软件控制微信账号，自动向所有好友群发消息，再由软件自动识别哪些是"僵尸粉"并予以删除。但犯罪嫌疑人在取得微信账号的控制权限后，却借机非法获取用户微信群聊二维码信息，并将这些群聊二维码以图片形式保存在服务器上，再倒卖给下游的诈骗、赌博等犯罪团伙获利。这类个人信息被泄漏的事件越来越受到大众的关注，其泄漏背后所隐藏的危险让人害怕。对此，我国陆续推出了保护个人隐私的相关法律法规，在《中华人民共和国个人信息保护法》《中华人民共和国网络安全法》《中华人民共和国数据安全法》等法律推动之下，隐私合规已经成为经营活动的必选项。企业获取与利用用户个人信息，应当遵循合法、正当、必要的原则，遵守个人信息保护相关法律规定，保障用户个人信息权益。

1. 基本信息

很多社交平台（如 QQ 等）都会引导用户填写基本信息，包括年龄、性别、收入等。总的来说，客户基本信息主要涉及客户个人的基本情况，一般包括以下 3 个方面的信息。

（1）客户自身的基本信息

客户自身的基本信息，如姓名、性别、年龄、性格、血型、电话、传真、住址等。这些基本信息与客户的消费要求与偏好有一定的联系。例如，不同年龄的客户，对同一类产品的关注重点存在很大差异。同样是衣物，老年人主要关注的是衣物本身的质地与材料，而年轻人通常更看重衣物的款式。再如，男性和女性对同一事物的看法也存在很大差异。

需要特别注意的是，客户性别可细分为自然性别和购物性别两种。自然性别是指客户的实际性别，一般可通过客户注册信息、调查问卷表单获得。该标签只需要从相应的表中抽取数据即可，加工起来较为方便。客户购物性别是指客户购买物品时的性别取向。例如，一位实际性别为男性的客户，如果经常给妻子购买女性的衣物、包等商品，那么这位客户的购物性别则是女性。

（2）客户家庭的信息

客户家庭的信息包括：婚姻状况，已婚、未婚还是离异；如果已婚，如何庆祝结婚纪念日，配偶的姓名、生日、性格、爱好；是否有子女，子女的姓名、年龄、生日、受教育状况；是否与父母同住等。这些家庭信息同样会影响个人客户的购买习惯。例如，一些从事幼儿教育的机构需要清楚客户的家庭信息。再如，沃尔玛在分析销售数据时发现，在一段时间内尿布与啤酒的销量同时增长。刚开始他们对这一现象很难理解，经过一段时间的调研发现，同时购买尿布和啤酒的都是刚有宝宝的年轻爸爸。原来他们的妻子经常会要求他们在下班的时候购买宝宝用的尿布，而这些年轻爸爸在买完尿布之后又会购买几瓶啤酒。在发现了这一现象之后，沃尔玛就把啤酒和尿布的货架相邻排列，使啤酒和尿布的销量都有了很大的提高。

（3）客户职业的信息

客户职业的信息包括：以往的就业情况，如以往供职单位名称、工作地点、职务、任职时间、收入、离职原因等；目前工作状况，如目前就职单位名称、工作地点、职务、任职时间、收入等；对未来事业发展的规划，短期、中期、长期的事业目标各是什么。个人客户的从业经历以及职业发展规划，对企业的产品设计与开发有重要影响。例如，银行业经常会针对不同收入、职业的家庭推出理财计划。此外，会计、咨询、银行等行业的群体，会更偏好正式的职业装，对着装的要求较高。

2．行为信息

企业可从客户首次接触直至下单并享受产品或服务期间与企业互动的整个流程中收集客户的相关行为信息。客户的行为信息一般包括：客户购买产品或服务的记录、客户与企业的联络记录等相关信息。收集客户行为信息的主要目的是帮助企业的市场营销人员和客户服务人员在客户分析中掌握和理解客户的行为。客户的行为信息反映了客户的消费选择或决策过程。企业获取的客户行为信息越精确，给客户推荐或营销产品的准确性越高。例如，某女装促销活动期间，渠道运营人员需要筛选出平台上的优质客户，并通过短信、邮件等渠道进行营销，可以通过选择"浏览""收藏""加购""购买""搜索"与该女装相关品类的标签来筛选可能对该女装感兴趣的潜在客户，进一步组合其他标签（如"性别""消费金额""活跃度"等）筛选出对应的高质量客户群，推送到对应渠道。

与客户的基本信息不同，客户的行为信息主要是客户在消费和享受服务过程中的动态交易数据和交易过程中的辅助信息，需要实时记录和采集。行为类数据一般来源于企业内部交易系统的交易记录、企业呼叫中心的客户服务和客户接触记录、营销活动中采集到的客户响应数据，以及与客户接触的其他销售人员与服务人员收集到的数据信息。此类信息通常容易为企业所获取，并使企业获取有价值的资料。例如，迪克超市采用数据优势软件（Data Vantage）对扫描设备里的数据加以梳理，依据其记录的客户购买超市产品的种类、数量、金额来预测客户未来需要的产品，进而制作促销清单。

需要注意的是，在不同的行业中，企业所需要记录的个人客户行为信息存在差异。例如，在超市中，需要记录的是个人客户的购买频率、购买产品的种类、数量及金额；而在通信行业中，需要记录的则是客户通话的话费、通话距离、付款记录、信用记录、注册行为等。

此外，行为信息只适用于现有客户。对于潜在客户，由于消费行为还没有发生，其消费行为当然无法记录。

3．心理与态度信息

心理与态度信息是关注个人客户购买产品或者服务的动机是什么、客户有哪些性格特征、客户喜欢什么样的生活方式等。心理与态度信息可以分为客户个人的心理与态度信息和客户网络的心理与态度信息，其中个人方面包括客户自身的购买动机、个性、生活方式、信念和态度；网络方面包括客户的相关社交属性。

（1）客户个人的心理与态度信息

第一，关于客户购买动机的信息。动机体现了客户购买产品的目的。即使是购买相同的产品，不同个人客户的动机也会存在差异。例如，两个 30 岁的年轻男性，拥有同样的职业、类似的家庭生活，他们都去购买手机，一个是为自己购买，而另一个则是为女朋友购买，那么这两个人对手机的要求就会存在差异。

第二，关于客户个性的信息。菲利普·科特勒（Philip Kolter）认为，个性指的是一个人独特的心理特征，并且这些特征能使一个人对他所处的环境产生相对稳定和持久的反应。一个人的个性通常体现为性格特征，如内向、外向、自信、适应能力强、有进取心等。研究表明，个性特征对个人客户选择产品或者服务有一定影响。

第三，关于客户生活方式的信息。生活方式是一个人的生活模式，体现在个人的日常生活之中。学者和许多调研公司都致力于划分个人客户的生活方式。一些学者根据活动（工作、爱好、社会活动等）、兴趣（家庭、娱乐、时尚等）和观点（自我、社会问题、产品等）3 个维度来划分不同的生活方式。另外，有些咨询公司侧重对生活方式的具体分类，其中最著名的是 SRI 咨询公司的价值和生活方式（Value and Lifestyle Survey，VALS）分类。VALS 分类根据人们如何花费金钱和时间，以自我导向和资源这两个主要的维度将个人客户的生活方式划分为不同的类型。

第四，关于客户信念和态度的信息。个人客户的信念和态度决定了他们对某些品牌或者产品的感觉，以及他们对产品的态度，并由此影响他们对产品和品牌的选择。例如，李宁曾经在 2001 年做过一次市场调研，发现客户对李宁产品的定位为民族的、亲和的、体育的、荣誉的，这与李宁努力塑造的年轻时尚的品牌形象差异很大。这就需要李宁调整战略，以求企业的目标与客户的感知相一致。许多企业都在力图弄清个人客户对产品、服务、品牌的态度是如何形成的，以便利用多种营销手段来改变这些信念和态度。

（2）客户网络的心理与态度信息

与客户社交属性相关的信息对企业也十分重要。社交属性有助于企业了解客户的社交关系、社交偏好、社交活跃程度等方面，利用这些信息，企业可以更好地为客户提供个性化服务。在日常使用社交软件时，客户可以发现社交软件中的信息流广告会结合客户的社交特征进行个性化推送。例如，微信会结合客户所在城市、经常活跃地段及近期收藏的计算机相关文章，在其微信朋友圈推送与计算机营销相关的广告；以及基于客户的年龄信息，推送符合客户某些特征的婚庆摄影广告。

需要注意的是，不同的企业，希望获得的客户基本信息是不同的。这是因为企业所处的行业、自身的规模和战略导向，都会影响它对客户信息的关注程度。这些影响体现在以下几个方面。

首先，不同的行业之间存在很大的差异，如制造业与服务业，两者所处的行业环境相差很大，同时行业内的竞争态势也有很大不同。行业的不同导致企业对客户信息的需求也会存在差异。

其次，在相同的行业中，也存在不同规模的企业。大型企业面对的是更大、更为广阔的市场，同时由于其具备雄厚的资金与实力，故可以收集客户的详细信息与资料；而小企业由于资金、实力、资源等方面的限制，并不能完全收集客户信息与资料，只能获取自己最需要的部分。

最后，不同的企业有不同的战略和策略导向。即使是在相同的行业中、具有类似的规模，不同企业的战略导向也会存在差异，企业的定位也会有所不同。例如，大润发超市就要求客户在填写会员资料时，必须清晰地填写家庭住址。其工作人员会解释让客户填写住址信息是为了方便寄送促销资料。事实上，大润发为了吸引更多的客户，会开设免费接驳巴士。客户的住址信息，是大润发开设免费巴士线路的重要依据，因此这一信息对大润发而言至关重要。那么对于那些不开设免费接驳巴士的超市而言，客户住址信息就不是那么重要了。

3.1.2 获取客户信息的渠道

对企业而言，主要有两个渠道可以收集客户信息：一是直接渠道，二是间接渠道。

1. 直接渠道

直接渠道意味着企业通过与客户的直接接触来获取所需的客户信息与资料。直接渠道主要包括以下几种。

（1）与客户直接交流或者调研，了解客户的基本信息、行为习惯等方面的资料。当企业面临组织客户时，更需要主动与客户交流，以便准确、详尽地掌握客户信息。企业与客户的直接交流主要体现在3个时段：客户关系建立前、建立中以及建立后。在客户关系建立前，企业主要通过与客户交流了解客户的基本状况及其主要的需求信息；在客户关系建立过程中，企业与客户交流主要是为了进一步明确客户具体的需求信息以及需求信息是否发生变化；在客户关系建立之后，企业通过与客户交流知晓客户的评价和态度，以便决定下一步的行动。

（2）在营销活动中收集客户信息。现在许多商场、超市、航空公司都推出了贵宾卡或者会员卡活动，以此来记录客户的基本信息以及消费习惯。除此以外，还有不少企业利用博览会、展销会、洽谈会等了解客户信息。

（3）通过售后服务获得客户信息，即根据客户的维修记录以及抱怨来了解客户信息。例如，海尔根据客户的维修记录，开发了能够洗土豆的洗衣机，以满足特殊客户的需求，提高客户对海尔的忠诚度。

（4）通过网络收集客户信息。随着互联网的快速发展，线上购买已经成为客户不可缺少的一种购买方式。越来越多的企业建立了自己的移动端渠道和 PC 端渠道。企业可以根据客户在移动端和 PC 端上的购买行为，记录客户的购买习惯，收集客户的相关信息。这两种渠道收集信息的方式虽然相同，但是收集信息的结果却可能不同。移动端使得客户购买习惯、方式以及场景发生了很大的变化，使客户可以随时随地购买，而在不同情境或者不同方式下的客户购买行为可能会不同。因此，这两者收集的客户信息最终呈现的特点可能是截然不同的。

目前，随着电子商务的日益火爆，越来越多的企业开辟线上渠道销售产品。当客户通过线上商店订购产品时，不可避免地要填写相关的客户信息，此时，企业就可以获得这些客户的基本信息，并通过追踪其购买频率、内容来了解其购买行为和偏好，掌握更多的客户资料。

2. 间接渠道

间接渠道是指企业并不直接收集客户信息，而是通过查询、购买等方式从其他机构或者组织那里获取所需要的客户信息。间接渠道主要包括以下几个。

（1）从公开出版物中获得客户信息。公开的出版物包括行业发展报告、统计年鉴、期刊、报纸等。这些公开出版物经常会发布有关客户的年龄、行为偏好等方面的信息。例如，中国互联网络信息中心（China Internet Network Information Center，CNNIC）每年都会发布有关中国互联网网民的统计数据，分析网民的年龄、性别、职业、上网时间、上网目的、网上购物情况等信息。这对于从事 B2C 或者 C2C 的企业而言，是非常有用的数据。

（2）购买专业咨询公司的报告。有许多从事市场调查或者管理咨询业务的公司会定期收集特定客户的信息或者对特定的行业进行分析。例如，AC 尼尔森公司是一家从事市场调研的专业公司，每年都会定期发布有关客户、市场方面的调研报告。

（3）收集其他企业或平台上发布的信息。随着信息技术的兴起，越来越多的客户在各类平台上发布自己对产品、企业的看法和观点。以餐饮为例，许多客户都会把对餐馆的评价发布在其他平台上，如大众点评、美团等。那么企业就需要关注客户在平台上对企业的评价。

直接渠道与间接渠道各有优劣。直接渠道能够让企业尽可能地贴近客户，从自身的需求出发，更多地了解客户的需求。但是，直接渠道的成本较间接渠道高。间接渠道虽然成本较低，但是由于数据来自其他的组织或者机构，很可能不完整或者不全面，不能完全满足企业的需求。因此，在实践中，不少企业会根据收集信息的目的和需求，来决定是采用直接渠道还是间接渠道，或者是二者皆用。

3.1.3　客户信息的处理

客户信息处理对企业实施营销活动至关重要，具体来说，客户信息的处理主要有 3 个方面的作用。第一，提高销售效率。企业可以正确分析客户购买偏好，提供交叉或追加销售的机会，也可以通过销售跟踪进行有效的销售管理，进而进行更准确的销售预测，有效开发新客户，实现整体客户视图的渠道管理，从而改进促销和营销活动。第二，提高客户满意度。企业可以在整体客户视图的基础上支持客户服务，针对不同客户群体提供合适的服务，从而减少客户重复或数据不准确现象的出现，也可以在客户认可的利益基础上采取个性化活动，提高客户留存率。第三，增加收入、降低成本。企业可以通过处理后的客户信息增强竞争优势，执行利润率更高的战略和策略，获得更高的客户贡献度、更高的客户终身价值，来降低营销和销售成本，提高客户留存率，降低客户获取成本，减少存储设备中的多余数据，提高操作的有效性。

企业对客户信息的处理主要包括存储和分析两个步骤。

第一步是客户信息的存储。客户信息的存储是将获得的或加工后的客户信息按照一定的格式和顺序存储在特定的载体中，以备将来应用。客户信息存储不是一个孤立的环节，它始终贯穿于信息处理工作的全过程。但是客户信息管理员常常会用到大量的历史信息，为保障客户被全面、完整地分析，客户信息管理员应注重信息的存储时效，并依据客户的类型和客户信息的重要程度确定存储时限。

第二步是客户信息的分析。在过去，由于技术的限制，企业只能对掌握的信息进行简单的分析。现在，随着信息技术的发展，企业可以利用数据仓库整合、管理信息，预测客户的行为。恩门（Inmon，1992）认为，数据仓库是面向主体的、集成的，是随时间推移而发生变化的数据集合，可用来支持管理决策。

1. 数据仓库系统的组成部分

（1）数据源。数据源是数据仓库系统的基础，是整个系统的数据源泉。也就是前面提到的企业收集和掌握的客户信息。

（2）数据的存储与管理。数据的存储与管理是整个数据仓库系统的核心与关键。数据仓库的组织管理方式决定了它有别于传统数据库。采用什么产品和技术来建立数据仓库的核心，需要从数据仓库的技术特点着手分析，针对现有各业务系统的数据，进行抽取、清理，并有效集成，按照主题进行组织。数据仓库按照数据的覆盖范围可以分为企业级数据仓库和部门级数据仓库（数据集市）。

（3）OLAP（Online Analytical Processing）服务器即联机分析处理服务器。OLAP 服务器对需要分析的数据进行有效集成，按多维模型予以组织，以便进行多角度、多层次的分析，并发现趋势。其具体实现可以分为：ROLAP（Relational OLAP，基于关系数据库的联机分析处理）、MOLAP（Multidimensional OLAP，基于多维数据组织的联机分析处理）和 HOLAP（Hybrid OLAP，基于混合数据组织的联机分析处理）。ROLAP 基本数据和聚合数据均存放在 RDBMS（Relational Database Management System，关系数据库管理系统）之中；MOLAP 基本数据和聚合数据均存放于多维数据库中；HOLAP 基本数据存放于 RDBMS 之中，聚合数据存放于多维数据库中。

（4）前端工具。前端工具主要包括各种报表工具、查询工具、数据分析工具、数据挖掘工具，以及各种基于数据仓库或数据集市的应用开发工具。其中数据分析工具主要针对OLAP服务器，报表工具、数据挖掘工具主要针对数据仓库。

2. 利用数据仓库整合、管理信息

（1）信息的清洗、整理

企业从直接渠道和间接渠道，利用不同方法收集的信息并不能直接为企业所用，企业必须要对这些信息进行分类、整理。这是因为，第一，企业所收集的信息分散在企业各个部门之中：客户抱怨等信息在售后服务部门，关于客户态度等方面的信息可能在企业的营销部门，有关客户购买频率等行为方面的信息可能在销售部门。这些处于不同部门的信息降低了整个企业掌握信息的完整性。第二，来自不同渠道的信息并不是完全准确的，在很多时候，关于同一问题的信息可能截然相反。因此，企业必须要对掌握的信息进行筛选、整理，从中找到有价值的信息。

（2）客户信息录入

当企业完成了信息清洗、整理之后，第二步就是将掌握的信息录入数据仓库。企业在录入信息的过程中，要先对信息进行编码。合理的编码能够让企业员工更为方便地处理信息，同时也提高了数据的运算处理速度。然后，企业要保证录入信息的准确性。一方面，要对信息的来源进行检查，确保信息来源的可靠性和真实性。另一方面，要保证信息录入过程的准确性，即在录入的过程中没有发生偏差。显而易见，这是一项需要投入大量人力、物力的工作。确保信息录入准确性的简单办法包括：两次录入，然后比对两次录入的结果是否存在差异，如存在差异，则表明在信息录入时发生了错误；设定取值范围，如性别只能是 0 和 1，如果输入 2，则自动提示录入错误。

（3）客户信息的分析与整理

对客户信息的分析与整理，依据客户类型的不同，分为两种方式。一种方式是新客户信息处理。企业在处理采集到的信息时，需区分新客户信息与已入档的客户接触记录信息的处理方式。企业需要对新客户的信息进行整理，并进行客户细分，完善客户资料，挖掘潜在客户。另一种方式是老客户信息处理。企业要根据采集到的信息进行身份确认，自动生成客户接触记录，保持客户信息记录的完整性和规范性，以此提高客户信息处理分析的有效性。

当然，如果企业只是简单地把客户信息录入数据仓库，并不能发挥客户信息与数据仓库的作用。数据仓库的意义在于能够帮助企业更快、更好地分析客户信息，从中找到有价值的线索。这些作用主要体现在以下几个方面。

第一，数据仓库能帮助企业了解所有客户的基本信息。例如，个人客户的性别比例、年龄段、职业状况等基本信息。这能够让企业更清楚自己面对的到底是哪类客户群体。

第二，数据仓库能够帮助企业分析客户行为。客户行为可以划分为整体行为和群体行为。整体行为分析用来发现企业所有客户的行为规律，但仅有整体行为分析是不够的，企业的客户千差万别，众多的客户可根据行为被划分为不同的群体，这些群体有着明显的行为特征。企业不仅要了解客户整体行为，还必须掌握客户群体乃至客户个人的信息，以便企业协调与客户的关系。

案例

英国巴克利集团（Barclays）（以下简称"巴克利"）是英国第二大银行，主要面向全球客户提供零售和对公的银行服务，以及投资和资产管理的专家服务，同时它也是数据仓库的受益者之一。

1992 年，英国经济低迷，到期的大量信贷遭到损失，巴克利银行遇到了运营 300 年来第一个财政亏损年。巴克利的管理者急于找到一种能改变这种境遇的方法，希望能够更准确地预测每一笔贷款的违约风险，并且使其资产组合尽可能多样化，以最大限度地减少市场震荡所带来的影响。

为了实现这样的目标，巴克利于 1993 年决定基于 NCR Teradata 建立信息仓库 BIW，希望可以收集尽可能多的客户信息，通过分析贷款客户的历史数据来预测其行为，更准确地了解其偿还贷款的可能性，并及早采取相应的措施。也就是说，防范和降低信贷风险是 BIW 初期应用的主要目标。

巴克利的数据仓库系统发展可以分为以下 4 个阶段。

第一阶段：1993—1999 年，建立巴克利信息仓库 BIW。巴克利充分认识到数据是银行的重要财富，因此尽可能多地保存各种历史数据并加载到信息仓库中。经过近 7 年的发展，到 1999 年，BIW 已经基本包含了巴克利所有业务处理系统的数据。

BIW 的作用主要体现在以下几个方面：实现了各业务部门共享一个一致的信息视图，为银行高层提供报表等各种准确信息，避免了由于数据源不一致而产生的各种偏差；提供复杂数据分析与数据挖掘的基础平台；为高级业务分析师提供强大的动态分析手段，可以随时满足各级管理人员的各种分析需求，使业务分析师可以通过 BIW 工具直接访问数据仓库中的信息；为各种专门用途的数据集市提供数据。

第二阶段：1999 年，建立企业数据仓库 EDW。到 1999 年年末，巴克利关于在数据仓库中处理一些 OLTP 类型的负载，并且数据获取需要近实时完成的需求愈发强烈。在 NCR Teradata 信息仓库平台 BIW 的基础上，巴克利又基于 IBM 的 OS/390 搭建了一个可用空间为 4TB 的企业数据仓库 EDW。EDW 收集了巴克利所有的数据源，并向基于 NCR Teradata 的信息仓库 BIW 提供数据，由此实现了整个巴克利产品标识符的统一，以及一致的客户信息文件 CIF。

第三阶段：2000—2002 年，建立巴克利数据仓库服务系统 DWS。在 1999 年基于 OS/390 搭建 EDW 后，巴克利把 EDW 与原来的信息仓库 BIW 集成在一起，形成数据仓库服务系统 DWS。

第四阶段：2003—2008 年，在统一 Teradata 平台上建立数据仓库服务系统 DWS。从 2000 年开始，巴克利数据仓库服务系统 DWS 由基于 OS/390 的 EDW 和基于 Teradata 的 BIW 组成。经过 3 年的运行，巴克利发现这种冗余的混合结构使得成本非常高，并且对业务部门的响应慢。经过大量的论证以及对大型数据仓库案例的实地考察，巴克利最终决定把 DWS 整合到 NCR Teradata 数据仓库引擎上，以解决其原有混合平台所带来的诸多问题。

就这样，巴克利以数据大集中为前提，以完善的综合业务系统为基础平台，以数据仓库为工具，以信息安全为技术保障，打造了网络化的现代银行，给客户带来了更好的服务体验。

3. 构建客户画像

随着信息技术的发展，越来越多的企业不再局限于对数据的简单分析和利用，开始专注客户画像。阿兰·库珀（Alan Cooper）提出客户画像（Persona）是真实客户的虚拟代表，是建立在一系列真实数据之上的目标客户模型。在大数据时代，企业可以通过一些方式，给客户的习惯、行为、属性贴上一系列标签，抽象出一个客户的全貌，为后续的诸多行动提供可能性。客户画像的核心工作就是给客户贴标签，标签通常是人为规定的高度精练的特征标识，如年龄、性别、地域、兴趣等。企业根据这些标签集合能抽象出一个客户的信息全貌。客户画像的构建一般可以分为信息处理、目标分析、标签体系构建、画像构建及效果评估五步。

（1）信息处理

信息处理这一步主要包括了掌握客户的相关信息以及对数据进行整理和清洗。一方面，企业需要知道客户的相关信息，如客户基本信息、行为信息、心理与态度信息。企业对这些信息掌握得越全面，客户画像就有可能更为精准。另一方面，在掌握了这些信息之后，企业必须对数据进行整理和清洗。例如，有关性别的信息在数据表中可以存储为文本的格式，也可以存储为分类变量的格式。不同的信息存储方式，会影响后续的分析。因此，企业需要将这些信息整理为统一的格式。

（2）目标分析

明确客户画像的目标是设计标签体系的基础。客户画像构建的目的不尽相同，有的是实现精准营销，增加产品销量；有的是进行产品改进，提升客户体验。企业需要根据自身对客户画像的需求来确定构建客户画像的目标。目标分析一般可以分为业务目标分析和可用数据分析两步。第一步，业务目标分析，是指企业要在对数据深入分析的基础上，根据相关业务对客户实施的不同营销方式来确定分析目标，也就是画像的效果评估标准；第二步，可用数据分析，就是企业在明确业务目标后，对现有客户的相关信息进行整理，识别出能够用来实现业务目标的信息。

（3）标签体系构建

企业在分析完已有数据和画像目标之后，还不能直接进行画像建模工作，在画像建模之前需要先进行标签体系的构建。所谓标签体系，是以数据为手段，体系化、结构化地形容我们物理世界的人、物、关系。在客户画像中，标签体系构建即指将客户划分到若干不同的分类之中。通常，一个客户可以归属到多个不同的分类之中。分类的数量以及不同类别之间的联系，就构成了一个标签体系。若企业简单地依据数据分析构建标签体系，往往会失去标签体系的商业属性，即分类结果并不具有现实商业价值。因此，标签体系的构建需要建立在对客户行为的洞察基础上。总之，标签体系的构建是由业务知识与大数据知识共同推动的，企业在构建标签体系时，应当有业务领域专家与大数据领域专家的共同参与。

在构建标签体系时，可以参考业界的标签体系，尤其是同行业的标签体系。用业界已有的成熟方案解决目标业务问题，不仅可以扩充思路，而且技术可行性也会比较高。此外，需要明确的一点是，标签体系不是一成不变的，随着业务的发展，标签体系也会发生变化。例如电商行业的客户标签，最初只需要消费偏好标签，GPS 标签既难以刻画也没有使用场景。随着智能手机的普及，GPS 数据变得易于获取，而且线下营销也越来越注重场景化，因此 GPS 标签也有了构建的意义。

一般来讲，有两种常见的思路用于构建客户画像的标签体系。一种思路是设计结构化标签体系，这类标签可以直接从人口属性、物品信息等基本信息中得到，有明确的层级关系。首先将标签分为几个大类，再对每个大类进行逐层细分。在构建标签时，只需要构建底层的标签，就能够映射上面两级标签。上层标签都是抽象的标签集合，一般没有实用意义，只有统计意义。例如，企业可以统计有人口属性标签的客户比例，但客户有人口属性标签，这本身对广告投放没有任何意义。用于广告投放和精准营销的一般是底层标签，对于底层标签有两个要求：一是每个标签只能表示一种含义，避免标签之间的重复和冲突，便于计算机处理；二是标签必须有一定的语义，方便相关人员理解每个标签的含义。

下面列举各个大类中常见的底层标签。

● **人口标签**：性别、年龄、地域、受教育程度、出生日期、职业。

● **兴趣特征**：兴趣爱好、使用 App/ 网站、浏览 / 收藏内容、互动内容、品牌偏好、产品偏好。

● **社会特征**：婚姻状况、家庭情况、社交 / 信息渠道偏好。

● **消费特征**：收入状况、购买力水平、已购商品、购买渠道偏好、最后购买时间、购买频次。

总体而言，结构化标签通常较为简单，一般可以直接通过客户的行为映射得到。例如，根据客户的购买记录为客户构建物品对应的结构化标签。但结构化标签往往较为粗糙，无法充分衡量客户的兴趣，如当一个人在新闻类 App 中阅读了某财经新闻时，企业据此并不能推断出他对所有财经类新闻感兴趣。

另一种思路是构建非结构化标签体系，即各个标签代表独特的客户兴趣，彼此之间并无层级关系。典型的非结构化标签有搜索广告系统中的关键词、文档主题模型（Topic Model）等。例如，在新闻类 App 中，企业往往会构建大规模的主题模型（主题数在千万级别），不仅涵盖已经构建的结构化标签体系，如娱乐（名人、搞笑）、体育（篮球、足球）等，往往还能更细致地表达如食物等语义上的分类，这些分类之间并无明显的层级关系。

标签体系的建设，一要便于使用，二要有明显的区分。针对具体的产品，企业需要结合不同的场景明晰上述两点要求的具体内涵。从企业的视角来看，标签体系的选择与构建是建立在客户洞察基础之上的，即企业首先要明确哪些因素在驱动客户使用产品、客户如何使用产品。在此基础上，企业识别影响客户购买和使用的核心因素，进而构建标签体系。一个有效的标签体系，必须能反映客户购买与否背后的逻辑与依据。例如，在电商产品中，以新闻频道的方法，为客户构建"财经""体育""旅游"等标签，虽然并不难，但没多大意义。

（4）画像构建

企业基于客户基础数据，根据构建好的标签体系，就可以进行画像构建的工作了。由于客户的需求和行为偏好是不断变化的，因此客户画像的构建也是一项长期的工作，需要不断地扩充和优化。企业在构建客户画像的过程中，需要对项目整体进行分期，每一期只构建某一类标签，以避免由于数据维度过多带来目标不明确、需求相互冲突、构建效率低等问题。在数据分析的过程中，企业通常会使用定量分析方法和定性分析方法。其中，定量分析方法包括数据统计、机器学习和自然语言处理（Natural Language Processing，NLP）等。定性分析方法包括小组座谈会、客户深度访谈等，通过开放性的问题了解客户真实的心理需求，具体化客户特征。定量分析方法和定性分析方法各有优势，定量分析方法基于数据分析，排除了人为因素，更为客观；定性分析方法则能够洞悉数据背后的心理因素和形成机制，能够获得数据分析无法探知的信息。因此，企业在构建客户画像的过程中，需要注意定量分析方法和定性分析方法的结合使用，通过不同方法的优势互补，来进行完整的客户洞察。

（5）效果评估

企业可以利用量化指标对客户画像效果进行评估，如在互联网广告投放中，评估客户画像的使用效果时主要是看它提升了多少点击率和收入；在精准营销过程中，主要是看使用客户画像后销量的变动情况。利用量化指标评估客户画像效果基于以下假设：量化指标的设置是合理的，客户画像是影响量化指标的重要因素。那么，企业需要在正式使用客户画像之前，对客户画像的质量进行评估。这些评估指标通常包括准确率、覆盖率、时效性等。

其中，准确率是指客户画像能在多大程度上反映客户的相关信息。覆盖率是指客户画像既要勾勒出客户感兴趣的内容，也要记录客户不感兴趣的信息，尽量多地满足产品运营的需要。但同时，除了人口属性等明确的属性外，大多数客户画像的正确与否是没有意义的。如"最近喜欢看搞笑视频"这个标签，并不表示客户下一次一定观看搞笑视频。因此与其执着于提升标签的准确率，不如设计出更清晰描述受众需求的标签。更多时候企业应注重提升客户画像的覆盖率，同时提供更细粒度的画像。时效性是指由于客户的兴趣偏好随时都在发生变化，企业需要及时更新客户标签，不断完善客户画像。

4. 通过企业间的合作分析处理数据

从上述内容可知，企业分析、处理数据获得客户画像质量的高低在很大程度上取决于企业掌握数据的多少。在千变万化的商业社会中，一个企业能够掌握的客户数据是有限的，因此单纯依靠自身力量来绘制客户画像或多或少存在局限性。那么，是否可以通过企业间的合作实现信息共享，进而绘制客户画像呢？下面的案例给出了一些启示。

案例

2022 年，银泰百货与礼帽出行在"6·18"期间联合推出了"一站式嗨购免费送"活动，规定客户在武林银泰百货消费任意金额即可享受由礼帽出行专车提供的免费送返服务，以解决客户出行购物多、亲子出行随身物品多、人流密集打车难等问题。该专车服务推出三天，已服务了近千位客户。银泰百货和礼帽出行能够联手合作的前提在于共享了相互的客户数据，联手绘制了客户画像，进而为客户量身定制营销活动。银泰百货主打一站式休闲购物，拥有客户消费行为和偏好的信息；礼帽出行主打出行服务，掌握有关客户出行的数据信息。但是，在合作之前，首先需要解决的问题是：银泰百货的客户是不是礼帽出行的客户？在对数据的分析中，银泰百货发现来银泰百货购物的客户通常是一家人，通常还携带婴儿车等，而礼帽出行专车宽敞的乘坐空间、斜坡踏板、凸点盲文、旋转座椅等人性化设计可以兼顾多种出行需求，与银泰百货的客户群体的需求是相匹配的。这就构成了银泰百货和礼帽出行跨界合作、绘制客户画像的基础。由于银泰百货和礼帽出行处于不同的行业，在行业中对数据的格式、标准都有各自不同的要求。因此，在交流和共享信息之前，双方首先得解决数据的通用性问题。双方通过组建数据分析处理队伍，在进行了数据导入、清洗、存储、结构化等一系列基础处理之后，才可以整合和分析双方的数据。与此同时，银泰百货和礼帽出行就如何使用数据以及如何确保数据的安全，建立规范、清晰的协商机制，并完善了冲突解决机制。在完成了上述工作之后，银泰百货和礼帽出行联手共享和分析数据，为客户绘制精确的画像，进而开展更加具有针对性的营销活动。

从上述案例中可以看出，银泰百货与礼帽出行合作构建的联合客户画像为两个企业都带来了巨大的好处。所以，客户画像不仅可以是一个企业运用自身的客户相关信息单独对客户进行画像，也可以是多个企业联合，集合各企业的客户信息，对客户进行更加全面的画像。但是企业在联合绘制客户画像的过程中，存在一系列问题，如数据不匹配、客户基础不一样等。因此，相较于企业单独绘制客户画像，企业间联合绘制客户画像需要注意以下事项。

首先，合作的企业具有共同的客户基础。企业间联合绘制客户画像的目的在于通过不同数据的互补来获得更为完整的客户画像。因此，合作的企业需要具有共同的客户基础，即合作的企业都服务于同一群客户。例如，在银泰百货与礼帽出行的案例中，银泰百货与礼帽出行具有共同的客户群体，都服务于家庭客户。

其次，合作的企业掌握的客户数据不同，具有很好的互补性。若合作的企业掌握相同的数据，那合作双方只是加深了固有的认知，无法获得新的客户信息，因而不能拓宽客户画像的标签维度，无法获得更为全面的客户画像。正如银泰百货与礼帽出行案例中所指出的，两家企业分处不同行业、掌握不同客户信息，银泰百货掌握的是客户购买行为信息，礼帽出行拥有客户出行信息。上述信息分属不同维度，双方的信息结合在一起能够帮助企业更完整地绘制客户画像。

再次，构建数据的通用性，奠定后续数据分享和处理的基础。合作的企业通常对数据格式、标准都有各自不同的要求，这使得合作双方的数据无法直接共享。同时，出于信息保密以及客户数据安全性的考量，企业在与合作伙伴共享数据之前，需要对数据进行一定的处理。因此，合作双方在交流和共享信息之前必须解决数据的通用性问题。这一步通常通过组建跨组织合作团队的方式来解决。具体而言，合作双方派遣员工组建数据分析处理队伍，在理解合作要求、企业自身要求、法律法规的基础上，明确需要共享的数据，并对数据进行处理，进而形成可以共享和分析的数据池，再进行客户画像并开展后续营销活动。

最后，建立协商机制，推动合作并解决冲突。企业间联合绘制客户画像属于企业间合作的一种，不同的企业通常具有各自独特的目标和流程规范，不同企业的目标或流程规范可能会存在冲突。因此，为了确保合作的顺利进行，企业必须建立明确的协调机制，以确保合作的顺利进行。这种协调机制包括两个方面。一是明确合作伙伴各自的职责、义务和权利，对合作条款的约定给定了行动指南，降低了合作中的不确定性，构成了双方合作的基础。二是建立冲突解决机制，即在合作之初就预见可能发生的冲突，并对如何解决冲突提供方向；对于无法预见的冲突，给出解决冲突的原则。冲突解决机制的设立可以很好地降低合作过程中的沟通成本和协调成本，进而提升合作效率。

综上，企业间联合绘制客户画像是一项复杂的工作。一方面，企业间联合绘制客户画像，能够得出更为全面、完整的客户画像，能够起到"1+1>2"的效果，让参与各方都能获得超额收益。另一方面，企业间联合绘制客户画像也存在诸多问题，需要合作企业找到共同的客户基础、解决数据通用性的问题、建立协商机制和冲突解决机制，这样才能顺利合作绘制客户画像，并开展相应的营销活动。

3.2 客户区分

企业在认识客户之后，对客户有了初步的了解，但是不同的客户对企业的价值其实并不相同，企业需要对客户进行区分，实施有针对性的营销方案才能实现利益最大化。本节将介绍客户区分的必要性，从客户与企业关系的角度区分客户，以及常见的客户区分的三种方法。

3.2.1 客户区分的必要性

传统观念认为，客户能够为企业带来销售额，是企业利润的源泉，是企业得以生存的根本，因此，企业需要将客户放在第一位，平等地对待每一位客户。有一项统计数据表明：吸引一个新客户所需要花费的成本是保留一个老客户所需成本的 5 ~ 10 倍。除此以外，老客户还可以帮助企业吸引新客户。同样有数据表明：老客户的宣传效果是广告的 10 倍。

1897 年，意大利经济学家帕累托发现了在经济和社会生活中无处不在的二八法则，即80% 的结果源于 20% 的原因。这一定律在经济和社会生活中得到了广泛的应用。在企业管理中，二八法则意味着企业利润的 80% 来源于 20% 的客户。这一观点得到了许多数据的证实。例如，来自国外的统计数据表明，23% 的男性消耗了啤酒数量的 81%，16% 的家庭消费了蛋糕总量的 62%，17% 的家庭购买了 79% 的速溶咖啡。另一项研究发现，一个企业的客户群中，30% 的客户消耗了 50% 的营销费用，这些客户热衷于企业的各种促销计划，一旦发现无法获得任何优惠，就会选择其他提供优惠的企业。

> **案例**
>
> 张先生是一家公司的销售经理。该公司的产品符合客户需求，市场口碑一直不错。经过张先生和他的销售团队的不断努力，公司的业务越来越红火，公司的知名度也越来越高，有不少新客户慕名来咨询业务。这样一来，张先生和他的团队的工作日益繁重。这时，一些客户抱怨公司的回复速度太慢，服务不及时，于是将订单转给了其他公司。张先生赶紧招聘员工，力保及时响应客户需求。年底时，张先生认为自己和团队十分忙碌，订单也不少，业绩应该很不错。可是公司财务给出的报表却让张先生大吃一惊，利润不仅没有增加，还比去年减少了！这是为什么呢？
>
> 张先生赶忙和团队成员一起分析。这一分析，就发现问题了。原来，这一年中，公司新增了很多的新客户，这些新客户不了解公司的情况，只是听说公司的产品不

错，于是抱着试一试的想法前来跟公司洽谈。这就需要公司的销售人员向他们介绍公司的产品、解释公司的销售政策。除此以外，这些新客户还提出了许多服务要求，占用了销售人员和服务人员大量的时间。但是这些新客户的采购量却不大，带给公司的销售额有限。有些新客户的回款还不及时，造成了公司货款的拖欠。随后，他们又分析了老客户的情况，发现老客户对公司产品、业务流程都很熟悉，并且用过公司的产品，不需要销售人员详细地介绍产品，这样就减少了沟通和交流的成本。同时，由于老客户信赖公司的产品，采购量一般都比较大。总体算下来，老客户带给公司的利润更高！

从上面的例子中可以发现：虽然同样都是客户，但他们对企业的贡献是不同的。客户对企业的贡献表现为客户对企业的价值，这种价值通常体现在两个方面。一是客户与企业直接交易创造的财务价值，这种价值通常体现为交易收益与交易成本之差。交易收益体现为客户的购买金额或者购买量，通常由购买的单价、数量、频率等因素决定。交易成本则体现为企业在交易过程中的服务成本、沟通成本、营销成本、生产成本等。对企业而言，如果客户的交易量大、交易频率高、交易单价高，同时交易过程简单、无须付出太多营销努力，那么客户给企业带来的财务价值就高。二是非财务价值，这种价值难以直接反映在财务报表上，通常体现为客户口碑、客户推荐等。客户若愿意向他人推荐产品，那么更有利于提高企业的销量，毕竟老客户的宣传效果远胜于广告。

企业知道哪些客户能够给企业带来更多的价值，哪些客户无法给企业创造利润，能更有效地安排其有限的资源。对于那些能够给企业带来更高回报率的客户，企业应分配相对多的时间、资源，付出更多的努力，以便提高这些客户对企业的忠诚度，进而使企业在激烈的市场竞争中占据有利的位置。

3.2.2　客户与企业关系区分

1. 客户生命周期

客户生命周期是指从一个客户开始对企业进行了解或者企业欲对某一区域的客户进行开发开始，直到客户与企业的业务关系完全终止且与之相关的事宜处理完毕的这段时间。客户生命周期是产品生命周期的演变，清楚刻画了客户关系水平随时间变化的发展轨迹。一般而言，客户生命周期可分为潜在获取期、客户成长期、客户成熟期、客户衰退期、客户终止期 5 个阶段。其中，潜在获取期是客户关系的孕育阶段，客户成长期是客户关系的快速发展期，客户成熟期是客户关系的稳定期，客户衰退期是客户关系发生逆转的时期。在客户生命周期的不同阶段，企业的投入与客户对企业收益的贡献是不同的。

客户生命周期各阶段的企业投入与客户产出如图 3.4 所示。

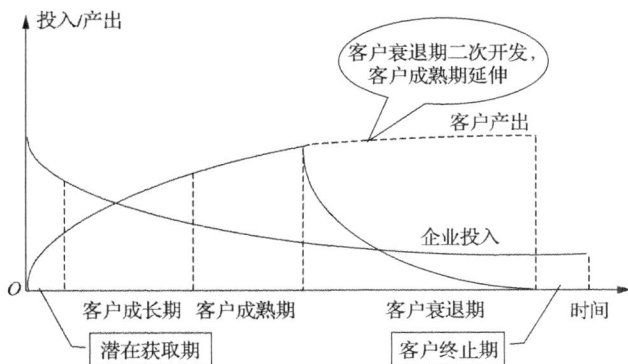

图 3.4　客户生命周期各阶段的企业投入与客户产出

（1）潜在获取期

潜在获取期可以细分为潜在客户期与客户开发（发展）期。

当客户对企业的业务进行了解，或者企业欲对某一区域的客户进行开发时，企业与客户开始交流并建立联系，客户就进入了潜在客户期。因为客户对企业的业务进行了解需要企业为其解答，某一特定区域内的所有客户均是潜在客户，所以企业投入是对这一区域内所有客户进行调研，考察和测试企业与目标客户之间的相容性、交易关系发展的潜力等，以便确定可开发的目标客户。此时企业有一定的投入成本，但客户尚未对企业做出任何贡献。当企业对潜在客户进行了解后，就进入了客户开发期，企业将对目标客户投入大量的资源，但是客户为企业所做的贡献很少或者没有。

（2）客户成长期

当企业成功开发目标客户后，客户与企业发生业务往来，且企业的业务规模逐步扩大，此时客户进入客户成长期。此时企业的投入与在潜在获取期的投入相比要少很多，主要是发展投入，目的是进一步维护与客户的关系，提高客户的满意度和忠诚度，进一步提高交易量。在此期间客户已经开始为企业做贡献，企业从与客户交易中获得的收入大于投入，开始有盈利。

（3）客户成熟期

当客户的全部业务或者大部分业务均与企业发生业务往来时，说明客户已进入客户成熟期。是否进入客户成熟期主要取决于客户与企业发生的业务占总业务的份额。在此期间企业的投入较少，客户为企业做出较大的贡献，企业与客户的交易量较大，企业盈利较高。

（4）客户衰退期

客户衰退期是客户关系水平逆转的时期，该阶段的主要特征有：①客户与企业的交易量逐渐减少或者急剧减少，客户自身的总业务量并未减少；②客户或者企业开始考虑结束关系或者寻找新的交易伙伴；③客户与企业开始交流结束关系的意图等。在客户衰退期，企业有两种选择：一种是加大对客户的投入，重新恢复与客户的关系，确保客户忠诚度；

另一种是不再过多投入，渐渐放弃这些客户。显而易见，企业两种不同的处理方法会带来不同的投入产出效益。

（5）客户终止期

当企业的客户不再与企业发生业务关系，且企业与客户之间的债权债务关系已经厘清时，客户生命周期完全终止。此时企业有少许成本支出而无收益。

客户的整个生命周期受到各种因素的影响。由图3.4可知，企业要尽可能地延长客户生命周期，尤其是客户成熟期。客户成熟期的长度可以充分反映一个企业的盈利能力。面对激烈的市场竞争，企业要掌握客户生命周期的不同特点，提供相应的个性化服务，实行不同的战略，使企业的成本尽可能低、盈利尽可能高，从而增强企业竞争力。

2. 根据客户与企业的关系进行客户区分

按照客户与企业的关系，客户划分为以下几类。

（1）非研究对象企业的客户（以下简称非客户）

非客户是与企业没有直接的交易关系，与企业的产品或者服务无关或对企业有敌意、不可能购买企业的产品或者服务的人群。例如，由于年龄的差异，家长一般不会为儿童购买成人衣服，所以对于生产、销售成人服装的企业而言，儿童就不属于它们的客户范畴。

（2）潜在客户

潜在客户也与企业没有直接的联系，是对企业的产品或服务有需求或欲望、有购买动机和购买能力，但是还没有发生购买行为的人群。例如，许多年轻白领都希望购买汽车，在购买汽车之前，他们都属于汽车企业的潜在客户。

（3）目标客户

目标客户是指经过企业筛选以后确定的力图开发为现实客户的人群。例如，劳斯莱斯就把社会名流作为自己的目标客户。

潜在客户与目标客户的区别在于：潜在客户是主动关注企业的客户，而目标客户则是企业关注的尚未发生购买行为的客户。但有时目标客户和潜在客户是重叠的。

（4）现实客户

现实客户为企业产品或者服务的现实购买者。根据客户购买次数与频率的不同，现实客户可以细分为初次购买客户、重复购买客户和忠实客户3类。其中，初次购买客户是指第一次购买产品或者服务的客户，重复购买客户是指有多次购买经历的客户，忠实客户则是指在较长的时间内多次购买产品或者服务的客户。

在上述3种现实客户类型中，忠实客户与企业保持关系的时间最长，此类客户用于企业产品、服务的预算较多，同时对企业有好感，愿意向其他人推荐企业的产品和服务。重复购买客户在行为上表现为多次购买企业产品和服务，花费在企业产品和服务上的金额也较大，但是在情感上并没有形成足够的依赖和认同感。初次购买客户则是刚开始接触企业产品和服务的客户，不论是购买次数、数量，还是对企业的情感方面，都不及重复购买客户和忠实客户。

初次购买客户通常被企业的产品或服务所吸引，愿意进行尝试。若初次购买客户的体验不佳，那么其很有可能流失。若初次使用的体验达到或者超过客户的预期，那么客户就会倾向于再次购买。由此，初次购买客户逐渐转变为重复购买客户。类似地，若客户在重复购买的过程中获得了稳定、良好的体验，那么很有可能转变为忠实客户；否则可能会成为流失客户。

（5）流失客户

流失客户是指曾经是企业的客户，但是由于种种原因，不再购买企业产品或者服务的客户。很多企业面对流失客户，会采取相应的举措来挽回客户。若挽回成功，则流失客户依旧能成为现实客户。

上述 5 类客户之间有的是可以相互转化的，图 3.5 展示了他们之间的相互关系。

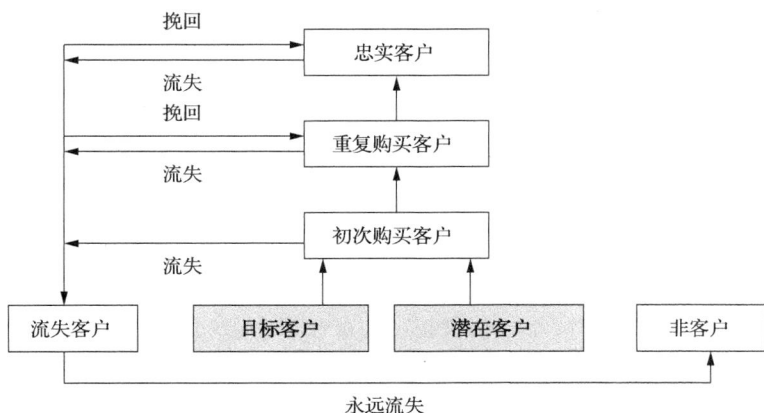

图 3.5 不同类型客户间的相互关系

3.2.3 ABC 分类法

ABC 分类法是基于二八法则，根据客户为企业创造的价值，将客户区分为高端客户、大客户、中等客户、小客户等不同的类别的方法，如图 3.6 所示。

扫一扫

ABC 分类法

高端客户只占据客户总数量的 1%，但为企业贡献了 50% 的收入以及 49% 的利润；大客户占据了客户总数量的 4%，为企业贡献了 23% 的收入和 25% 的利润；中等客户占据了 15% 的客户总数量，贡献了 20% 的收入以及 21% 的利润。上述 3 类客户数量的总和占据了客户总数量的 20%，而贡献的收入则占据了总收入的 93%，贡献的利润占据了总利润的 95%。余下的小客户占据了客户总数量的 80%，但是只为企业贡献了 7% 的收入和 5% 的利润。

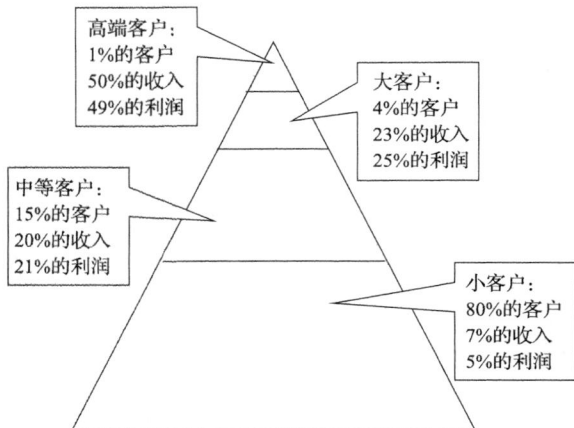

图 3.6　ABC 分类法

ABC 分类法的优势在于简单、容易操作。企业只需要知道客户的销售贡献，就可以进行 ABC 分类操作。在进行 ABC 分类以后，企业就可以针对不同的客户采取不同的策略。通常，企业会重点关注高端客户和大客户，会委派专门的员工来负责处理与这些客户的事宜，并及时了解这些客户的需求，为他们提供周到的服务。例如，在移动通信行业，就有专门的大客户部，负责处理与大客户相关的事宜；在银行，也有专门针对 VIP 客户的部门。对于中等客户，企业也会给予足够的关注，通常会将跟踪工作作为管理的重点，不时拜访他们，听取他们的意见和建议。对于小客户，由于数量众多，且对企业的贡献有限，企业通常不会投入大量的人力、物力，而是会适当管理，以满足他们的基本要求。

由于 ABC 分类法相对简单，因此其分析结果比较粗糙。例如，许多企业发现，虽然企业的高端客户和大客户给企业带来巨大的销售额，但是这些客户有时候会觉得自己给企业做出了巨大的贡献，因此回款很慢。这会对企业现金流和业绩带来一些负面影响。因此，在实践中，有些企业为了避免出现大规模的货款拖欠问题，会将销售额和回款情况放在一起考虑，在根据销售额对客户进行 ABC 分类以后，还会根据客户的回款情况进行进一步的分析，以针对不同客户确定营销策略。

此外，ABC 分类法仅仅考虑了客户当前的贡献，并未考虑客户未来的贡献。在客户与企业关系的发展过程中，客户的消费情况是会发生变化的，当下的小客户，很有可能成长为未来的大客户。但 ABC 分类法并未考虑到客户未来的发展。

从总体上看，ABC 分类法简单、容易操作。但是，ABC 分类法仅仅考虑了客户当前的贡献，并未考虑客户未来的贡献，也没有考虑客户的其他特征，这就使得分类的结果较为粗糙。企业在使用的时候，需要结合客户的其他特征综合考虑。

3.2.4　CLV 分类法

在不同的客户生命周期阶段，客户为企业创造的价值是不同的。客户生命周期价值

（Customer Lifetime Value，CLV）有广义和狭义之分。广义的 CLV 指的是企业在与某客户保持买卖关系的全过程中从该客户处获得的全部利润的现值。CLV 可分成两个部分：一是历史利润，即到目前为止客户为企业创造的利润总现值；二是未来利润，即客户在将来可能为企业带来的利润的总现值。企业真正关注的是客户未来利润，因此狭义的 CLV 仅指客户未来利润。

从广义 CLV 的角度来看，企业可以根据客户当前价值和未来价值将客户区分为 4 种类型，如图 3.7 所示。

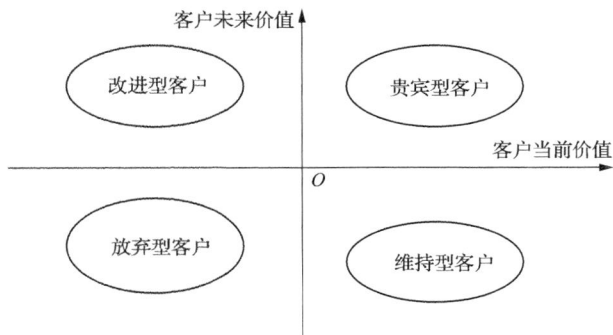

图 3.7　按照 CLV 区分客户

贵宾型客户：也被称为最有价值客户（Most Valuable Customer，MVC），是指那些既有很高的当前价值，又有很高的未来价值的客户，是终身价值最高的客户。这些客户代表着企业当前业务的核心。

改进型客户：也被称为最具成长性客户（Most Growable Customer，MGC），是指那些当前价值很低但是具有很高未实现潜在价值的客户，这些客户是企业需要着重培养的客户。

维持型客户：也被称为普通客户，是指那些有一定价值但价值较低的客户。

放弃型客户：也被称为负值客户，是指那些可能无法为企业带来足以平衡相关服务费用的客户。

CLV 分类法从客户生命周期的角度提出了区分客户的依据。例如，有 A 与 B 两个客户，假设在当前，A 客户每个月采购金额为 10 000 元，B 客户每个月的采购金额为 1 000 元。那么根据 ABC 分类法，A 客户比 B 客户更为重要，企业应当投入更多的精力重点培养、维护与 A 客户的关系，同时对 B 客户提供适当的服务。但是，如果企业知道 A 客户正在寻找其他供应商，并且打算在 3 个月后逐步减少与本企业的业务联系，而 B 客户则打算加大从本企业采购的金额并提高采购频率。那么，企业的策略就改为：与 A 客户加强沟通，尽量巩固该客户与本企业的关系；同时投入资源努力发展与 B 客户的关系。可见，与 ABC 分类法相比，CLV 分类法不仅考虑了客户当前对企业的贡献，同时还考虑了客户未来对企业的贡献，能够更为全面地体现客户价值。

企业应用 CLV 分类法的难点在于确定客户当前价值和未来价值，即确定客户生命周期价值。目前，常用的计算客户生命周期价值的方法包括 Dwyer 法、客户事件法和拟合法。

（1）Dwyer 法

Dwyer 法是由 Dwyer 于 1989 年提出的一种方法，一直作为直销领域客户生命周期利润（Customer Lifetime Profit，CLP）的主要计算方法被广泛应用。该方法根据客户的流失性质（永久流失或暂时流失）和历史流失率来计算客户生命周期价值，其具体的计算方法如下。

① 计算客户的生命周期

对单个客户而言，其客户生命周期就是从潜在获取期到客户终止期。

企业客户群体生命周期的计算是建立在单个客户生命周期的基础之上的。企业不断地开拓业务，形成相应的客户群体支撑。两家同类企业的客户总数量也许是相同的，但由于客户生命周期不同，企业的效益大相径庭。企业客户群体的生命周期与单个客户生命周期不同的是，它是企业整个客户群体的平均生命周期，具体采用客户流失率来计算。企业客户流失率是指企业客户单位时间内流失的数量占总客户量的比率。假设企业目前有 100 个客户，每年可能会流失 20 个，那么企业客户流失率为 20%，则 5 年的时间，企业将流失100 个客户，即自客户开始与企业发生业务到其流失，平均需要 5 年，那么客户群体的生命周期为 5 年。

若两家企业均有 100 个客户，一家的流失率是 20%，另一家的流失率是 10%，相应的客户生命周期分别为 5 年和 10 年。虽然两家企业的客户数量相等，但若要保持目前的客户数量不变，那么第一家企业每年要开发 20 个新客户，第二家企业只需开发 10 个新客户。根据客户生命周期的特点可知，第一家企业的客户成本将远远大于第二家企业。由此可以看出，企业客户群体生命周期将直接影响企业的经济利益。

② 计算客户为企业带来的总体利润

客户生命周期利润指客户在生命周期内给企业带来的净利润，即客户为企业带来的现金流量的净增加量。

基本利润。对于客户与企业发生的每一笔业务交易，一般情况下，企业均会有一些基本的利润，即客户给企业带来的业务收入大于其成本的基本部分。

人均客户的收入增长幅度或关联销售为企业带来的利润。当客户成为企业的忠诚客户后，在企业推出新产品或服务时，这些忠诚客户几乎不需要企业的投入便可接受。同时由于企业提供的服务不是针对单个客户的，所以在客户与企业发生交易时，客户亦有可能对企业的其他服务产生兴趣而发生额外的交易，这使得企业的收入增加，这一部分称为关联销售贡献。

节约成本。当客户成为企业的忠诚客户后，企业不需要在进行业务交易时花费过多的成本（如熟悉流程、资信评估、信用担保等开支）。所节约的成本，亦可看成忠诚客户对企业的贡献。

推荐价值。忠诚客户之所以忠诚，是因为企业为其提供了服务价值，使之满意。其认可企业提供的服务价值，自然会将企业推荐给其他人。客户的推荐不仅给企业带来了新的客户收入，同时也节约了企业的成本。

③ 计算企业为客户支付的成本

由客户的生命周期可知，客户在不同的生命周期阶段为企业带来的成本亦不相同，具体包括以下几个方面。

获取成本。企业要获取一个客户需要投入大量的成本，其在潜在客户期、客户开发期、客户成长期、客户成熟期，甚至客户终止期均会投入一定的成本。这些成本主要有：企业为吸引客户且使之满意而投入的开发成本（包括相关营销费用、广告支出等），企业为加强与客户的关系支出的发展成本（为了解客户需求，提高客户购买率、满意度等所支出的成本），企业为了延长客户关系时间、减轻客户不满意程度、重新激活客户所支出的维系成本。

价格优惠。企业对忠诚客户提供的服务价值与普通客户是有一定区别的，主要体现为价格优惠或年终总体返利（商业客户），让忠诚客户得到额外的附加价值。这些对企业来说是一笔开支。

推荐破坏成本。企业的客户多种多样，其中可能会有一些对企业不满意的客户，他们往往会将自己不愉快的经历告诉别人。据美国专家统计分析，一个满意的客户可能会告诉 5 ~ 12 个人自己的经历，这些人中可能只有一个会与企业发生交易；而一个不满意的客户可能会告诉 9 ~ 20 个人自己的经历，这些人均不会主动与企业发生交易。由此给企业带来的损失，被称为推荐破坏成本。

④ 计算客户生命周期利润

用客户为企业带来的毛利润减去企业在开发、发展、维系客户关系等方面的投入，即可得到客户生命周期利润。

⑤ 计算客户生命周期价值

客户生命周期价值是指客户在其整个生命周期内，为企业所做贡献的价值总和。由于客户在客户生命周期的不同时期，对企业所做的贡献亦有所不同，同时由于时间价值的存在，在计算客户生命周期价值时，必须要对不同时期的贡献进行贴现，计算出客户生命周期价值的现值。

a. 单个客户生命周期价值的计算过程可分成以下 4 个步骤。

第一步，确定客户生命周期；

第二步，计算客户生命周期内每年给企业带来的利润净额；

第三步，对客户生命周期内每年的利润净额进行贴现；

第四步，求和。

设客户的生命周期为 T，在 t 年中给企业带来的贡献为 Q_t，企业在客户身上的投入为 C_t，银行的贴现率为 i，那么该客户生命周期价值现值 V_k 表示为：

$$V_k = \sum_{t=0}^{T} \left[(Q_t - C_t) \times (1+i)^{-t} \right]$$

在潜在获取期，由于客户还没有与企业发生交易，客户给企业带来的净现值比较难计算。这时企业可以根据客户可能与企业发生的业务购进交易量占客户年业务总购进交易量的比例来推算。

设客户 A 每次发生业务购进交易量为 P_t，每次在企业的购进比例为 K_t，每次购进业务为企业贡献率为 M_t，每年客户 A 发生的购货频次是 N_t，那么该客户生命周期价值现值可表示为：

$$V_k = \sum_{t=0}^{T} \left[P_t \times N_t \times K_t \times M_t \times (1+i)^{-t} \right]$$

b. 企业客户群体生命周期价值的计算过程可分为以下 4 步。

第一步，计算企业客户群体流失率；

第二步，计算客户群体平均生命周期；

第三步，计算客户群体年平均利润；

第四步，利用求后付年金现值法求出客户群体生命周期价值现值。

严格地讲，计算客户群体生命周期价值，应该先算出企业单个客户生命周期价值，然后求和。但基于商业企业的特点，客户数量较多，分别计算难度较大，简便起见，做了一个假设，即企业老客户的流失数量与开发的新客户数量相等，且其业务量会保持相对稳定。具体可用公式表示为：

$$V_q = \sum_{t=0}^{T} \left[(Q_{q \cdot t} - C_{q \cdot t}) \times (1+i)^{-t} \right]$$

由于客户群体的年利润贡献采取平均利润计算，且假设每年相等，所以上式可表示为：

$$V_q = (Q_{q \cdot t} - C_{q \cdot t}) \times \text{PVIFA}_{i \cdot T}$$

注：$Q_{q \cdot t}$ 表示客户群体年贡献收入，$C_{q \cdot t}$ 表示客户群体年支出成本，$\text{PVIFA}_{i \cdot T}$ 为年金现值系数，其他变量与单个客户生命周期价值公式相似。

从上述计算过程可见，Dwyer 法考虑了客户的流失率、客户为企业创造的利润、企业为客户支付的成本以及贴现率，能够较为准确地反映客户生命周期价值。但是，Dwyer 法也存在不足，正如上述计算过程所显示的，该方法只能计算某一个客户或者某一组客户的生命周期价值，其计算的前提是企业依据某些规则对客户进行分组，而后分组计算各个组别的客户生命周期价值。

（2）客户事件法

客户事件法是利用"客户事件"的概念来预测客户生命周期价值的一种方法，是一般营销领域目前比较有代表性的方法，一些咨询公司甚至推出了基于这种方法的客户生命周期价值预测软件。这种方法的基本要点是：针对每一个客户，预测一系列客户相关事件（产品购买、产品使用、营销活动、坏账等）发生的时间，并向每个事件分摊收益和成本，从而为每个客户建立一张详细的利润和费用预测表。每个客户生命周期价值预测的精度取决于事件预测的精度和事件收益与成本分摊的准确性。客户事件预测可被认为是为每个客户建立了一个盈亏账户。客户事件越详细，与事件相关的收益和成本分摊得越精确，客户生命周期价值的预测精度就越高。客户事件法的不足在于预测依据的基础数据不确定性大，预测过程中需要预测者大量的主观判断，预测过程和预测结果因人而异，预测精度取决于预测者的水平，客观性较低。

（3）拟合法

拟合法是陈明亮（2003）提出的一种基于客户利润变化规律的 CLP 预测方法。拟合法基本原理：根据客户历史利润与已知的典型客户利润曲线的拟合情况，预测客户未来利润随时间变化的趋势，即客户未来利润模式（曲线），然后根据描述客户未来利润模式的数学函数预测 CLP。拟合法可以预测每一个客户的 CLP，预测依据的是客观的历史交易数据，预测过程不需要预测者太多的主观判断，较好地克服了前两种方法的缺陷。

前沿研究

一般而言，客户价值是指客户与企业关系的经济价值。基于经济学原理视角的客户价值评估理论（the Customer Valuation Theory，CVT）关注如何测度客户价值。CVT 认为，可以从性质（直接和间接）和范围（广度和深度）两个方面测度客户价值。CVT 考虑到客户现金流的波动性和脆弱性，基于客户的直接经济价值贡献、直接经济价值贡献的深度和间接经济价值贡献的广度，来衡量每个客户的未来价值。

直接经济价值贡献指客户关系对企业的经济价值，以边际贡献或净利润表示。企业可以通过将客户价值纳入其决策过程的核心来衡量和优化其营销工作，这有助于企业计算客户的未来盈利能力、获得客户价值的良好度量、优化分配营销资源以最大化客户价值，以及实现营销投资回报最大化。直接经济价值贡献的深度指客户对企业直接价值贡献的强度和包容性，主要通过他们对企业产生了显著财务效果的购买行为来体现。间接经济价值贡献的广度指客户通过推荐行为、对潜在客户和其他客户购买的影响以及他们对企业产品的反馈对企业的间接价值贡献。

3.2.5　RFM 分类法

RFM（Recency、Frequency 和 Monetary 的首字母组合）分类法是衡量客户价值和客户创利能力的重要工具和手段，是根据客户购买间隔、购买频率和购买金额来计算客户价值的一种方法。有些学者用购买数量（Amount Purchased）来代替购买金额（Monetary），因此 RFM 分类法也被称为 RFA 分类法。美国数据库营销研究所亚瑟·休斯（Arthur Hughes）教授的

扫一扫

RFM 分类法

研究发现，上述 3 个要素构成了分析和预测客户未来购买行为的重要指标。

1. 购买间隔

购买间隔（Recency）是指客户上一次购买企业的产品或者服务距离现在的时间。从理论的角度来看，购买间隔近的客户应该是比较好的客户，对即时提供的产品或服务也最有可能产生反应。那么企业就可以将相关的营销信息（如邮购目录、促销海报、优惠服务等）有针对性地寄给这些客户，从而提高这些营销策略的有效性。

最近一次消费分析报告可以体现企业的稳健度。优秀的营销人员会定期查看最近一次消费分析报告，以掌握企业发展趋势。最近一次消费分析报告如果显示购买间隔很近的客户（最近一次消费为 1 个月以前）人数增加，则表示该企业在稳健成长；如果显示最近一次消费为 1 个月以前的客户越来越少，则该企业可能正在迈向不稳健之路。

最近一次消费分析报告是维系客户的一个重要指标。最近买过企业的产品、服务的客户，是最有可能再次购买的客户。再则，要吸引一个几个月前消费过的客户购买，比吸引一个一年以前消费过的客户要容易得多。营销人员如果与客户建立长期的关系而不只是卖东西，会与客户持续保持往来，并赢得他们的忠诚。

购买间隔并不是一个静态的因素，而是持续变化的。客户购买间隔满一个月之后，其在数据库里就成为最近一次消费为 2 个月以前的客户。最近一次消费为 3 个月以前的客户进行了一次购买，他就成为最近一次消费为 1 天以前的客户，也就有可能在很短的时间内就收到新的折价信息。

2. 购买频率

购买频率（Frequency）是客户在限定的期间内所购买的次数。可以说最常购买的客户，也是满意度、忠诚度最高的客户。

3. 购买金额

购买金额（Monetary）是客户在一定的时间内购买企业产品或服务的总额。对企业而言，在特定的一段时间内，客户的购买金额越高，表明客户为企业创造的价值越多。

在实际应用中，企业根据上述 3 个指标来区分不同的客户。例如，某航空公司利用 RFM 分类法来区分客户，如表 3.3 所示。该公司采用了 5 点计分法，购买间隔最近、购买频率最高、购买金额最高的计为 5 分，相应地，购买间隔最远、购买频率最低、购买金额最少的计为 1 分，其余的则计为 2 ~ 4 分。那么根据购买间隔、购买频率、购买金额以及计分规则，该公司就可以将客户划分为不同的群体。

RFM 分类法较为动态地展示了一个客户的全部轮廓，这为企业个性化的沟通和服务提供了依据。同时，如果营销人员与该客户打交道的时间足够长，也能够较为精确地判断该客户的长期价值（甚至生命周期价值），通过改善 3 项指标的状况为企业的营销决策提供支持。

表 3.3 客户分类表

项目	1 分	2 分	3 分	4 分	5 分
购买间隔	12 个月之前	6 个月之前	3 个月之前	1 个月之前	不超过 1 个月
购买频率	在过去 24 个月之中购买次数少于 2 次	在过去 24 个月之中购买次数在 2 ~ 5 次	在过去 24 个月之中购买次数在 6 ~ 10 次	在过去 24 个月之中购买次数在 11 ~ 23 次	在过去 24 个月之中购买次数多于 24 次
购买金额	平均消费金额不超过 500 元	平均消费金额在 501 ~ 1 000 元	平均消费金额在 1 001 ~ 3 000 元	平均消费金额在 3 001 ~ 5 000 元	平均消费金额为 5 000 元以上

RFM 分类法非常适用于生产多种产品，而且这些产品单价相对不高的企业，如销售日用品、化妆品、小家电等产品的企业；也适合生产耐久产品的企业，如复印机、打印机、汽车维修等耐久产品；还适用于加油站、旅行保险、运输、快递、快餐店、KTV、移动电话等。

RFM 分类法可以用来增加客户的交易次数。业界常用的直接邮寄营销（Direct-mail Marketing，DM），常常使企业一次寄发成千上万封邮购清单，很浪费钱。据统计，如果用购买间隔（Recency）把客户分为 5 级，最好的第 5 级客户回函率是第 4 级客户的 3 倍，因为这些客户刚完成交易不久，所以会更注意同一企业的产品信息。如果用购买金额（Monetary）把客户分为 5 级，最好的客户与次好的客户的平均回函率几乎没有显著差异。

有些企业会用客户绝对贡献金额来分析客户是否流失，但是绝对贡献金额有时会曲解客户行为。因为每个产品的价格可能不同，不同产品在促销时有不同的折扣，所以采用相对的分级（如购买间隔、购买频率、购买金额各分为 5 级）来比较客户在级别区间的变动，则更可以显现相对行为。企业根据购买间隔、购买频率的变化，可以推测客户消费的异动状况，判断客户流失的可能性，列出客户名单，再从购买金额的角度来分析，就可以把重点放在贡献度高且流失可能性也高的客户上，重点拜访或联系，以有效的方式挽回更多的客户。

RFM 分类法也不可以过度使用。企业应该设计一个客户接触频率规则，如购买 3 天或 1 周内应该打一通电话或发一封 E-mail 表示感谢，并主动关心客户是否有使用方面的问题，购买 1 个月后发出使用是否满意的询问，而购买 3 个月后则提供交叉销售的建议，并开始注意客户流失的可能性，不断地创造主动接触客户的机会。这样一来，客户再次购买的概率也会大幅提高。

企业实务

汇丰银行如何区分客户

　　前面探讨了根据客户与企业的关系、ABC分类法、CLV分类法及RFM分类法来区分客户；在实践中，除了上述方法，企业还会用到其他的客户信息来区分客户。这里以汇丰银行为例，探讨企业是如何区分客户的。

　　汇丰银行是全球最大的银行及金融服务机构之一，以"环球金融、地方智慧"为发展战略，在众多同行业竞争者中脱颖而出。作为拥有超过一亿个客户的银行，汇丰银行懂得客户的重要性，尤其是那些创造了80%收入的20%客户的重要性，而汇丰银行的理念就是"鉴别最佳客户，设计最佳体验"，这帮助汇丰银行在激烈的竞争中获胜。在汇丰银行的客户中，有一些是个人客户，还有一些则是企业客户。这两类客户在基本特征、对汇丰银行的需求等方面都存在很大差异。

　　在个人客户区分方面，汇丰银行首先关注了客户是否在汇丰银行开设了账户，也就是考虑了客户与汇丰银行的业务关系，是已经有业务关系，还是没有业务关系。据此，汇丰银行将客户分为现实客户和可能客户两大类。而后，针对现实客户，汇丰银行考虑了客户账户的活跃程度。有些客户的账户处于休眠状态，对于这些非活跃客户，汇丰银行自然不需要投入过多的资源去维护。那么，对于活跃客户，汇丰银行又如何区分呢？

　　汇丰银行采取了客户价值这一指标，同时将这一指标进行了细化，从客户的账户数量、使用频率、账户金额、购买的产品和服务等方面构建客户画像。同时汇丰银行考虑到客户贡献这一指标主要强调了客户的行为特征，但事实上，客户对待汇丰银行的态度，也是非常重要的。那些喜欢汇丰银行的客户，通常具有较低的价格敏感度，同时也更愿意向别人宣传汇丰银行，这对汇丰银行而言是一笔宝贵的财富。于是，汇丰银行又增加了忠诚度指标，如是否愿意向他人宣传汇丰银行、对价格是否敏感等。由此，汇丰银行就得出了 6 种类型的客户，并明确了客户的特征。这 6 种客户分别如下。

第一种是高忠诚度、高价值的客户，被称为"顶级客户"，这些客户具有以下特征。

（1）在汇丰银行有许多活跃的账户，使用频率高，近期使用频繁；

（2）使用了汇丰银行一系列的产品和服务；

（3）愿意将汇丰银行的产品推荐给其他人，并乐于提供反馈信息；

（4）为汇丰银行带来大量的现金流，为汇丰银行创造更多的收益。

第二种是低忠诚度、高价值客户，被称为"大中型客户"，这些客户具有的特征如下。

（1）在汇丰银行有一些活跃的账户，但使用频率低，近期使用不频繁；

（2）使用了汇丰银行的一些产品和服务；

（3）具有较高的价格敏感度，并不乐于提供价格反馈信息；

（4）为汇丰银行带来大量现金流，并创造了较高的收益。

第三种是高忠诚度、低价值客户，被称为"中小型客户"，这些客户有以下特征。

（1）在汇丰银行有许多活跃的账户，使用频率高，近期使用频繁；

（2）使用了汇丰银行的一些产品和服务；

（3）愿意把汇丰银行的产品推荐给其他人，乐于提供反馈意见；

（4）仅和汇丰银行做小笔生意，不会创造更多的收益。

第四种是低忠诚度、低价值客户，被称为"小型客户"，这些客户有以下特征。

（1）在汇丰银行有一些活跃的账户，使用频率低，近期使用不频繁；

（2）使用了一些汇丰银行的产品和服务；

（3）具有较高的价格敏感度，仅和汇丰银行做小笔生意，创造的收益不尽如人意。

第五种是非活跃客户，这些客户在汇丰银行开设有账户，但是很少办理业务或进行交易活动。

第六种是可能客户，也就是目前没有在汇丰银行开设账户的客户。

在对客户进行区分之后，汇丰银行引入另外四个客户价值参数，进一步分析和确认每个客户所能创造的价值（包括当前价值和未来价值）。

（1）对高利润的多产品组合的使用。汇丰银行提供各种个人理财产品。其中，投资和保险被认为是高盈利产品，储蓄是利润较低的产品之一，因此汇丰银行尽量利用交叉销售来促使客户更多地使用这些产品。

（2）每笔交易的交易额——单笔交易的金额。如果客户的这个指标一直很高，那么他的交易成本就比较低，换言之，这个客户能够带来较多的利润。

（3）业务往来的时间——反映客户忠诚度的参数，与客户和汇丰银行保持业务往来的时间成正比。

（4）推荐记录——由现有客户的推荐而得到的新客户的人数记录。这个指标反映了客户愿意向其朋友推荐汇丰银行的程度。

由此，汇丰银行定义出核心客户：他们属于顶级和大中型客户，使用高利润的多产品组合，单笔交易金额大，并且他们和汇丰银行保持很长时间的业务往来，引荐很多新客户。通常这些核心客户群贡献了整个部门的大多数价值。

汇丰银行期望通过卓越的客户体验管理来留住这些核心客户。要办到这一点，就要使客户对汇丰银行的产品、服务和价位都感到满意，以此提高他们对汇丰银行的忠诚度。由此，汇丰银行采取了以下做法。

（1）汇丰银行通过为其客户提供五种渠道（网上银行、电话银行、自助银行、移动银行和分行）的服务来使他们感觉便捷和服务的灵活多样性，从而节约他们的时间。例如，汇丰银行将一些分支机构改为昼夜银行业务中心，使客户可以利用空闲时间处理自己的账户业务。同时，汇丰银行也建立了电话及电子银行业务，提供了实时的服务和一步到位的购物场所，方便客户利用电话和互联网随时随地处理财务问题。

（2）汇丰银行为客户提供一站式（One-Stop）的金融服务以满足他们在投资、保险和储蓄方面的需求。汇丰银行实行客户经理制下的团队作业。对于任何一个核心客户，由客户经理、产品经理、风险经理（甚至还有地区经理）组成一个流动的团队，分工协作展开营销工作。客户经理的主要职责是了解客户的需求、熟悉银行的产品、统筹产品的销售；产品经理的工作主要是了解客户的需求、了解市场产品的趋势、协助开发新产品、协助产品销售；风险经理的工作主要是了解每个行业的最新情况、了解每个行业的风险、了解银行产品的风险、执行银行信贷政策。团队为客户提供方便、快捷的服务，使客户无论在哪个地方，都能够获得优质的金融服务。

本章小结

本章主要介绍了以下内容。

1. 了解客户信息对企业而言是重要且必要的。企业了解客户信息一方面可以改善客户体验，另一方面可以促进营销策略的完善。一般而言，企业希望获得客户的三类信息：基本信息、行为信息和心理与态度信息。获取客户信息的渠道有直接渠道和间接渠道。

2. 数据仓库是企业整合、管理客户信息的重要方式。数据仓库基本框架包括数据源、数据的存储与管理、OLAP 服务器和前端工具 4 个组成部分。利用数据仓库整合、管理客户信息，主要包括信息的清洗和整理、客户信息录入、客户信息的分析与整理等步骤。

3. 根据客户与企业的关系，客户可以被划分为非客户、潜在客户、目标客户、现实客户和流失客户。其中根据客户购买次数与频率的不同，现实客户可以细分为初次购买客户、重复购买客户和忠实客户 3 类。

4. 客户生命周期是指从一个客户开始对企业进行了解或者企业欲对某一区域的客户进行开发开始，直到客户与企业的业务关系完全终止且与之相关的事宜处理完毕的这段时间，可分为潜在获取期、客户成长期、客户成熟期、客户衰退期、客户终止期 5 个阶段。

5. 客户区分的方法包括 ABC 分类法、CLV 分类法、RFM 分类法。ABC 分类法根据客户为企业创造的价值，将客户区分为高端客户、大客户、中等客户、小客户等不同的类别。CLV 分类法是根据客户生命周期价值来区分客户的方法。RFM 分类法是根据客户购买间隔、购买频率和购买金额来计算客户价值进而区分客户的方法。

6. 常用的计算客户生命周期价值的方法包括 Dwyer 法、客户事件法和拟合法。

本章内容可使读者了解企业收集客户信息的类型、渠道以及处理方式，掌握客户区分的三种方法及用每一种方法进行客户细分的步骤，可为读者学习后续章节的内容奠定基础。

本章习题

一、简答题

1. 随着信息技术的发展，企业可以从哪些渠道获取客户信息？

2. 如今，企业有越来越多的渠道快速、低成本地获取客户信息，但也会曝出侵犯客户隐私的事件。那么，在获取客户信息的过程中，企业如何平衡自身发展需求与保护客户隐私？企业如何更好地履行社会责任？

3. 请论述客户画像构建过程。

4. 请简述客户区分的必要性。

5. 请比较 ABC 分类法、CLV 分类法、RFM 分类法的优缺点。

6. 请简述 RFM 分类法的适用情境。

二、案例分析题

C 公司是一家定位于中高端客户群的综合百货商城，主要包含百货和超市两种业态。该公司在成立之初就推行了会员体系，目前拥有 800 万名会员。C 公司的会员等级按照积分不同，分为金卡、银卡、铜卡和普卡四种，C 公司的会员等级划分的规则如表 3.4 所示。

表 3.4　C 公司会员等级划分规则

会员等级	积分要求
金卡	≥ 25 000
银卡	10 000 ~ 24 999
铜卡	2 000 ~ 9 999
普卡	0 ~ 1 999

最开始，C公司的会员积分规则为：会员在百货或超市每消费1元就获得1个积分。在实行了一段时间后，C公司发现会员对上述积分方式产生了"审美疲劳"，会员消费金额增长乏力。于是，C公司改变了会员积分的计算方式，除了消费金额积分算法之外，又增加了消费频率积分算法，消费金额积分算法和消费频率积分算法如表3.5所示。会员积分由消费金额积分与消费频率积分之和构成。

表3.5　消费金额积分算法和消费频率积分算法

业态	消费金额积分算法	消费频率积分算法
百货	每消费1元，积分增加1分	每月消费满1次，额外增加90积分（月限1次）
超市	每消费1元，积分增加1分	每月消费满2次，额外增加150积分（月限1次）

实行了新的会员积分算法之后，C公司发现会员销售占比从之前的65%上升到了70%，不同会员等级的会员人数占比和销售占比情况如表3.6所示。

表3.6　不同会员等级的会员人数占比和销售占比情况

会员等级	会员人数占比	销售占比
金卡	5%	35%
银卡	10%	15%
铜卡	15%	16%
普卡	70%	4%

案例思考题

（1）C公司的会员体系实施效果如何？

（2）为什么C公司在会员积分中增加了消费频率积分算法？

（3）如果想要进一步优化C公司的会员体系，你会怎么做？

项目实训

1. 收集有关客户隐私保护的法律法规、政策文件，思考从国家、企业和社会层面，如何保护客户隐私。

2. 结合汇丰银行区分客户的案例，请以银行个人客户为分析对象，收集国内其他银行区分客户的资料，并思考以下问题。

（1）这些银行是如何区分客户的？

（2）这些银行区分客户的标准有何异同？

（3）在数字经济时代，你认为银行应当如何区分个人客户？

第 4 章
客户互动

　　企业与客户之间良好的互动是建立相互信任、培育客户忠诚的重要途径。本章以客户互动为核心，首先阐述了客户互动的含义和维度，并论述了客户互动设计步骤。其次，以客户旅程为核心，阐述了接触点管理，包括接触点分析与接触点设计优化。最后，论述了服务流程管理、环境设计与互动内容设计。

本章学习目标

（1）了解客户互动的含义；
（2）掌握客户互动设计步骤；
（3）熟悉接触点类型，掌握接触点管理；
（4）了解感官营销与场景设计；
（5）了解传统媒体与新媒体的差异，熟悉互动内容设计。

开篇引例：中信银行的客户互动策略

　　在银行办理业务的过程中，大部分客户都不会很满意，因为经常排队等待。根据波士顿咨询集团的一项调查：大约 2/3 的人对银行的服务不满，客户在银行平均的排队等待时间为 45 分钟。这两个数据说明：办理银行业务的排队等待时间过长，是引发客户不满的重要原因。

　　办理银行业务排队等待时间长主要有以下两个原因。一是客户需求大，但网点的供应能力有限。可能的解决办法包括：分散客户需求，如梳理客户经常来办理的业务类型，让客户到 ATM 办理一些简单的业务，或者引导客户使用网上银行、手机银行办理业务；提升网点供应能力，如多开业务窗口。二是银行服务流程烦琐。以前客户去银行办理业务，通常是到达银行，在取号机取号，然后在等待区等待，等到柜台叫号后到柜台办理业务，业务办理完后离开银行。在这个过程中，客户通常处于被动等待状态，无形中增加了不满。例如在取号时，银行并没有区分客户不同的需求，而是简单地给一张号码单，让客户到了柜台以后才填写单据等，延长了办理业务的时间；客户在等待区等待时，只能坐在舒适感较差的椅子上；在柜台办理业务时，客户只能看着银行柜员进行各项操作，并不知道进行到哪一步、还需要多长时间。所以，银行需要梳理和优化服务流程。

针对这些痛点，中信银行采取了一系列措施。具体而言，中信银行首先注重提升网点服务能力，推广ATM服务和网上银行、手机银行业务，让客户可以自主办理各项业务。此外，中信银行在网点设计、布局和服务流程上也都进行了优化。

第一，中信银行优化了网点的大堂设计。一般银行大堂的设计都是明亮、简洁的风格，在色彩上大多采用冷色调。中信银行大堂的设计采用了温馨的风格，给客户亲切之感。

第二，中信银行优化了网点的布局。客户进入银行网点会习惯性地寻找取号机，而中信银行在网点门口设置了引导台，其中的大堂服务人员会询问客户需要办理的具体业务，然后协助客户取号，并告知客户大概的等候时间。中信银行对客户办理的业务进行了更为细致的分类，在大堂服务人员协助取号时，后台系统就会自动备注客户需求。这样，相关的银行工作人员通过平板电脑就可以了解客户的需求和等待时间。这样做的好处是显而易见的。对银行而言，为客户服务的工作人员可以迅速了解客户的需求，也可以给客户留下好印象；对客户而言，清楚知道等候时间可以缓解焦虑情绪。

第三，中信银行使用了智能填单台。客户填写单据时容易出错，同时柜台服务人员还需要将内容录入计算机系统，这就延长了客户办理业务的时间。使用智能填单台，客户不需要手写信息，而是根据系统的提示，一步一步完成填单，减少了填单过程中的错漏。柜台服务人员也省去了帮助客户将信息录入计算机的过程，提高了服务效率。

第四，中信银行优化了座椅。通常，在银行等待的时候，客户会坐着看看手机，打发无聊的等待时光。中信银行认为这是非常好的宣传时机。他们想要鼓励客户站起来，到处走动，看看银行的宣传册和相关业务信息。于是，中信银行用沙发代替了传统的座椅。沙发的舒适感是经过调节的，并不会让人舒服得不想起来，反而更让人愿意起来探索。中信银行将宣传册放在沙发旁边，让客户一站起来就可以看到。同时，中信银行在大堂设置了贵金属展示柜台，展示柜台的设计借鉴了珠宝店的柜台设计，配合射灯，很容易让客户产生购买欲望。中信银行还在大堂中引入了其他商家，如蛋糕店。用中信银行卡购买商家商品是有优惠的，这让客户在等待的时候可以品尝蛋糕和饮料，拉近了与客户的距离。

第五，中信银行优化了服务流程。在柜台服务的环节，为了进一步拉近与客户的距离，中信银行专门设置了面对客户的触屏，显示业务办理的进度，让客户感受到流程的透明可控。此外，中信银行专门设计的智能叫号系统，也能让柜员在叫号的第一时间就获取客户信息，并在办业务的时候用客户的姓来称呼对方，系统也能显示客户在等候时关注过的产品信息，使营销更有针对性。

综上，中信银行在客户办理业务的各个环节都设计了合适的客户互动方案，并取得了良好的效果。

4.1　客户互动设计概述

企业通过互动、对话来了解客户后，就能够知道什么时候该提供什么产品和服务，才能让客户心甘情愿地与企业合作。对客户的相关资料积累得越多，企业掌握客户的精确性就越准，应对不同挑战所提出对策的有效性也就会越高，这可使企业降低风险，提高利润。本节将介绍客户互动的含义和维度，从而阐述企业在与客户互动时应该遵循的必要步骤。

4.1.1　客户互动的含义和维度

1.　客户互动的含义

现有研究认为客户互动包括了客户 - 企业、客户 - 客户、客户 - 员工等方面，本书中所指的客户互动均指客户 - 企业互动。服务营销、广告、网络营销、关系营销、创新、客户关系管理等领域都涉及客户互动的概念，但目前并未形成一致的定义。各领域学者对客户互动的定义如表 4.1 所示。

表 4.1　各领域学者对客户互动的定义

学者	定义
卫海英和冯伟	在服务营销领域，客户互动被认为是企业与客户以平等的地位相互交流和沟通品牌理念与认知，并逐渐形成相互信任与忠诚关系的所有行为形式
赵和利肯比（Cho & Leekenby） 高、赵和罗伯茨（Ko，Cho & Roberts）	在广告领域，客户互动是客户通过广告信息和广告主积极互动而深入广告过程的程度
雅达夫和瓦拉达拉杰（Yadav & Varadarajan）	在网络营销领域，客户互动被定义为以计算机为媒介的沟通
格罗路斯（Grönroos）	在关系营销领域，客户互动是指企业与客户之间持续、双向的信息交换和共同行动
邦纳（Bonner）	在创新领域，客户互动主要指企业与客户进行接触、交流、参与
拉马尼和库马尔（Ramani & Kumar）	在客户关系管理领域，客户互动是指企业与其个体客户互动并利用来源于互动的信息构筑营利性客户关系的能力

可见，不同领域对客户互动有着不同的定义，但综合而言，都倾向于将客户互动定义为一种社会交往行为。根据所处视角不同，对客户互动的定义主要有 4 种不同的观点。一是强调客户互动的过程，认为客户互动是企业与客户进行信息交换、相互沟通的过程。二是强调互动媒介，认为互动是计算机、互联网等媒介的一种特征。三是从客户的角度，强调客户对互动的感知和体验。四是从能力的视角，认为客户互动是企业与客户进行交互的能力。

2.　客户互动的维度

企业与客户的互动在现实生活中可以从多个维度进行划分，主要是基于互动特征、互动能力、互动内容、互动模式这 4 个方面进行划分。

（1）基于互动特征划分

基于互动特征划分客户互动维度的方式立足于互动的过程，关注企业与客户在互动过程中的特征。各学者基于互动特征对客户互动维度的划分如表 4.2 所示。

表 4.2　各学者基于互动特征对客户互动维度的划分

学者	维度	具体含义
刘和施勒姆（Liu & Shrum）	主动控制	主动控制是指直接影响客户体验的主动和工具性的行为，体现了客户对互动过程的控制程度
	双向沟通	双向沟通是指企业与客户之间相互交流的能力
	同步性	同步性体现了客户进行沟通和获得反馈的同时性
雅达夫和瓦拉达拉杰（Yadav & Varadarajan）	双向性	双向性强调了企业与客户之间进行双向交流的程度
	即时性	即时性是指当一方发出信息时，另一方响应速度的快慢
	共同控制	共同控制关注客户能够对沟通过程进行控制的程度
	响应性	响应性是指企业为客户提供恰当、相关信息以保持连续互动的程度
邦纳（Bonner）	双向性	双向性体现了企业与客户之间的信息流动方向
	参与性	参与性体现了企业与客户之间丰富的交流模式
	共同解决问题	共同解决问题则强调了互动的内容

（2）基于互动能力划分

基于互动能力划分客户互动维度的方式强调了企业管理客户交互的理念和能力。各学者基于互动能力对客户互动维度的划分如表 4.3 所示。

表 4.3　各学者基于互动能力对客户互动维度的划分

学者	维度	具体含义
拉马尼和库马尔（Ramani & Kumar）	客户理念	客户理念是指将个体客户作为企业营销活动分析单位的信念
	互动响应能力	互动响应能力体现了企业根据客户反馈提供产品、服务的程度，反映了企业处理不同客户需求的能力
	客户授权	客户授权是指企业与客户通过不同的接触点共同创造价值
	客户价值管理	客户价值管理是指企业通过动态分析每个客户的价值，来指导营销资源的分配
布洛克尔等（Blocker et al.）	响应型互动	响应型互动是指企业为了满足客户的既有需求而单方面创造价值的互动方式
薛佳奇、刘婷和张磊楠	积极型互动	积极型互动是指为了发现客户潜在的需求而主动与客户共同创造价值的互动方式

（3）基于互动内容划分

基于互动内容划分客户互动维度的方式强调了企业与客户在互动过程中交流和沟通的内容。各学者基于互动内容对客户互动维度的划分如表 4.4 所示。

表 4.4　各学者基于互动内容对客户互动维度的划分

学者	维度	具体含义
梅西和利维 （Massey & Levy）	内容互动	内容互动强调客户对内容的参与程度
	人际互动	人际互动关注客户通过网站进行的沟通和交流
范晓屏和马庆国	工具性互动	工具性互动是客户为明确和解决问题而进行的信息搜寻
	人际关系互动	人际关系互动是客户通过网络进行的人际沟通交流

（4）基于互动模式划分

企业与客户可以通过人、机器、产品等不同的媒介进行互动，由此构成了不同的互动模式。各学者基于互动模式对客户互动维度的划分如表 4.5 所示。

表 4.5　各学者基于互动模式对客户互动维度的划分

学者	维度	具体含义
霍夫曼和诺瓦克 （Hoffman & Novak）	人机互动	人机互动关注的是客户与机器之间的互动
	人际互动	人际互动则关注了人与人之间的互动
	人际模式	人际模式是指不同的人之间相互呈现的行为之间的关系
弗洛伦塔尔和肖汉姆 （Florenthal & Shoham）	信息模式	信息模式侧重于人们影响和呈现信息内容的能力，以满足客户的特定需求
	媒介模式	媒介模式是指人机界面关系或虚拟环境的体验
	产品模式	产品模式侧重于客户在零售渠道内的触觉、味觉、嗅觉等直接的产品体验
王永贵和马双	产品互动	产品互动是指客户以产品、品牌及相关知识等为主要话题而进行的互动
	人机互动	人机互动是指以计算机为媒介，客户与论坛网页上的超文本内容进行的各种互动
	人际互动	人际互动是指在虚拟社区中，成员之间进行的沟通和交流

上述客户互动维度为读者深入理解客户互动的内涵奠定了良好的基础。从总体看，尽管企业与客户互动涉及不同维度，但可以按照互动中是否涉及企业员工与客户的直接沟通，将客户互动划分为人际互动和非人际互动。人际互动意味着企业员工与客户之间有接触和交流，在这一场景下，企业需要注重服务流程的优化，也需要注意环境设计。非人际互动意味着企业通过媒体渠道与客户展开交流沟通，在这一场景下，企业需要注重互动内容设计、发言人选择和媒体选择。但无论是人际互动还是非人际互动，企业都需要践行一定的客户互动设计步骤。

4.1.2　客户互动设计步骤

从上述对客户互动的定义和维度看，客户互动不是瞬时的，而是一个持续的过程。企业需要对客户互动进行精心设计，才能达成互动目标。一般而言，立足企业视角，客户互动设计步骤如图 4.1 所示。第一步，确定互动对象和目标。尽管互动的对象是客户，但不同的客户存在差异，因此企业首先需要确定互动对象，即确定与哪些客户互动，而后明确希望达到的目标。第二步是设计互动内容。一是明确企业要对客户说什么，不同的互动内容将会收到不同的效果；二是确定企业派谁对客户说，即确定发言人。第三步是确定互动预算，即计算企业在互动中的费用开支。第四步是确定互动渠道和频率，即选择合适的媒介并确定互动频率。第五步是评估互动效果。

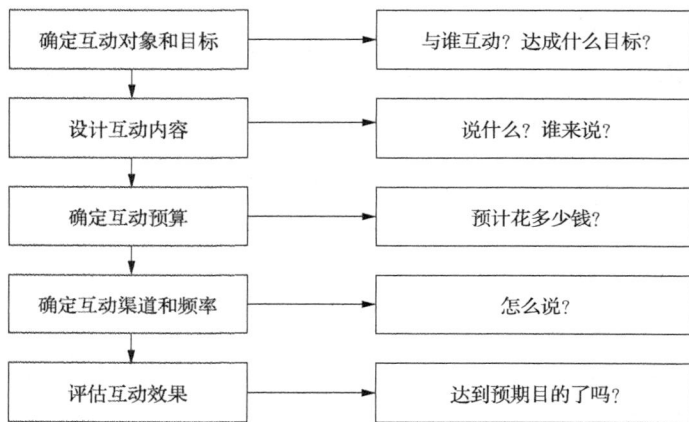

图 4.1　客户互动设计步骤

1．确定互动对象和目标

毫无疑问，在客户互动中企业互动的对象是客户。但是企业面对的客户包含多种类型，不同类型的客户具有不同的需求。例如，客户可以被划分为组织客户与个人客户，组织客户与个人客户的需求存在显著差异。以购买计算机为例，组织客户希望获得更好的安装、配送及售后服务，对价格并不是很敏感；个人客户则对配送没有要求，更希望在保证一定质量的情况下有更低的价格。

客户对企业具有不同的期望，这种期望既包括了客户对企业的基本期望，又包括了更高的潜在期望。其中，基本期望是指客户认为理应从产品或服务中得到满足的基本需要；潜在期望是指超出基本期望的、客户并未意识到而又确实存在的需求。随着客户生命周期的变化，客户的基本期望和潜在期望也在不断地发生变化。当处于潜在获取期时，不确定性是该阶段最大的特征，主要体现为：客户不能确定自己在交易中到底能获得多少价值，而企业对客户的需求和偏好也没有充分的了解。此时，客户基本期望建立在以往的经历和已知的类似关系基础之上。只要企业有形产品的性价比高于同行业的平均水平，配套的售后服务如送货、维修等及时完善，客户一般会感到满意。此时客户的潜在期望是得到更多的物质利益和供应商的关怀。当进入客户成长期，客户通过一系列的重复购买，加深了对企业和市场的认知和了解，企业也同时加深了对客户的了解。此时，客户对企业以往提供的优质产品或服务已习以为常，不再感觉新鲜和有吸引力，但是产品或服务的质量一旦下降，客户立即就会表示不满。因此，在这一时期，客户基本期望的基础是以前购买该产品的经历和市场上最好企业的表现，客户的潜在期望是个体受到企业非同一般的重视。当进入客户成熟期后，客户不仅对产品有强烈的喜爱和依赖，同时也非常熟悉企业，客户不仅关注自身从企业获得了多少价值，也关注企业在交易中获得的价值，在客户看来，双方获得的价值必须是均等的，否则就不公平。客户的潜在期望则表现为客户希望和企业成为一家人。当进入客户衰退期后，客户逐步失去了对企业的信任，其对企业也不再有更多的期待。在客户终止期，客户则不再与企业有交易关系。

　　表 4.6 列出了处于潜在获取期、客户成长期和客户成熟期的客户的基本期望和潜在期望。从表 4.6 中可以看出，处于潜在获取期、客户成长期和客户成熟期的客户，对企业的基本期望和潜在期望存在显著差异。随着客户生命周期由潜在获取期进入客户成熟期，客户对企业的期望也在不断提高。

表 4.6　不同客户生命周期阶段客户的基本期望和潜在期望

客户生命周期阶段	基本期望	潜在期望
潜在获取期	优质的有形产品，配套的附加产品	更大的物质利益，企业的关心
客户成长期	潜在获取期提供的一切价值	受到企业非同一般的重视
客户成熟期	客户成长期提供的一切价值，且企业和客户自身获得的价值对等	成为企业的一部分，自我对企业的重要价值得到认同

　　可见，不同类型的客户具有不同的需求和行为特征，因此，企业需要确定与哪些客户互动，因为这将在很大程度上决定企业互动内容的设计和费用、互动渠道的选择等。

　　在明确互动对象之后，企业就需要考虑与客户互动的目标。一般而言，企业与客户互动的目标包括以下两个方面。

　　（1）加深与现有客户的联系

　　企业与现有客户的联系包括经济联系和情感联系两个方面。经济联系主要体现为客户从企业采购产品或服务的数量及金额，具体表现为客户在一段时间内购买数量的增加，或者一段时间内购买金额的增加；也可以表现为客户购买时间的延续。情感联系主要体现为客户对企业的信任、企业对客户的关怀，即客户和企业之间形成了情感依恋关系，客户和企业将彼此视为家人一般。在设定互动目标时，上述两个方面并不冲突，企业可以既期望客户增加采购数量或采购金额，又期望增进相互间的感情。当然，企业也可以只关注其中一个方面。

（2）吸引潜在的客户

潜在客户是指有希望成为企业产品或服务购买者的客户。潜在客户包括同一市场中所有企业都面临的未来可能的购买者，以及企业竞争对手的客户。吸引潜在客户意味着企业希望扩大自身的客户群体。无论是吸引未来可能的购买者，还是吸引竞争对手的客户，企业都需要付出相应的努力。

吸引潜在客户这一目标可以进一步细分为以下 3 个目标。其一，提高企业在潜在客户中的知名度，即企业需要让自身的品牌和产品被更多的客户知道。其二，增强潜在客户对企业产品或服务的认同感，即企业致力于与潜在客户建立更为紧密的情感联系以获得他们的认可。其三，鼓励潜在客户购买，这一目标是希望将潜在客户情感上的认同转化为实际的购买行动，也是将潜在客户变为现实客户的关键步骤。可见，上述 3 个目标存在层层递进的关系，提高企业在潜在客户中的知名度是增强潜在客户对企业产品或服务认同感的基础，而潜在客户对企业产品或服务的认同则是推动其后续购买行为的重要力量。

企业在设定互动目标时，需要注意以下几个方面。

（1）互动目标的具体性

互动目标必须是具体的，而不是空泛的。例如，在吸引潜在客户、提高企业知名度时，不能将目标简单地确定为"在全国范围内提高企业知名度"，而是应当确定为"将企业的知名度提高 50%"。一个空洞的目标将让企业的员工无所适从，从而削弱企业与客户互动的效果。

（2）互动目标的可实现性

企业在设定互动目标时，需要考虑自身的资源和实力，设定的目标应当是能够实现的，而不应好高骛远。换言之，互动目标的设定是建立在企业对自身条件及外部环境的分析之上的，是在权衡利弊之后才确定的，并非仓促决策。例如，对于许多资源不足的中小企业而言，将互动目标设定为"吸引行业领导者 70% 的客户"，就难以实现，因为企业自身并不具备这方面的条件。

（3）实现互动目标的期限

企业在设定互动目标之后，就需要设置实现目标的期限。设置期限的意义在于：有助于具体工作的分解，使互动任务具有可实施性；明确任务完成的时间节点，便于企业审视互动目标达成情况。若企业未设置实现目标的具体期限，则互动目标的实现容易无限期拖延，进而影响互动工作的开展，不利于企业与客户建立良好的关系。

（4）互动目标的多样性

企业设定互动目标时，可以设立多个目标。例如，吸引潜在客户购买、提高产品或品牌的知名度、增加客户对企业的好感、提高现有客户的重复购买率等。当设立多个互动目标时，企业需要注意这些目标之间应是相互联系、相互兼容的，而不是相互矛盾的。

2. 设计互动内容

客户互动的内容主要包括具体内容设计和明确发言人。具体内容设计是指企业想要向客户传达的内容，主要包括信息和情感两个方面；明确发言人是确定由谁来传达内容，企业需要根据自身需求选择合适的发言人。

（1）信息

信息不仅包括了企业的信息，而且包括了客户的信息。企业的信息包括了企业的文化、经营理念、产品信息、服务信息及客户反馈信息等。例如，在生活中随处可见的各种类型的广告，有一些广告中包含许多有关企业产品或服务的资料，还有一些广告并不提及企业的产品或服务，而传递企业的经营理念和价值观，如石油公司在其广告中宣传其立足开发新型能源的战略方向。当面对经销商等组织客户时，企业还可告知这些客户有关企业回款、发货等方面的政策与制度。

客户向企业传递的信息主要是其需求信息，其中包括客户向企业反映对有关产品或服务的使用体验和改进意见、投诉和建议等。例如，经销商在向上游供应商订货的时候，会告知其需要的数量、规格、型号等。

（2）情感

企业与客户拉近情感距离。例如，许多企业都要求其营销人员定期拜访其组织客户，并在年终举行客户答谢会，通过双方的交流，拉近彼此间的距离。例如，不少汽车企业都组织了俱乐部，这些汽车俱乐部的成员会定期组织自驾游等活动，这些活动的目的并不在于继续向这些客户销售汽车，而是期望通过这些活动拉近企业与客户之间的距离，让客户与企业建立朋友般深厚的情谊。

需要注意的是，上述两个方面的内容并不是完全独立的，在企业与客户互动时，很有可能涉及不止一个方面的内容。例如，企业在年终举行客户答谢会，一方面是为了与客户拉近情感距离，另一方面是为了向客户征求反馈意见，此外，企业还有可能在答谢会上向客户介绍企业的新产品或新策略。

（3）选择发言人

选择发言人主要涉及互动内容"谁来说"的问题。基于企业的视角，企业期望通过选择合适的发言人以增强互动成效，因此发言人的选择会根据具体互动内容的不同而不同。例如，在企业向客户传递产品信息的时候，企业通常会选择具有广泛影响力的意见领袖作为发言人，以扩大信息的传播范围。当企业希望与客户拉近情感距离并倾听来自客户的真实意见的时候，企业的基层员工和中高层管理者则成为合适的发言人。

3. 确定互动预算

企业在确定互动预算时，有多种方法可以选择。例如，企业根据目前的状况，将所有可能的资源都用于客户互动。也可以根据企业的销售额或者利润，确定固定的比例，据此来设定用于客户互动的资金。还可以根据竞争对手用于客户互动的资金，来确定本企业用于互动的资金。

除了上述方法之外，比较符合企业实际的方法是根据客户互动目标来确定预算。这种方法的步骤是：首先，将互动目标进行细分，确定具体的目标；其次，分析达到这一目标所需要完成的任务；最后，估计完成这些任务所需要花费的成本。这些成本的总和即为企业互动预算。该方法的优势在于能够让企业清楚知道所花费的资源与取得的成果之间的关系。

4. 确定互动渠道和频率

企业与客户的互动渠道主要包括传统媒体渠道和新媒体渠道两类。每一类渠道下又有很多不同的渠道。表 4.7 列出了传统媒体渠道与新媒体渠道的区别。

表 4.7 传统媒体渠道与新媒体渠道的区别

项目	传统媒体渠道	新媒体渠道
定义	传统媒体是通过某种机械装置定期向社会公众发布信息或提供教育娱乐平台的媒体	新媒体是一个相对的概念。媒体是信息载体，新是相对旧而言的。新媒体是一种新出现的信息载体，其受众达到一定的数量后，就可以称为"新媒体"
主要形式	报纸、期刊、电视、图书、广播等	互联网、网络广播、网络电视、手机电视、数字杂志、数字报纸、数字广播、手机短信、移动电视、触摸媒体等
特点	专业化运作 内容的剖析力度强 学术价值高	成本低 效果好 互动性强
差异	市场上：具有领导企业 受众上：主导受众型 内容创作上：细细斟酌，文章长 排版上：存在版面规律，有严格的要求 时效上：有明确的发布要求，定时定量	市场上：市场竞争激烈 受众上：受众主导型 内容创作上：速度快，文章短 排版上：根据时间流分配信息，没有严格的版面要求 时效上：24 小时更新

在具体的互动过程中，企业不可能选择所有的渠道，而只能选择其中的某些渠道进行客户互动。同时，企业必须确定在选定的不同渠道中与客户互动的频率。因此，在这一步骤中，企业需要弄清以下两个问题。

（1）选择哪些渠道

在确定具体的渠道时，首先，企业需要明确客户期望通过什么途径与企业互动。因为如果企业选择的渠道并不符合客户的预期，那么当企业选择这些渠道时，就会受到客户的抵制，无法实现预期的目标。

其次，企业需要分析不同渠道的优势和劣势，根据客户的期望和企业的目标确定合适的渠道。因此，企业需要综合考虑客户需求、企业互动目标、渠道特征来最终确定选择哪些渠道进行互动。

最后，企业需要注意不同类型渠道的组合使用。在日新月异的市场上，单纯依靠一种互动渠道已经难以实现既定目标。因此，企业需要综合运用多种渠道实现目标。那么，在选择渠道类型的时候，企业就需要注意不同渠道的组合方式。是各种渠道平均使用，还是以某一种渠道为主，其他渠道为辅，这些都是企业需要考虑和决策的内容。

（2）何时与客户互动

这一问题中包括两个小问题，一是企业在什么时间与客户互动，二是企业间隔多长时间与客户互动。回答上述两个小问题的起点，依然是客户需求。例如，有些企业通过电视广告与客户互动时，并没有考虑客户的期望，而是希望借助高密度的广告来迅速增加客户对企业产品的认知。这种方式尽管能够加深客户对企业产品的印象，但同时也会降低客户对企业产品的好感度。企业在考虑客户需求的同时，也需要顾及企业的互动目标。企业应在综合考虑的基础上，确定合适的互动时间与频率。

5．评估互动效果

企业在与客户互动后，需要评估互动的效果，以便后续互动活动的改进。互动效果可以从客户和企业两个方面进行评估。

（1）对客户的影响

一般认为，企业与客户之间的互动对客户的行为和态度具有正面的作用，主要体现在电子商务中，互动能够更好地帮助客户决策，促进其购买；在服务营销中，互动能够增加客户重复购买的行为，并提高客户的满意度，进而可能形成口碑效应。

此外，企业与客户之间的互动也可能给客户带来不好的影响，如当企业使用移动通信技术等进行互动时，如果使用不恰当，会对客户造成一定的困扰，从而使客户对企业的产品或服务产生不好的印象，甚至抗拒。所以，企业在使用这类互动技术时，需要在获取客户及对客户的干扰中取得平衡。

（2）对企业的影响

一般认为，企业与客户之间的互动对企业有积极、正面的影响，能够加深企业对客户的认识和了解，帮助企业制订更为合理的营销计划。因此，客户互动对企业能力、口碑和品牌资产、绩效等方面有正向作用。在对企业能力的影响中，企业使用互动技术可以提升客户关系管理的能力，也可以提升认识和响应客户需求的能力；在对企业口碑和品牌资产的影响中，企业与客户之间的互动有助于企业及时对负面口碑做出回应，维护品牌声誉，提升企业的品牌资产；在对企业绩效的影响中，企业与客户的互动可以帮助企业更好地了解客户需求，进而提升新产品（服务）开发绩效。同时，服务企业在与客户的互动中不断了解客户需求，在对客户需求梳理的基础上，进一步优化服务流程乃至调整企业组织结构，最终影响企业绩效。

此外，企业与客户之间的互动也可能给企业带来不好的影响，如企业在与客户互动的过程中难免会涉及成本的问题，当企业为了取得良好的互动效果付出了高昂的成本，而客户互动带来的收益没有所付出的成本高时，企业就将面临财务方面的危机。所以，企业应该正确评估收益和成本，避免出现"付出成本高于获得收益"的情况。

综上，企业完成一个阶段的客户互动之后，就需要对客户互动的效果进行评价。在对互动效果的评价中，必须结合互动目标，回答以下几个问题。

（1）互动是否实现了既定的目标？

（2）企业在与客户互动的过程中，存在哪些需要改进的方面？

（3）企业在与客户互动的过程中，发现了哪些新问题或新现象？

4.2 接触点管理

企业与客户互动的目的在于让客户获得良好的体验。若企业想要获得预期的互动效果，企业就必须理解接触点。本节将介绍接触点管理的含义，然后介绍企业应如何对接触点进行分析，进而对其进行设计优化。

4.2.1 接触点管理概述

接触点发生在企业与客户的每一次互动之中，包括正在使用的设备、用于交换的渠道（发生互动的场所，如电子邮件、电话、社交媒体），以及请求或完成的特定任务等。有效的接触点可令客户更接近企业，而无效的接触点则会令客户远离。客户接触点管理的核心是企业如何在正确的接触点以正确的方式向正确的客户提供正确的产品和服务。企业与客户之间的互动组合起来其实就是一个过程，而这个过程就是客户旅程。客户旅程中有一系列的接触点，传达了企业与客户之间每次互动的背景。如果形象地把接触点比作一个一个离散的点，那么客户旅程就是把一个一个离散的点连接起来的线。要理解接触点，就要从客户旅程进行分析。企业需要通过客户旅程了解每个阶段的接触点，对接触点进行分析，对比企业现有的接触点体验与客户所需要的接触点体验，从而对接触点进行优化设计。

客户旅程是描述客户从认识某种产品开始到对某个品牌产生信任感和忠诚度的一系列行为过程。以往在客户旅程中对企业与客户的接触点分析是使用 AIDA 模型进行的。AIDA 模型包括 4 个阶段：引起注意（Attention），诱发兴趣（Interest），刺激欲望（Desire），促成购买（Action）。这个模型就是简单地从客户购买前、购买中、购买后进行分析。随着社会的发展，菲利普·科特勒从客户视角提出经典的客户旅程——5A 模型，5A 模型包括认知（Aware）、吸引（Appeal）、询问（Ask）、行动（Act）和拥护（Advocate）五个阶段，如图 4.2 所示。

图 4.2 5A 模型

认知阶段（Aware）：客户被动接受信息。客户从过往经验、营销传播或来自其他人的倡导中，被动接收企业信息，这是进入整个客户体验路径的大门。

吸引阶段（Appeal）：客户通过外界信息增加对企业的印象。客户认知到几个企业之后，会处理接触的信息，创造短期记忆或形成长期记忆，最终只对少数企业印象深刻。

询问阶段（Ask）：客户对企业的产品或服务产生好奇。在好奇心驱使下，客户会积极询问亲友、上网搜寻或从企业官网、公众号搜集信息。在询问阶段，客户体验路径从个人转为社群，多方了解企业的各类信息。

行动阶段（Act）：客户参与互动过程。如果客户在询问阶段被进一步得到的信息说服，就会采取行动。客户想要采取的行动并不是只有购买。在购买之后，客户会通过使用及售后服务，进一步与企业互动。

拥护阶段（Advocate）：客户帮助企业宣传产品或服务。随着时间的推移，客户可能会对企业强烈忠诚，这会反映在客户保留率、重复购买，以及向其他人宣扬企业的优势上。积极的倡导者会在没有人询问的情况下主动推荐企业的产品和服务；忠诚的拥护者则是在有人询问或出现负面宣传者时才会发声，因为他们觉得自己有义务推荐或维护自己喜爱的企业。

在以上五个阶段中，认知阶段、吸引阶段和询问阶段为客户购买前的旅程，行动阶段为客户购买中的旅程，拥护阶段则为客户购买后的旅程。在了解了客户旅程后，企业就应该根据客户旅程对接触点进行分析，并为客户提供良好的接触点体验，尽可能地将客户变成自己的忠诚客户。图 4.3 所示为企业接触点分析的全过程。

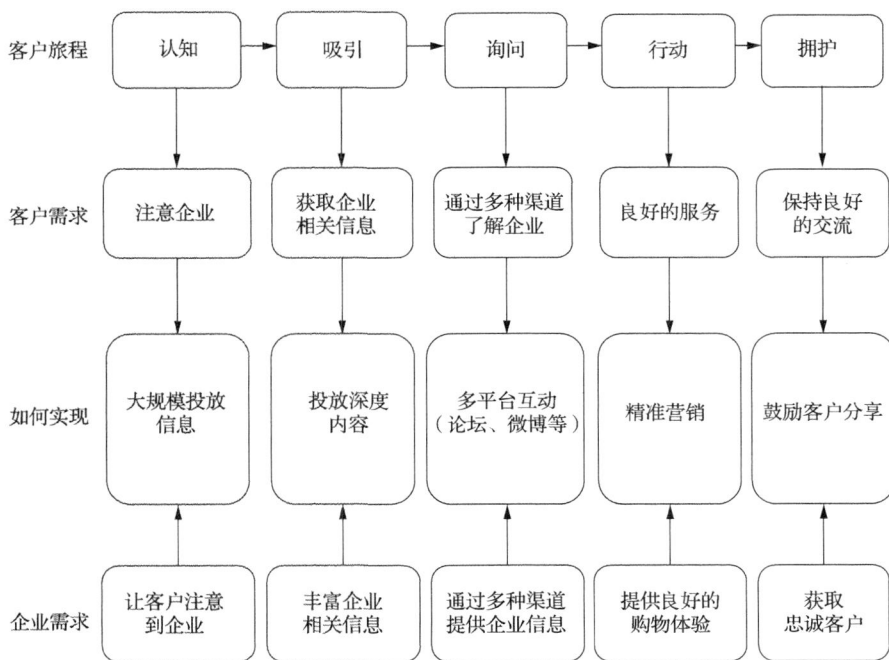

图 4.3 企业接触点分析全过程

4.2.2 接触点分析

要对客户和企业的接触点进行分析,企业首先应该明确接触点有哪些类型。

1. 接触点类型

接触点按主体来分可以分为 3 种类型,分别是企业设计的接触点、已有客户设计的接触点以及社交或外部接触点。

(1)企业设计的接触点

企业设计的接触点是客户体验过程中,由企业设计和管理,并在企业控制下交互的接触点。它们包括所有品牌拥有的媒体(如电视、网站、广播等),以及任何由品牌控制的营销组合元素(如产品、包装、服务、价格、便利性、销售队伍等)。营销人员已经广泛研究了这些接触点对销售和市场份额的影响。许多研究表明,广告和促销活动会影响客户的态度和偏好。不少研究关注了搜索引擎广告对销售效果的影响。通过优化关键词,搜索引擎广告可以影响客户行为,进而帮助企业提高销售绩效。还有研究表明,除了广告和促销活动之外,直销和公司的销售队伍也会影响客户的态度和偏好。

(2)已有客户设计的接触点

已有客户设计的接触点在客户购买过程的早期阶段更为常见。客户不仅可以独立地创造价值,也可以和企业一起成为价值的创造者,因此该接触点得到了扩展。例如,客户发布以非企业预期的方式使用产品的内容。国外喜爱宜家 DIY 的人士建立了一个"宜家黑客"(IKEA Hackers)网站,这些人士在网站上发布创新使用宜家产品的内容。

(3)社交或外部接触点

客户的购买行为不仅会受到企业的影响,也会受到其他人的影响。尤其是随着社交媒体的兴起,他人对客户行为的影响越来越大。这些影响客户行为的外部接触点包括其他客户、同伴和环境。在客户购买的过程中,同伴可能会主动或被动地施加影响。例如,同伴对产品或服务的评价会影响客户的感知;客户在购买过程中询问同伴,同伴给予的反馈也会影响客户的态度。其他客户可能通过角色外行为(Extrarole Behavior)影响客户的行为和态度。尤其是在购买过程中或购买后即使用或体验的产品或服务(如剧院、音乐会、餐厅、体育赛事等)中,其他客户的言行会影响客户的感知。例如,在体育赛事中,其他观众的热情参与会影响客户的情绪。

社交环境也会影响客户的体验,如网站评论和社交媒体,也能对客户产生影响。这些信息源有时是独立的;有时与品牌或企业关系非常紧密;有时可能被视为企业合作伙伴的接触点。在营销研究中,社交媒体受到了广泛关注,网站评论在购买过程中的作用也多次被提及。

对接触点的分类为企业提供了一个组织框架,可以帮助企业了解客户体验中可以加以利用的要素。例如,企业可以识别客户旅程中自己拥有或可以影响的接触点,并认识到哪些是对客户影响不大或影响很小的接触点，从而进行合理的管理。

2．客户对接触点的需求分析

在明确了接触点的类型后，企业就需要根据客户旅程（5A 模型）去分析客户对接触点的需求，即客户在这个接触点希望得到什么样的服务，或者什么样的服务能够让客户愉快地完成购物过程。

在认知阶段、吸引阶段、询问阶段，客户的需求主要是产品需求，包括产品的性能、质量及价格。一般客户都希望以较低的价格获得高性能、高质量的产品，那么，客户就会通过尽可能多的渠道去了解企业，如询问亲友、上网搜寻，然后根据自己所得信息去匹配自己的需求与企业所提供的产品或服务。

在行动阶段，客户已经通过各类方式了解了企业，并决定在企业中购买，具体表现为选择、订购和付款之类的行为。此时，客户的需求主要是服务需求和体验需求。服务需求表现在客户采购时，即客户不再仅仅关注产品，还关注产品的售后服务，包括：产品的送货上门、安装、调试、培训及维修、退货等。目前，人们逐渐从工业经济时代、服务经济时代步入了体验经济时代。体验需求就表现在客户采购时，客户不愿意被动地接受服务商的广告宣传，而希望先对产品做一番体验，如试用、品尝，或者主动地参与产品的规划、设计、方案的确定，体验创意设计、决策等过程。企业与客户互动的每一个接触点，如一个电话、一封 E-mail、一次技术交流、一次考察、一顿晚餐等，对客户而言，都是一种体验。体验记忆会长久地保存在客户大脑中。客户愿意为这种"唯一"的体验付费。

在拥护阶段，客户已经完成了购物行为。此时，客户的需求主要是关系需求，客户在购买了称心如意的产品、享受了舒适的服务、得到了愉快的体验的基础上，如果能同时结交朋友、扩大社会关系网，一定会获得超出购买预期的体验。"关系"能够帮助客户获得社会的信任、尊重、认同，是一种情感上的满足感；当人在需要或面临困难时，会得到朋友的帮助和关怀；可以与朋友共同分享和交换信息、知识、资源、思想、快乐等；关系的建立一般会经历较长时间的接触和交流、资源的投入，进而建立关系双方达到共同的目标，彼此尊重、相互信任、相互关爱、相互依赖、信守诺言。

本章的开篇引例中，主要体现了行动阶段的接触点体验。在取号的时候，客户的需求是快速拿到号码单、明确等待时间；在填写单据的时候，客户的需求是能够简单、快速地填完；在柜台办理业务的时候，客户的需求是快速办完。

3．企业对接触点的现状分析

在明确客户对接触点的需求后，企业需要对接触点上的服务进行分析，对现在的服务和客户期望的服务进行对比，明晰两者的差距，并针对具体的客户需求进行改进。例如，在本章的开篇引例中，在排队取号方面，符合客户期望的是快速拿到号码单，但不符合期望的是等待时间过长；在填写单据方面，客户并不满意，因为填写内容多、模板不容易找、容易填错;在柜台服务方面,客户希望办理业务的时间短一些。

4.2.3　接触点设计优化

在企业员工与客户直接接触的情境下,企业需要了解客户的需求、客户对这些接触点的满意程度,同时也需要清楚企业在这些接触点上的期望,以及客户实际的表现。企业通过深度了解企业、客户双方的期望及实际表现,进一步优化接触点的设计。

在认知阶段,企业可针对目标客户的接触点,创造口碑传播的元素。企业可寻找当下曝光量大的媒体、平台和广告资源进行企业信息的大规模投放,甚至追求最大范围的曝光,协助企业快速构建客户与企业之间的关系。

在吸引和询问阶段,兴趣将直接影响客户的选择。企业可针对目标客户群体的痛点,强调产品特色,突出企业亮点,进行专属的内容营销和广告投放。企业可以考虑加入意见领袖营销,通过与产品使用场景高度相关的名人背书,为企业增加好感度,同时也通过意见领袖的体验分享,加深目标客户对企业的了解和认识。企业还可以增加对垂直内容平台的投入,如贴吧、论坛、知乎、小红书等聚合类型的平台,增加优质和深度内容曝光,提高内容的质量和互动性,促进客户对企业的探索和深度研究。

行动阶段,也是企业将自身的服务有效连接到客户的生态价值链上的重要阶段。企业应该对有意向的客户进行一对一定向突破,并向客户提供专业的建议和有效的推行策略。在这个阶段,企业可以重点考虑能促进客户达成购买决策的传播策略,如配合营销事件的宣传、促销和限定产品供应等信息的发布等。投放平台适合侧重于客户可以直接发生购买行为的电商类生态平台,如天猫、京东等。

拥护阶段是客户旅程的最后一个阶段,也是最有延续性的一个阶段。企业可在该阶段通过营销活动和内容的引导,鼓励已购买产品或已享受服务的客户积极分享,让更多的人发现并了解企业,实现客户旅程的良性循环。

4.3　服务流程管理

优质的服务是企业在行业竞争中领先的关键优势,同时也有利于企业的口碑传播。在与客户互动中,做好服务流程管理对企业来说同样重要。本节将介绍服务流程的含义及企业如何对服务流程进行优化。

4.3.1　服务流程的含义

在企业与客户的互动中不容忽视的一种互动是面对面互动,这种互动通常与企业提供的服务相关,因此设计良好的服务流程对企业而言尤为重要。所谓流程,即做事的顺序。企业的服务流程是跨越时间和空间的有序工作活动,它有起点和终点,并有明确的输入和输出。在企业服务流程中,客户的需求是流程的起点和终点。企业对服务流程进行管理和优化，能更好地为客户服务。

在服务流程的设计中，竞争优先级和客户接触度是两大重要出发点。竞争优先级即从行业视角出发，对比自身和竞争对手的服务流程，明确哪些服务环节是赢得竞争的关键。客户接触度反映了在服务流程中，客户是否在场及是否主动参与并接受关注的程度，包含了客户是否在场、接触密度、个人关注、交付方式等方面。若客户直接与企业接触，且客户主动参与，并具有个性化的服务需求，那么企业在流程设计中必须要考虑客户需求的复杂性。

4.3.2　服务流程的优化

企业的服务流程并非一成不变，而是需要跟随客户需求的变化而不断变化。企业优化服务流程的过程如图 4.4 所示。首先，企业需要仔细观察客户行为及管理者、员工的表现，找到在服务流程中让客户不满意的接触点。其次，企业需要通过观察、访谈、调研等方式，分析客户对这些接触点的期望及重视程度。最后，企业需要找到客户体验较差且权重较高的接触点，根据客户期望及企业期望，着重改进、优化这些接触点。企业改进服务流程的措施通常包括简化流程、自助服务、直接服务、服务捆绑和有形服务 5 种。这 5 种措施的含义、对企业和客户的好处及面临的挑战或限制如表 4.8 所示。

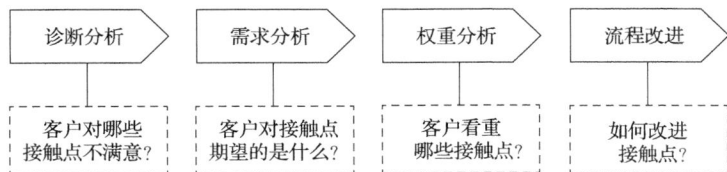

扫一扫

不一样的接触
不一样的体验

图 4.4　服务流程优化过程

表 4.8　服务流程改进措施

措施	含义	对企业的好处	对客户的好处	挑战或限制
简化流程	删除没有增加价值的步骤	提高效率 提高生产率 增强定制服务能力 提高企业差异化能力	提高效率和速度	需要培训员工，并对客户进行教育
自助服务	客户扮演生产者角色	降低成本 提高生产效率 提高技术声誉	加快服务速度 省钱 增强控制力	需要让客户适应角色 限制面对面的互动和建立关系的机会 难以得到客户反馈
直接服务	将服务直接送到客户所在地	突破门店选址的限制 扩大客户群体 提高企业差异化能力	增强便利性 定制服务	增加物流负担 可能增加成本

续表

措施	含义	对企业的好处	对客户的好处	挑战或限制
服务捆绑	将多项服务组成一个服务包	提高企业差异化能力 有利于保留客户 增加服务人均使用量	增强便利性 定制服务	要求目标客户具有丰富的知识 可能产生浪费现象
有形服务	将服务有形化	提高员工满意度 提高生产效率 使企业差异化	增强便利性 增强功能性 产生兴趣	容易被模仿 需要为效果和维护支出 加深客户感知

在本章的开篇引例中，在排队取号方面，符合客户期望的是快速拿到号码单，但不符合期望的是等待时间过长；在填写单据方面，客户并不满意，因为填写内容多、模板不容易找、容易填错；在柜台服务方面，客户希望办理业务的时间短一些。结合波士顿咨询集团的调查结果：等待时间过长是引发客户不满的重要原因。那么银行就需要考虑缩短等待时间。缩短等待时间最简单的办法是：扩大营业网点的面积、增设窗口、提高服务供应能力。但是这个办法需要银行招聘更多的员工、租用更大的场地，这会增加银行的经营成本，同时场地的租用问题也不是一时就可以解决的。

根据波士顿咨询集团的调查，客户平均等待时间是 45 分钟。假设客户在银行花费了 60 分钟，其中 45 分钟排队，5 分钟填写单据，10 分钟办理业务。银行如果想要缩短时间，在业务窗口和服务人员数量不变的情况下，一个可行的办法是：加快业务办理速度。这样不仅可以缩短办理业务的时间，还可以缩短排队等待的时间。业务办理速度慢的原因是：柜台员工需要询问客户办理的业务类型，同时还需要在系统中录入客户填写的单据信息。如果可以在客户填写单据的时候就把相关信息导入系统，这样柜台员工在办理的时候只需要核对信息，就能够节省时间。中信银行就是通过智能填单系统，加快了业务办理速度，从而缩短了客户的等待时间。

如果不能缩短等候时间，那么可以让等待过程变得有趣一点儿。中信银行将贵金属柜台搬到了大堂，通过展示、介绍贵金属，让客户感觉等待的时间并没有那么长。

此外，有研究显示：在很多时候，客户不是不愿意等待，而是不清楚业务的进展情况，从而感觉业务办理时间长。由此，中信银行在柜台设置了面向客户的触屏，让客户可以了解业务的进展情况，增加等待的耐心。同时，柜台员工以客户的姓称呼客户、明确客户所要办理的业务，也能增加客户对柜台员工的好感，从而提高客户的满意度，减少其对等待时间长的不满。

总体来看，银行在这些接触点上，有两个目的。其一，让客户体验到银行专业、周到的服务；其二，让客户进一步了解银行、增加在银行办理的业务。专业、周到的服务可以通过优化服务流程来实现，但如何让客户进一步了解银行呢？在客户排队等候的时间里，银行可以增设很多服务。以中信银行为例，其设置了贵金属柜台，增加了银行与客户的接触点，而贵金属柜台的设置，则是根据对客户购买行为的分析结果：客户在见到贵金属的时候，更容易产生购买兴趣。于是，中信银行在大堂按照珠宝店的柜台布局，设置了贵金属柜台，加强了业务宣传，加深了客户对银行业务的了解。

4.4　环境设计

环境是企业与客户接触的场所，在提升客户体验上具有不可忽视的作用。所以，企业在与客户的互动中应该注重环境设计。企业可以通过锚定效应管理客户对其的第一印象，从而获得客户。锚定效应是丹尼尔·卡尼曼（Daniel Kahneman）和阿莫斯·特沃斯基（Amos Tversky）在 1973 年提出的，具体是指人们在做出判断时易受第一印象或第一信息即初始锚的支配，以初始锚为参照点进行调整，但由于调整不充分而使得最后判断偏向该锚的一种判断偏差现象。简而言之就是人们在对某人、某事做出判断时，容易受第一印象或第一信息支配，人们的思想就像沉入海底的锚一样被固定在某处。环境其实就是客户对企业的第一印象，企业需要给客户一个好的初始锚，加深客户对企业的感知，从而获得客户的好感。

4.4.1　感官营销策略

环境及产品传递的信息可以影响客户的感官体验。现代生理学、心理学的研究证明，在人们接收的外界信息中，83% 以上是通过视觉接收的，11% 借助听觉，3.5% 依赖触觉，其余的则源于味觉和嗅觉。美国的阿瑞娜·克里希纳（Aradhna Krishna）教授在《感官营销力》中指出：客户的感官体验会影响他们对产品、服务的感知，进而影响客户的购买欲望。客户的感官体验通常包括视觉、听觉、嗅觉、味觉、触觉上的体验。

扫一扫

不一样的设计
不一样的心情！

每一种营销模式对年龄、性别、消费行为不同的客户所产生的效果不同，感官营销也不例外。经过对客户生理、心理特征和消费行为的分析可以得出，感官营销对某类人群更为有效。

儿童对色彩、声音、味道十分敏感，在这些方面有特色的产品通常会受到儿童的喜爱。色彩鲜艳的童装、带有声音的鞋子、散发香味的橡皮，都是感官营销在儿童产品市场成功运用的体现。

相对于男性，女性在感官上具有相对优势：触觉上更细腻，味觉上更明显（女性比男性拥有更多的味蕾数量）。同时，女性的消费心理也偏向感性。在某种程度上，感官营销就是一种感性元素的营销，更容易对女性客户产生诱惑力。因此，在女装店里喷洒香水、给手机设计鲜艳的颜色等常常会对销售产生出乎意料的效果。

就老人而言，他们在消费上往往没有品牌概念，更重视多年积累的生活经验和对产品的直接感受。在购物时，他们喜欢尝一尝、摸一摸。所以要想得到老年客户的认同，商家应该多给他们一些对产品试用、试吃的机会。

1. 视觉营销

视觉营销是一种可视化的视觉体验，其目的是产品营销或品牌推广，同时加深客户的感官体验。视觉营销包括陈列设计、卖场 POP 设计和店铺设计等。例如，超市的肉制品区通常用的是白色灯光，但是灯罩是红色的，或者价格牌是红色的，这样微红的光照在肉制品上，使肉看起来更为新鲜。当提及"麦当劳""肯德基""悉尼歌剧院"这几个词时，人们的脑海中通常会闪现金黄色的"M"形门、和蔼可亲的老爷爷标识和似白色风帆的图形。这是因为人们常常通过视觉获得对事物的第一印象。企业对产品包装、色彩、象征符号、品牌广告和企业形象等因素进行系统性设计，能带给客户深刻的视觉体验。

2. 听觉营销

听觉营销是指企业通过音乐、语音等表达形式与受众产生由听觉至意识感官上的共振和记忆，从而实现品牌理念的传播。人类的听觉功能，已经达到了高度分化的水平。声音不仅能帮助人们识别事物，还能影响人们的情绪。听觉把不一样的声音传达给客户，帮助客户"因声识物"，或使客户因得到美好的听觉体验而提升消费兴趣。换言之，人们对任何声音都有明显的主观意识，都受兴趣及注意力的影响。可口可乐的广告就运用了听觉营销。可口可乐里面灌装了大量的二氧化碳，当瓶盖被拧开时，瓶内外的压强差急剧变化，瞬间会有二氧化碳被释放出来，所以有了经典的"扑哧"的一声。可口可乐公司经过大量的调研发现：拧开瓶盖的瞬间发出的"扑哧"的声音，让口渴的人获得了极大的满足感，那个瞬间他们对可乐的好感达到了顶峰。因此，在可口可乐的广告中，通常都会展示拧开瓶盖的场景，以唤起人们的消费欲望。

3. 嗅觉营销

嗅觉营销是指企业以特定的香味吸引目标客户的体验式情景销售，目的是引起客户关注、唤起客户记忆、得到客户认同并最终有效促进其消费。嗅觉是一种远感，是通过长距离感受化学刺激的感觉。以气味编码的信息，已经被证明更持久，并且比其他感官编码在记忆中保存得更久。随着时间的流逝，人们依然可以辨认气味，气味可以提示各种过往的经历，香气也被证实有助于提高客户对产品和店铺的评价。当客户准备走进一个地方时，嗅觉是除了视觉之外第二重要的感官，所以很多高档酒店、VIP 候机室、高档私人会所都会放置味道柔和的香薰或香水，以营造一种温馨、放松、舒适的氛围。更为普遍的例子是，超市的熟食区通常都会摆放香气飘飘的食物。客户通常会受到香味的吸引，而不由自主地走进店铺购买一些原本不打算买的东西。还有一些商家会限制店内的气味。例如，星巴克为了营造店内的嗅觉体验做了大量工作：尽可能采用非开放空间隔绝外界气味，并增加店内咖啡香气的浓度；不供应热食；咖啡豆要烘焙出最佳香气；复杂的清洁程序；全店禁烟并禁止员工使用香水。全感官的消费体验，使星巴克处处体现着品质和舒适，从而使客户流连忘返。

某化学气味官能中心关于嗅觉与记忆的研究显示：人们回想 1 年前的气味的准确度大约为 65%，然而如果回忆 3 个月前看过的照片，准确度仅有 50%。视觉记忆的遗忘速度比嗅觉记忆的遗忘速度快，而嗅觉记忆深刻，遗忘速度慢，更能唤醒记忆系统。

4. 味觉营销

味觉营销是指企业通过味道和客户进行感官体验互动，使品牌变得与众不同，并且为客户提供额外的品牌价值。例如，超市及食品店中通常都会有试吃产品，让客户尝到产品的口味，这将促使客户购买该产品。

5. 触觉营销

触觉营销是指企业通过让客户真切地感受和触摸产品，塑造品牌认知和形象。人的双手上布满了神经元，许多人在买东西时很注重手感。手感只是触觉的一种，而人的触觉感知来源是多方面的，非常复杂。触觉对人们的购买心理产生影响，调研发现：有 49% 的消费者表示，坐在驾驶位、手握方向盘的感觉是他们购车的主要影响因素。因此，无论是在产品外观还是质地上，企业要做的就是让客户产生舒适或兴奋的触觉感受。例如，可口可乐在初期销售时所用的曲线瓶至今被消费者宠爱，成为饮料行业瓶形设计的经典。又如，商场和超市通常都是开架销售，让客户方便地触摸产品，通过触摸对产品有真实的感受。

综上所述，感官营销是指科学合理地利用人的五官的感觉来影响客户的体验。但是，在现实生活中，视觉、听觉、嗅觉、味觉、触觉并非各自为战，因为客户所处的场景和注意力总是碎片化的，接触的信息也是碎片化的。企业需要注意客户感官的全面体验，打造体验式情景营销。此外，企业加强与客户的互动、留住客户的营销方式，远不止上述五种。企业只有在恰当的场景使用恰当的营销方式，才能促进客户产生兴趣、发生购买行为。例如，商家通常希望客户能够在超市中多停留一会儿，因此在超市的布局中，人们经常购买的食品，通常放在靠近超市出口的位置，而超市的入口处，则会摆放一些日化或服饰类产品。

案例

K11 是一个比较新的品牌，其在成立的短短几年内，在市场上就取得了一定的成绩。其关键就在客户体验上。和众多的主流购物中心相比，K11 体量偏小，只有 3 800 平方米。但是 K11 却在众多业态中，从消费者的五官角度，打造了全方位的购物体验场景，从而具有了独特的竞争力。

在视觉方面，K11 力求让消费者在每一处都能看到新的东西。K11 所有重要的通道、各个楼层、主要的商家门口都摆放了艺术品，还有专业的导览人讲解艺术路线，消费者也可以拿着地图自行体验。在嗅觉方面，去过 K11 的人都知道，K11 有专属的气味，是非常好闻的香草调香。K11 做过一个调查，女性比较偏好这种气味。消费者在商场停留的时间越长，K11 和消费者互动的机会就越多。在听觉方面，K11

在每层楼中都安装了音乐系统来配合不同的业态。如在三楼、四楼（餐饮楼层），客户能听到有助于胃口大开的音乐；在中庭广场，客户能听到动物的声音、风和水的声音。在味觉方面，K11引进的餐饮品牌都是第一次进入中国市场的全新品牌，力求在味蕾上给消费者带来不一样的感受。在触觉方面，K11有很多互动体验的地方，如复古照相馆，使消费者可以拍一些复古的照片。同时K11也鼓励消费者和艺术品亲密接触，通过这样的载体，让消费者感受艺术品的魅力。

这些感官营销的相关设计不是在商场开业之后再慢慢加入的，而是在开发过程中设计的。K11对消费者需求进行了研究，在开发过程中，融入了感官营销元素，配合高科技的手段，使消费者在K11中获得了良好的购物体验。

4.4.2 场景设计

在购物消费时，客户通常会"以貌取人"。例如，将同样的一条围巾，放在批发市场和放在购物中心，客户对这条围巾的价位会有不一样的判断。其中很大的一个原因是：批发市场和购物中心的氛围不同。在客户的印象中，批发市场是拥挤、混乱的，这种环境给人的感觉就是售卖的都是便宜的产品。而购物中心通常是干净、明亮、装修精致的，这种环境给人的印象是销售的都是精致、昂贵的产品。除了在视觉上影响客户的感知以外，购物中心通常还会播放一些轻柔的音乐，让人心情放松，延长客户在商场中的逗留时间。

扫一扫

身临其境：多方位的参与和享受

上述示例都说明了环境的重要作用。企业打造不同的环境，可以向客户传递不同的信息。企业在打造环境的过程中，非常重要的一点是：企业需要在识别自身客户的基础上，根据客户的偏好来打造相应的环境。

案例

"周黑鸭"是一家专门销售鸭脖、鸭掌等卤制品的企业。过去人们一般买了卤制品后回家食用。但是"周黑鸭"发现很多年轻人会将这些卤制品作为休闲零食。于是，"周黑鸭"在门店里增添了座椅，方便年轻人购买以后及时享用，这样就加强了门店和客户的互动。

"周黑鸭"成功的要素之一是：打造合适的场景，激发客户的购买欲望。由此带来了以下问题：场景为何重要？企业应如何开展场景营销？

1. 场景和场景营销

场景最早来源于影视作品中的"场景"一词，指的是戏剧或电影中的场面，是在特定的时间、空间（主要是空间）内发生的有一定的任务行动或因为人物关系所构成的具体的生活画面。相对来说，场景是人物的行动以及生活事件表现的剧情内容在具体发展过程中的一个阶段性的横向展示。简而言之，场景是指在一个单独的地点展示的一组连续的镜头。场景，重在展示主人公和周围的时空交流信息而形成的时空画面。"场"重在表明由时间和空间所构成的物理属性；"景"重在从感性、理性等心理角度切入，通过"场"的时空塑造带来受众内心对于"景"的认同。

大数据、移动设备、社交媒体、传感器和定位系统这五种技术在改变客户的体验，也推动企业意识到场景的重要性。作为移动时代媒体新要素的场景，具备 4 个基本要素：空间与环境、实时状态、生活惯性、社交氛围。随着移动通信网络环境及智能终端的不断发展，移动互联网各类应用深入渗透客户各类生活需求，产品服务、销售渠道、购买方式、行业形态等都在经历巨大变化，场景营销应运而生。场景营销的本质是以满足客户需求为核心，以移动终端为载体，以定位技术为支点，以情感沟通为纽带，通过洞察特定场景中的客户需求，并提供与其需求相适配的内容、服务和形式，达到营销信息的精准快速推送并最终形成交易的闭环，从而建立品牌与客户生活的连接。

客户的消费行为都是在特定的场景下进行的，客户也是通过场景来认知产品的，客户在不同的场景下具有不同的需求。企业将产品卖点与客户需求相对接，可以有效地触动客户的痛点，引起客户的情感共鸣，激发其购买欲望，与客户建立起良好的互动关系，并提高客户黏性和忠诚度。所以，在企业营销过程中，场景设计十分重要。

2．场景设计过程

场景营销的关键是对客户心理状态的把握，企业需要清楚知道自己的产品所满足的客户需求是什么，这种需求背后的心理动机是什么，以及这种心理动机又是在客户的何种心理状态下产生的。在此基础上，企业可以利用现实的场景或自己制造场景对客户进行刺激，让客户进入某种心理状态，从而引导客户的行为。也就是说，场景营销的实质是针对客户心理状态进行的营销，而不是针对具体场景进行的营销。具体而言，企业可以通过以下 4 步来实施场景营销。

（1）心理洞察

心理洞察即明确企业的产品满足的客户需求是什么，这种需求是由何种心理动机所产生的，要产生这种心理动机需要客户具有怎样的心理状态。心理洞察是场景营销实施的起点，也是核心所在。

（2）场景设置

场景设置即在客户心理洞察的基础之上，企业进行场景的设置或选择，通过场景使客户进入营销所需要的心理状态。场景设置的重点是场景中的互动设置，互动能让客户真正进入该场景，能更有效地对客户的心理进行刺激。

（3）心理强度

客户进入某种心理状态并激发某种需求动机，需要足够的心理强度。企业可以通过设置互动节奏来把控客户的心理强度。

（4）行为引导

在成功将客户带入某种心理状态后，即可启动客户的行为链条。此时企业需要进行客户行为的引导，来实现企业的营销目标。

在开篇引例中，中信银行的大堂和别的银行很不一样。在通常的印象中，银行大堂的装修风格大多是简单风格，给人的印象是银行是有实力的、专业的。而中信银行的大堂却是温馨的风格，让人在体会到银行的专业之外，还给人亲切的感觉。这种装修风格的变化，让人觉得中信银行与其他银行不一样，而心理上的变化，又会影响客户的体验和购买欲望。

> **案例**
>
> 很多企业会通过场景的打造来吸引客户。传统的大型家居购物中心，按照地砖、油漆、沙发、厨卫等不同的类别，安排商品陈列的位置。于是，在卖沙发的店铺中，客户看到的是各种样式的沙发，在卖厨卫用具的店铺中，客户看到的是各类厨卫用具。客户并不清楚这些产品摆放在自己家中是什么效果，只能想象是否适合自家使用。而在宜家，客户可以看到厨房、客厅、卧室等一个个不同风格的样板间，在每一个样板间中，宜家都给出了不同家具的价格及产品编码，同时告诉了客户整体的价位及适合的房间大小。这样一来，客户就很直观地知道：如果把这些家具买回家，放在家里是什么效果；这些家具的尺寸是否适合自己的家。通过打造家居场景，宜家很容易就赢得了客户的心。

4.5 互动内容设计

在面对面情境下，企业可以通过有效的接触点管理提升与客户互动的效果；但是在非面对面情境下，企业就需要对互动内容进行合理设计。例如，广告是企业向客户传达品牌、产品、服务及其他信息的重要途径。好的广告通常会在客户心中留下深刻的印象，进而引导客户的购买行为。在非面对面情境下，企业设计互动内容就需要从两个方面入手：一方面是"谁来说"，即企业需要选择合适的人来为企业背书；另一方面是"说什么"，即企业应该向客户传达什么信息，这与企业选择的互动渠道有关。

4.5.1 明确发言人

发言人又被称为意见领袖。大量的研究和企业实践表明：选择合适的意见领袖可以有效提升互动效果，有助于树立企业的形象并激发客户的购买欲望。意见领袖可以通过信任转移、认同、匹配和内化来影响客户的偏好和选择。在以前，大多数企业都会选择名人或企业家为自己的产品或服务代言，利用他们自带的流量属性更好地实现营销。而随着社交媒体的快速发展，影响者营销作为近年来新兴的营销方法，越来越频繁地为企业所用。Influencer Marketing Hub（2022）发布的影响者营销基准评估报告指出：2016 年影响者营销市场规模为 17 亿美元，2019 年增长为 66 亿美元，2021 年则达到 138 亿美元；同时调查中发现，绝大多数人认为影响者营销是其营销生态系统中的可扩展策略，68% 的受访者计划在 2022 年增加其影响者营销支出。

影响者是指通过在社交媒体上进行自我展示，与追随者建立联系的创作者，也可以理解为通常所说的"网红"。他们往往围绕一个特定领域吸引追随者，如美妆、烹饪、时尚、健身等。影响者在社交媒体上所提供的信息更容易快速抵达目标受众，进而被广泛传播，且往往不会被感知为纯粹受商业利益驱动，更容易获得受众信任，因而具有天然的营销优势。近年来，越来越多的企业开始选择影响者为其产品或服务背书，希望以此影响客户的态度和决策。传统发言人与新兴发言人的区别与联系如表 4.9 所示。

表 4.9　传统发言人与新兴发言人的区别与联系

项目	传统发言人	新兴发言人
定义	通过传统媒体出名的公众人物	通过在社交媒体上创造和发布内容而成为"网红"的普通人（包括虚拟人物形象）
对消费者的影响	利用发言人的形象与知名度，将消费者对发言人的追捧和认可转移到产品上。发言人与消费者之间有距离感	因为影响者成名前多为普通人，知名度远不及名人，其传播贴近大众生活的内容，更容易使消费者产生认同感
载体	传统媒体	社交媒体
互动性	互动性弱，只能通过广告的形式推广产品，无法与消费者产生及时有效的互动；由于消费者缺乏参与感，诉求效果较差	互动性强，尤其是直播具有很强的实时互动性，更能唤起消费者的参与欲望
背书方式	传统发言人往往代表企业利益，发言的产品也多为企业指定，无法表达其自身意愿	影响者并不完全代表企业利益，很多影响者更多扮演的是意见领袖的角色。其受众自发形成价值观和审美相似的参照群体，大力追捧和购买

1. 传统发言人

（1）名人

名人通常拥有众多的粉丝，在粉丝中具有很大的影响力，因此常会被企业选为发言人。企业希望通过名人来影响目标客户对企业的态度，并引发购买行为，进而提升企业的业绩。有研究表明：在媒体投入和曝光率相同的情况下，有名人参与的广告会有更高的客户参与度。但在选择发言人的时候需要注意两个问题：第一，名人的粉丝群体要与企业的客户一致；第二，名人的形象气质要与产品吻合。邀请名人做发言人确实可以帮助企业更好地向客户传达相关的信息，但也有风险。当名人为过多产品发言的时候，他们很难帮助企业向客户有效传达信息。

（2）企业家

除了名人之外，知名的企业家也可以成为发言人。例如，中国电信天翼在上线 3G 业务的时候，邀请了李开复、丁磊与 MSN 中国总裁 Eric Johnson 三大互联网领军人物做发言人。但是，邀请企业家做发言人也有风险。例如，中国电信邀请了 MSN 中国总裁 Eric Johnson 做发言人，但 MSN 在中国市场的表现每况愈下，Eric Johnson 在客户心目中的影响力下降。邀请企业家做发言人就意味着：企业家所在企业的市场表现与代言企业捆绑在一起，无论哪一方发生变故，都会给另一方带来影响。因此，企业家与企业的紧密联系也可能会给企业带来负面影响。

2. 新兴发言人

（1）网络红人

随着新媒体的兴起，越来越多的网络红人开始成为发言人。网络红人在社交平台分享产品的使用体验，也会引起粉丝的追随，很好地帮助企业向客户传达相关信息。较之传统媒体，社交平台上的粉丝能够更方便地参与互动、发表自己的看法。这种互动模式使得粉丝不再是简单的信息接收者，也可以成为信息发送者，拥有一定的主动权。此外，相较于传统媒体，社交平台拥有更高的沟通效率，由此拉近了网络红人与粉丝之间的距离，使双方更容易建立相互信任的关系。由此，网络红人可以帮助企业向客户传递产品信息、树立品牌形象。例如，国货美妆品牌花西子能够在短时间之内成为知名的美妆品牌，离不开活跃在淘宝、小红书等平台的一众网络红人。

一般而言，网络红人包括了不同的类型。按照影响力从大到小划分，网络红人可以分为"超级网红""中型网红""纳米网红"。从与企业的关系看，网络红人可以是企业外部的网络红人，如各类达人；也可以是企业内部的网络红人，即"高管网红""员工网红"。对企业而言，选择网络红人作为发言人，需要立足于企业与客户互动的目的。如果企业与客户互动的目的是提高企业的品牌知名度，那么应当选择企业外部的"超级网红"。因为"超级网红"的粉丝众多，且其在粉丝中拥有较强的影响力。企业经"超级网红"的背书，原先对企业不熟悉的客户可以很快了解企业。例如，完美日记、花西子等国货美妆品牌在发展初期都通过与"超级网红"合作提高了品牌知名度。

（2）虚拟人物

虚拟人物，即由品牌方或第三方利用计算机技术所创建的虚拟形象，如完美日记推出的虚拟人物"小完子"。随着人工智能的发展，年轻人对虚拟人物有较高的接受度，所以企业可以根据客户群体创造适合的虚拟人物，且虚拟人物较少出现负面的新闻。同时，虚拟人物可以担任社交人员、娱乐人员和服务人员三重角色，可以与客户进行高频次、长时间的交流，受众覆盖面广。当然，虚拟人物也存在着一些局限性，如由于虚拟人物上线时间短，企业缺乏相关的运营经验。在其他方面，虚拟人物在社交媒体上的作用与真实影响者类似，他们可以向粉丝传递某种个性化的审美观和见解，并吸引大量粉丝，从而实现商业价值。

案例

　　2016 年由洛杉矶人工智能公司 Brud 通过计算机 3D 技术、CG 技术结合现实场景制作而成的虚拟人物 Lil Miquela，是虚拟"网红"2.0 版的代表。她的人设是：19 岁，西班牙、巴西混血女孩，职业是模特和流行歌手，长年居住在美国洛杉矶。Miquela 刚出道时推出过单曲，以音乐人身份被受众认识。她梳着可爱的发型，脸上有明显的雀斑，外形符合欧美"网红"的特征，极易辨识。她栩栩如生，与真人无异。她常常在网上分享日常生活：化妆打扮、录制音乐、代言品牌、参加公益活动、拍摄时尚杂志封面、接受文字采访、与朋友聚餐、聊个人感情生活等。Miquela 的真假成为议论话题，直到她亲自承认自己是虚拟合成人，人们更加惊叹她的神形兼备。

　　无论是请名人、企业家，还是网络红人、虚拟人物作为发言人，都可以帮助企业与客户进行沟通，让客户加深对企业的印象。但是，在选择发言人的时候，企业需要认识到发言人的作用是一把双刃剑，企业的负面口碑会影响发言人，同时发言人的负面口碑也会影响企业，企业与发言人的关系越紧密，负面口碑的分享率就越高。所以，企业需要注意发言人的粉丝群体是否与自身的客户群体相一致，发言人的形象是否与企业相吻合。

4.5.2　传统媒体内容设计

　　传统媒体是通过某种机械装置定期向社会公众发布信息或提供教育娱乐平台的媒体，主要包括报刊、户外广告、广播、电视及自媒体以外的网络等传统意义上的媒体。传统媒体传播方式是一种喇叭式的传播方式。企业通过传统媒体播放广告，不仅要注意用词，还需要考虑如何让客户注意到产品和品牌、如何让客户记住产品和品牌。对于传统媒体而言，在有限的时间内重复宣传产品和品牌有助于加深人们对产品的认知和了解。企业需要在内容结构和内容格式上下功夫。在内容结构方面，企业需要关注以下两点。第一，最重要的信息是放在开头还是最后。如果放在开头，优势是让客户在第一时间留下深刻的印象，但有可能会造成虎头蛇尾。如果放在最后，可以起到总结的效果，但有可能被客户忽略。第二，是否需要给客户一个明确的结论。换言之，企业是否需要在互动的时候，就告知客户关于产品或服务的结论。如果告知客户，优势在于让客户清晰知道产品的特点，劣势在于可能会引起客户的反感。因此，目前许多企业都认为不应告诉客户结论，而应通过互动的内容，让客户自己判断，这样可以增强客户对企业的信任。在内容格式方面，企业需要考虑不同互动渠道的特点。如果企业利用印刷广告或产品目录的方式，就需要注意使用的纸张、标题、图片等，以便引起客户的注意。如果企业利用广播的方式，就需要注意用词、背景音乐及语调。

知识拓展

《中华人民共和国广告法》对广告的内容做了明确规定，如广告应当真实、合法，以健康的表现形式表达广告内容，符合社会主义精神文明建设和弘扬中华优秀传统文化的要求。广告不得含有虚假或者引人误解的内容，不得欺骗、误导消费者。广告中对商品的性能、功能、产地、用途、质量、成分、价格、生产者、有效期限、允诺等或者对服务的内容、提供者、形式、质量、价格、允诺等有表示的，应当准确、清楚、明白。广告使用数据、统计资料、调查结果、文摘、引用语等引证内容的，应当真实、准确，并表明出处。引证内容有适用范围和有效期限的，应当明确表示。

4.5.3 新媒体内容设计

新媒体又被称为自媒体，与传统媒体依靠专业记者、编辑生成内容不同，新媒体中传播的内容很多时候是由用户自主生成的。新媒体包括微博、微信、论坛、社区、视频，以及直播网站等，新媒体传播方式是一种交互式的传播方式。新媒体消除了传统媒体之间的边界，消除了社群之间、产业之间的边界，消除了信息发送者与接收者之间的边界。新媒体打破了传统媒体对信息的垄断。

案例

在微博兴起的过程中，许多商家发现微博是一个很好的与客户进行互动的渠道。例如野兽派花店，通常，花店都是依靠门店销售实现盈利，因此门店的位置就成为花店盈利与否的重要因素。野兽派花店在 2011 年开通了微博，依靠在微博上发布的花卉礼盒的照片及简短的文字介绍，不到一年的时间就吸引了超过 18 万粉丝，到了2016 年，已经积累了 80 多万粉丝。从其发展过程中可以发现：野兽派花店通过微博与客户交流，倾听客户的需求和故事，再通过微博，将花束及花束背后的故事展现出来。

野兽派花店的成功让很多企业看到了新媒体的影响力，小米在手机行业的异军突起也得益于与客户之间频繁、有效的互动。当小米进入手机行业的时候，智能手机领域的竞争已经非常激烈，小米将目标客户确定为"手机发烧友"，通过小米社区、微博等多个新媒体渠道拉近了与客户之间的距离。在小米社区，客户可以发表自己对手机功能的要求、对小米手机的意见，而小米则会快速响应客户的需求，在小米手机的功能上予以改进。同样，在小米的官方微博，客户也可以与小米进行广泛的交流，了解新产品。

从上面的案例中可以看出，新媒体同样具有广泛的影响力。企业恰当地使用新媒体，可以更好地与客户展开互动和交流。首先，要想用好新媒体，企业就得了解新媒体与传统媒体的不同。与传统媒体不同，新媒体的内容不一定是由专业编辑生成的，客户自己也可以生成内容。其次，客户在使用新媒体的时候，更多是出于放松的目的，因此希望接收的内容是轻松、活泼和有趣的。最后，新媒体的出现使企业和客户之间可以实现双向、实时互动。客户掌握了更多的主动权，从被动地倾听、接受，变成了主动发表自己的观点和看法。简而言之，新媒体的出现使得人人都可以发表自己的观点和看法。

从上述对新媒体特点的分析中可以看出，要想用好新媒体、更好地与客户互动，很重要的一点是企业发布的内容是符合客户需求的，也就是企业应当发布客户感兴趣、关心的内容。在内容设计上，企业可以发布与企业品牌、产品相关的内容，通过打造丰富的主题，来吸引客户关注。此外，企业也可以聚焦于当下热点问题，针对热点问题发表自己的看法，如在北京冬奥会期间，许多企业发布了与冬奥会相关的微博。

如何生成有价值的内容是企业进行新媒体营销的难点。一般而言，企业可以通过以下方式生成内容。其一，企业可以依靠内部员工的力量来生成内容，即打造一支专业的新媒体营销队伍，专注于新媒体内容的打造。其二，企业可以依靠外部力量，即委托专业的新媒体运营公司负责企业的新媒体业务。

无论通过哪种方式来生成内容，关键是内容是客户喜欢的。在使用微博等新媒体的时候，人们更多是出于放松的目的，更愿意获得轻松、愉悦的内容，而不是功能性、说教性的信息。企业在使用新媒体的时候，尤其需要注意内容的生动、有趣，通过原创、借助时事热点及客户的力量，来打造符合客户需求的内容。

企业实务

京东的客户互动策略

2015 年，京东举行了以"变与不变"为主题的大型营销活动。在这次活动中，京东并没有一开始就发起广告攻势，而是先推出了一首名为《我变了，我没变》的歌曲。该歌曲上线的第一天，就进入流行歌曲排行榜的前列。在歌曲预热以后，京东才发起了互动攻势。此次活动中，京东邀请李娜等作为发言人，以"初心未变"为主题，在微信上，以与主题相关的文案配合发言人的照片，发布微信朋友圈广告。这一活动吸引了众多网友参与。微信网友不仅可以观看发言人的视频，还可以通过"穿越轮回印记"按钮回到 12 年前，看看那时的自己是一个什么样的状态，而京东则会给网友贴上一个身份标签。京东还邀请网友分享自己的"京东第一单"故事。通过引导客户参与，京东 12 周年活动很快就受到了广泛的关注。

此外，京东还在北京地铁青年路站张贴了手绘百人长图，并推出了"全民寻找6·18"互动游戏：只要在规定时间内，在长图中找到指定数量的"6·18"，即挑战成功。线上、线下的游戏玩法给人们带来新鲜感。

除了利用新媒体之外，京东也通过传统媒体推出了发言人的户外广告及电视广告，广告主题也是"初心未变"。同时，京东包下宁波地铁，让"6·18号列车"在站间驰骋。车厢里无处不在的"Party On"，使乘客提前感受到"6·18"的热烈氛围。京东也不忘利用名人效应，与合作商一起邀请多位名人，为全国七大城市的客户送上惊喜包裹。包裹中装有京东精选的各类商品，吸引客户前往京东商城购买。京东还推出了"京东音乐节"，邀请了多位名人，为此次活动画上一个圆满的句号。

京东在与客户的互动活动中，不仅利用了新媒体，而且利用了传统媒体；不仅有线上的互动，而且有线下的互动；不仅在京东与客户之间展开互动，而且鼓励客户之间围绕这次活动展开交流。由此可以看出：成功的互动应当是基于多种媒体和途径的。传统媒体可以帮助企业在短期内接触更多的客户，而新媒体则可以帮助企业提升客户的参与度和积极性；面对面的交流和互动则可以让互动的内容变得更有深度，让企业更容易把握客户的需求。因此，企业应当组合使用不同媒体和途径，更好地与客户互动。

本章小结

本章主要介绍了以下内容。

1. 客户互动是企业与其个体客户互动并利用来源于互动的信息构筑营利性客户关系的能力。企业与客户的互动可以基于互动特征、互动能力、互动内容、互动模式这4个维度进行划分。基于互动特征的划分维度立足于互动的过程，关注企业与客户在互动过程中的特征；基于互动能力的划分维度强调了企业管理客户交互的理念和能力；基于互动内容的划分维度强调了企业与客户在互动过程中交流和沟通的内容。

2. 从企业的角度，客户互动包括以下5个步骤：第一步是确定互动对象和目标，即确定与哪些客户互动及希望达到的目标；第二步是设计互动内容，即明确对客户说什么、如何对客户说；第三步是确定互动预算，即计算企业在互动中的费用开支；第四步是确定互动渠道和频率；第五步是评估互动效果。

3. 接触点发生在企业与客户的每一次互动中。企业与客户之间的互动组合起来其实就是一个过程，而这个过程就是客户旅程。客户旅程是描述客户从认识某种产品开始到对某个品牌产生信任感和忠诚度的一系列行为过程。菲利普·科特勒从客户视角提出经典的客户旅程——5A模型，5A模型包括：认知（Aware）、吸引（Appeal）、询问（Ask）、行动（Act）和拥护（Advocate）。

4. 接触点按主体来分可以分为 3 种类型，分别是企业设计的接触点、已有客户设计的接触点及社交或外部接触点。接触点分析步骤包括明晰客户对接触点的需求分析、企业对接触点的现状分析，在了解两者差距的基础上基于 5A 模型对接触点进行设计优化。

5. 服务流程是企业以客户需求为起点和终点的有序活动。企业的服务流程并非一成不变，而是需要跟随客户需求的变化而不断变化。

6. 感官营销主要包括视觉营销、听觉营销、嗅觉营销、味觉营销及触觉营销。

7. 场景营销的本质是以满足客户需求为核心，以移动终端为载体，以定位技术为支点，以情感沟通为纽带，通过洞察特定场景中的客户需求，并提供与其需求相适配的内容、服务和形式，达到营销信息的精准快速推送并最终形成交易的闭环，从而建立品牌与客户生活的连接。场景设计的过程包括心理洞察、场景设置、心理强度和行为引导。

8. 发言人分为传统发言人和新兴发言人。传统发言人包括名人和企业家，新兴发言人包括网络红人和虚拟人物。

本章内容可使读者了解企业如何与客户互动，如何运用接触点管理、环境设计及互动内容的设计来改善企业与客户的互动，掌握如何对接触点进行设计优化、利用客户感官进行场景设计、利用传统媒体或新媒体设计互动内容。

本章习题

一、简答题

1. 请阐述客户互动的含义。
2. 什么是接触点？企业应如何优化接触点设计？
3. 请阐述接触点的类型。
4. 请阐述优化服务流程的步骤。
5. 请简述场景营销的含义，并论述企业场景设计过程。
6. 请分析新兴发言人与传统发言人的区别与联系。
7. 企业应如何设计新媒体内容？

二、案例分析题

作为国货彩妆品牌，花西子 2021 年的营业收入突破了 54 亿元。花西子以"东方彩妆、以花养妆"为产品定位，并选择散粉作为拳头产品，以和其他竞品（如完美日记主攻口红、橘朵力推眼影和腮红）相区别。

作为新成立的品牌，花西子选择了位于不同平台的头部关键意见领袖（Key Opinion Leader，KOL）和腰尾部 KOL、关键意见消费者（Key Opinion Customer，KOC）全面布局。一方面，花西子依靠头部 KOL 打响品牌名声。花西子主要依靠头部 KOL 的影响力，将品牌的产品内核、文化故事传递出去。抖音和淘宝上的"带货"主播是合适的头部 KOL 选择，这些头部 KOL 流量大、传播度高。不同于其他品牌与 KOL 的"给产品、给库存、给低价"的合作模式，花西子与头部 KOL 合作聚焦于产品本身，通过直播展示提升品牌认可度和信任度。另一方面，花西子依靠腰尾部 KOL 和 KOC 持续提高品牌知名度，引发长尾效应。基于这一目的，花西子主要选择了小红书平台上的腰尾部 KOL 和 KOC。相较于淘宝，小红书上的博主分享的产品和推荐的内容更多，也更容易被平台用户接受。尾部 KOL 的最好选择是在微博，企业可以进行活动策划，提高品牌知名度。

除了依托不同平台上的 KOL 和 KOC 进行品牌互动之外，花西子也致力于打造品牌自有互动渠道与客户展开互动。花西子在抖音平台上开设了 7 个官方直播账号，并打造了名为"花小西"的企业 IP，主要运营企业微信和个人微信，维系客户关系。"花小西"会邀请粉丝注册体验官，提供新产品试用体验服务，长期为粉丝送福利，维系粉丝。根据花西子的官方数据，花西子在全国已经积累了 28 万个体验官，这些花西子新品的 KOC，可以影响自己的家人、朋友、粉丝发生消费行为。除此之外，花西子还在视频号与粉丝分享化妆技巧、介绍产品、发布品牌广告等；在公众号发布产品的文化理念、品牌故事、品牌的新活动等。花西子通过多个渠道维系粉丝，加强了与粉丝的互动。

案例思考题

（1）花西子选择了哪些影响者与客户互动？花西子选择上述影响者的目的是什么？

（2）花西子为什么要打造企业 IP"花小西"？"花小西"在花西子与客户互动中发挥了什么作用？

（3）你认为花西子在与客户的互动中有哪些成功经验？花西子的经验对其他企业有何借鉴意义？

项目实训

请查找一个企业成功（或者失败）的客户互动案例，分析其客户互动策略，思考其互动策略是否体现了人文精神，并给出你的建议。

第 5 章
客户获取

　　企业与客户互动的目的在于获取客户，本章围绕获取客户的不同方式，由易到难地展开论述。心理账户利用客户分类管理的特性，通过调节客户的收入与支出账户来增加客户的好感，进而赢得客户。基于自身的研发和生产能力，企业可以通过优化产品设计、丰富产品种类、改变包装来为客户提供多样化的产品。概率产品设计则是通过隐藏部分产品属性激发客户的好奇心和购买欲望。当企业无法在产品上实现差异化时，就可以通过设计差异化的服务来赢得客户。客户获取的最后一种方式是定制，即企业通过为客户量身定制产品、满足客户独特的需求来赢得客户。这也是对企业能力要求最高的一种客户获取方式。

本章学习目标

（1）了解心理账户的含义，掌握心理账户的使用方式；
（2）熟悉多样化产品的提供方式；
（3）了解概率产品的含义，掌握概率产品的适用情境；
（4）理解服务的重要性，掌握服务差异化设计的内容；
（5）了解定制的含义，掌握合作式定制与透明式定制的内容。

—— 开篇引例：泡泡玛特的成长 ——

　　泡泡玛特（POP MART）原本只是一家玩具集合店，默默无闻。但是在 2017 年到 2019 年，泡泡玛特实现了每年超 200% 的年收益增长，净利润暴涨 300 倍。在 2020 年 12 月 11 日，被称为"盲盒第一股"的泡泡玛特正式在港股上市，成为我国最大且增长最快的潮流玩具企业之一。到今天，泡泡玛特围绕"全球艺术家的挖掘—IP 运营—消费者触达—潮流玩具文化推广"的模式实现商业闭环。

　　从一家玩具集合店到上市企业，很多人认为，泡泡玛特的成功主要依靠盲盒玩法。所谓盲盒，即不透明的盒子，客户从外面看不出盒子装的是什么产品。但是，盲盒模式其实并不是泡泡玛特首创的。回看盲盒的应用，有扭蛋机、口红机、幸运盒子等。那么，为什么泡泡玛特成功吸引了客户呢？原因在于泡泡玛特对目标客户的精准把握、盲盒的营销方式和IP的运营方式。

首先，泡泡玛特精准把握了客户的心理，选择了合适的目标客户。泡泡玛特的主营业务是潮流玩具，与儿童玩具不同，潮流玩具的核心客户群年龄为15~40岁，更注重个性表达与自我愉悦。在某种意义上，潮流玩具产品具备较强的文化属性，设计师将自己的创作灵感注入玩具载体来进行艺术表达，从而受到粉丝的追捧。根据调研可知，约半数的年轻人希望找到兴趣相同的人和浏览有趣的内容。年轻人把注意力回归自身，关注并分享自我的兴趣和生活，在以兴趣为纽带的群体中实现无压力的分享，并互相认可，发掘自我的价值，让内心需求得到真正的满足。所以，泡泡玛特的核心客户集中在3类人群：都市白领、精致妈妈、Z世代。这3类人群构成了泡泡玛特的消费主力，其中女性客户的占比超过7成。出于悦己、减压、治愈、陪伴、个性表达等多层次的需求，这些核心人群也表现出更强的购买力与更高的忠诚度。这样的定位使得泡泡玛特迅速开辟了新的市场。

其次，泡泡玛特并不是简单地销售玩具，而是采用盲盒这种销售方式激起客户的好奇心和满足感。盲盒抓住了客户的猎奇心理和收藏心理。客户购买盲盒后才能知道内容，得到的玩具款式是随机的。盲盒从包装、玩法上都能满足客户的好奇心，盲抽更具有神秘感与惊喜感，未知的诱惑和猎奇心理吸引客户购买。当客户通过一次盲抽满足好奇心后，盲盒成套的特殊性让客户更想集齐全套，满足收藏心理。而盲盒的关键设计——限量款与隐藏款及持续更新的系列，提高了盲盒集齐的难度，并提高了客户的复购率，从而给泡泡玛特带来可观收益。盲盒本身的属性成为泡泡玛特吸引客户的一大利器。盲盒的社交属性，为泡泡玛特进一步吸引客户并形成品牌社群。由于客户收集盲盒后，热衷于在社交媒体平台上分享，因此泡泡玛特专门推出"葩趣"App，让客户在"葩趣"社交平台上分享故事、结识朋友等。除此之外，在社交网站上有众多博主直播拆盲盒，分享拆盲盒的喜悦。根据抖音数据，抖音上的盲盒相关视频播放量已经达到8.4亿次，微博上也有很多博主发布抽盲盒的视频，进一步推动了盲盒营销的发展。

最后，泡泡玛特利用了潮流玩具IP来保持对客户的吸引力。如果说盲盒是一个让大家更快了解潮流玩具的方式，那么潮流玩具IP，毫无疑问就是一个可以让泡泡玛特走得更长远的方式。泡泡玛特采用了逆向思维，形成差异化盲盒设计，所设计的大多数潮流玩具都是没有表情的。因为形象"无表情"，粉丝便可以将自身的情感映射其中。并且这些潮流玩具IP通常不会有什么故事背景，只是设计师/艺术家单纯地将心中所想的形象具象化。客户不需要花费时间去了解其背景，在见到它的那一瞬间就知道自己是否喜欢。这就造成了一个有趣的现象：一个有趣但没用的产品可能比实际有用途的产品有更大的价值，一个有价值观的IP反而比没有价值观的IP更没有价值，所以没有价值的潮流玩具反而具有了价值。但是这却非常符合当下年轻人的审美新标准："无用"但有个性。所以，泡泡玛特设计的各种潮流玩具IP受到了当下年轻人的喜爱。根据泡泡玛特发布的数据，截至2020年，泡泡玛特旗下拥有85个潮流玩具IP。其中12

个是自有 IP，22 个是独家 IP。泡泡玛特每年新产生的潮流玩具 IP 有 8 ～ 12 个，无论是大人还是小孩，都能从中找到专属的乐趣。

2021 年 8 月 27 日，泡泡玛特公布了 2021 上半年财报，和 2020 年下半年业绩对比，泡泡玛特的营收、毛利增速放缓，期间利润、经营利润呈现下滑的趋势。所以，在加大 IP 研发的同时，寻找第二增长点，成为泡泡玛特长青的关键。

5.1　客户获取策略概述

客户是企业非常重要的资源，获取客户是企业的重要任务之一。那么，企业应该如何获取客户呢？本章从心理账户、多样化产品、概率产品、独特的服务及定制这 5 个方面来阐述企业应该如何获取客户，以及每一种客户获取策略适用于哪种企业。表 5.1 所示为客户获取策略概述。

表 5.1　客户获取策略概述

客户获取策略	客户获取方式	适用的企业
心理账户	让客户获得预期之外的产品或服务	尚未掌握客户信息、没有强大的数据挖掘能力的企业
多样化产品	给客户提供不同设计、种类、包装的产品	客户对产品或服务多样性需求较大的企业
概率产品	通过设置不同的价格，让有不同偏好强度的客户得到满意的产品或服务	拥有多样化产品，但是部分产品面临销量不佳情形的企业
独特的服务	给客户设计差异化的服务	很难改变产品包装，主要向客户提供服务而不是有形产品的企业
定制	按照客户的需求设计、生产产品或服务，最大限度满足客户的需求，建立紧密的客户关系	大规模生产不能满足客户多样化、个性化需求的企业

5.2　利用心理账户

心理账户是相对于真实账户而言的。人们在做决策时，有一个真实的账户，记录着真实的盈亏；与此同时，人们还会在心理上建立一个账户。心理账户与真实账户有一定的关系，它会随着真实账户的变化而变化，但又不完全对等。企业巧妙地利用心理账户也可以获取更多的客户，本节将介绍心理账户的含义及企业应该如何使用心理账户策略进行客户获取。

5.2.1　心理账户的含义

心理账户，是芝加哥大学教授理查德·塞勒在 1980 年提出的。心理账户理论认为：人们不仅对物品有分门别类管理的习惯，对于资产也有类似的习惯，会将其各自归类、分别管理，从而控制自己的消费行为。收入和支出是两个基本的心理账户。相较于支出账户，客户更喜欢收入账户，因为大部分客户都倾向于厌恶风险、规避损失，支出账户的开启会让客户感到受损失，而收入账户的开启则会让客户感到获得收益。根据心理账户的概念可以知道，人们将收入和支出归类的方式，对他们的消费决策会有很大的影响。

例如，当人们在海底捞排队等待就餐时，可以享受美甲等服务；在韩国餐馆，当客户在等待上菜时，商家会给客户赠送一大堆免费的开胃小菜。当客户享受这些免费的服务和食物时，就餐的愉悦感就增加了。其实，这是因为商家运用了心理账户的理论。餐馆消费开启了客户的支出账户，而商家免费提供的服务和小吃，则为客户开启了收入账户，同时，也缓解了客户等待的无聊感。那么客户在餐馆的消费经历就不是仅有支出的过程，而是包含了支出和收入两个方面的过程，这样一来，客户会觉得在餐馆的用餐经历很愉快。

5.2.2 心理账户的使用方式

扫一扫

让客户点点小
便宜

在生活中，其实很多地方都用到了心理账户理论，如"买一送一"活动，或者"买多少减多少"的活动。商家通过在开启客户支出账户的同时开启客户的收入账户，让客户减少对支出的感知，从而让客户的消费经历更加愉悦。

除了同时开启客户不同的心理账户之外，企业还可以采用频次营销。所谓频次营销，也称频率营销，是指企业鼓励客户多次购买本企业的产品，以提升销量的营销方法。一些超市、百货公司、银行、航空公司等会向客户发放会员卡，当会员的消费金额累积到一定程度，其就可以享受相应的奖励，如积分可以返现，或者用积分兑换礼品等。企业在频次营销的过程中，同样利用了心理账户的观点，让客户在消费的同时获得收益。

企业通过同时开启客户的收入账户和支出账户，让客户得到一些好处，可以更好地吸引客户。对企业而言，要想成功地开启客户的收入账户，需要注意以下方面。一方面，确保赠送产品的品质。例如，之前所说的韩国餐馆，如果赠送的小菜不好吃，那么客户很可能认为这家餐馆的饭菜质量一般，从而对餐馆产生不好的印象。另一方面，要让目标客户享受到积分的实惠。不同的客户在特定企业消费的金额会存在很大的差异。在实施频次营销的时候，企业应该让消费金额高的客户，获得更多、更符合他们需求的收益，这样就可以有效提高这部分客户的消费频率，进而提升企业的销量。

📖 **前沿研究**

　　近年来，一种介于促销和忠诚度计划之间的新型客户激励方式日益盛行，商家在交易后给客户意料之外的回馈，希望给客户带去惊喜和乐趣，获得更高的客户满意度，从而培养良好的客户关系。但是，意外赠礼对客户来说并不总是惊喜，客户可能不喜欢或不满意，即意外赠礼失败。意外赠礼失败可能源于客户消费目标的差异、意外赠礼的类型。实验研究结果显示：①当客户处在享乐消费目标下时，意外赠礼失败会降低其对商家的满意度；②当客户处在实用消费目标下时，意外赠礼无论成败，都能较好地提高其对商家的满意度；③对于提供服务的商家，如果能确保意外赠礼成功，给享乐消费目标客户赠送享乐型（与实用型相比）赠礼服务，能更好地提高客户对商家的满意度；而对于出售产品的商家，成功地给实用消费目标客户赠送实用型（与享乐型相比）赠礼产品，能更好地提高客户对商家的满意度。在实践中，商家可以在考量不同的消费目标、回馈类型和潜在风险后，制订更行之有效的针对产品或服务的"准忠诚度计划"。

5.3　提供多样化产品

单一的产品很难满足客户多样化的需求，企业可以通过为客户提供多样化的产品来获取更多的客户，本节将阐述企业提供多样化产品的几种方法，分别是优化产品设计、丰富产品种类及改变产品包装。

5.3.1　优化产品设计

随着社会的快速发展，客户的需求时刻在发生变化。企业唯有不断洞察客户需求，生产符合客户需求的产品才能获得竞争优势。企业洞察客户的需求，不仅需要理解客户对产品本身的需求，而且需要了解客户如何购买和使用产品。

案例

某公司售卖的产品是常见的坚果，但是却能在同行中脱颖而出，许多人认为这是因为公司不懈努力，将产品做到极致。与普通的店铺不同，该公司在销售的时候，除了向客户提供品质良好的坚果，还提供了吃坚果时需要用到的湿巾、纸袋等。这些附加产品，很快就让公司与其他竞争者拉开了差距，在同行中脱颖而出。那么，该公司的产品就是极致的产品吗？也不一定，某公司在提升客户的使用体验上也下了很大的功夫。

在实践中，企业可以通过以下方式洞察客户需求。首先，观察客户生活。对很多生产消费品的企业而言，深入观察客户生活是其产品设计和开发的基础。通过观察客户生活，企业可以近距离了解客户如何购买和使用产品、客户使用产品的真实目的是什么。无印良品的产品设计和开发，就源于对客户生活的深入观察。其次，进行问卷调查和实验。很多企业都会依托大规模的客户调查来获取客户对产品的看法和偏好，也有很多企业会通过实验室实验及田野实验来测试产品的受欢迎程度。最后，利用大数据分析客户需求偏好，进而开发产品。随着数字技术的发展，企业可以非常方便地获取客户的行为信息，利用获取的信息来进行产品的开发和设计。

案例

无印良品是一家日本杂货品牌，其提供的产品以日常用品为主。无印良品的含义是"优质但没有商标的产品"。2003 年，无印良品实施名为"观察"的开发计划，开发团队会直接拜访客户，观察其日常生活，并对房间内每一个角落，乃至每件物品一一拍照，随后对照片讨论分析，以此挖掘潜在消费需求。无印良品有一样产品连续多年为电子产品销量冠军，那就是壁挂式 CD 机。一般的 CD 机都是"平躺"的设计，但无印良品的这款 CD 机如同方形换气扇，可置于墙上，开关亦非惯常的按钮，而是垂下的绳子。这一产品的开发和推出，正是得益于无印良品对客户生活的观察及对客户需求的洞察。此外，无印良品设有"生活良品研究所"，不断倾听客户的意见，并对客户的意见做出反应。在进入中国市场以后，无印良品不仅深入客户的生活，同时也会观察其他企业在中国市场提供的产品，如走访本地的家具城，以了解当地客户的需求。根据所获得的客户信息，无印良品在中国市场推出了 1.8 米宽的大床，这是在日本所没有的。通过深入客户生活、设立客户反馈机制、观察其他企业的做法，无印良品很好地洞察并响应了客户的需求，得到了快速的发展。

案例

希音（Shein）是主要面向欧美、中东、印度市场的快时尚电商巨头，主要面向 18 ~ 35 岁的女性。目前，希音已经连续 8 年年营收增长超过 100%。据悉，希音在 2021 年实现了约 1 000 亿元的收入，其 App 在 2021 年 4 月成为全球下载量最大的购物应用程序。希音在社交媒体平台积累了上千万名粉丝。在产品设计中，希音会基于庞大的 App 流量及社交网络进行舆情分析，而后通过智能算法快速测算当季潮流，加速新品设计。得益于数字科技的使用，希音的产品不但能走在潮流前线，还让客户拥有更多选择。希音的服装款式更新频率很快，官网每天可以上新 1 000 件新品，这个数据是英国快时尚品牌一周的平均水平。

5.3.2　丰富产品种类

在现实中，客户的需求存在很大的差异。有的企业认为需要提供不同的产品来满足不同客户的需求，即实施产品多样化。

> **案例**
>
> 　　瑞士的手表非常出名，其中有一个品牌叫作 Swatch。其名字中的 "S" 不仅代表它的产地瑞士，而且含有 "Second-watch"（即第二块表）之意，表示人们可以像拥有时装一样，同时拥有两块或两块以上的手表。Swatch 的成功在于：将手表这种计时的功能性产品，变成了兼具计时功能和设计感的产品。Swatch 手表面世以后，先后推出了多个不同系列的产品，其对产品的定义就是 "出人意表"，暗示了其款式的多样性。其中国官网上有新品、基本款、特别款等不同系列，每一个系列之下又包含着子系列，子系列之下则是款式各异的产品。这构成了 Swatch 庞大的产品体系。这庞大的产品体系可以满足客户对产品的不同需求，同时适合客户在不同的场合佩戴。色彩与个性一直是 Swatch 想要表达的核心。Swatch 为客户提供了颜色非常丰富的手表，任凭客户挑选。

　　从 Swatch 的案例中可以发现，当客户的需求存在差异时，企业可以通过开发多样化的产品，来满足不同客户的需求。产品多样化的途径包括：款式的多样性、色彩的多样性及功能的丰富性。用多样化的产品来满足客户的需求可以实现对客户不同需求的响应，但同时也对企业提出了较高的要求，即企业一方面需要对客户的需求有敏锐的洞察力，可以及时捕捉客户需求；另一方面需要具有高超的运营管理能力，可以了解不同产品的生产和销售情况。

5.3.3　改变产品包装

　　当企业已经在市场上立足，获得广泛好评时，企业如果想吸引新客户，除了提供多样化的产品外，还可以在产品的包装上做出改变，以吸引客户的注意。

> **案例**
>
> 　　可口可乐诞生于 1886 年，经过 100 多年的发展，成为一家世界知名的企业。可口可乐的拳头产品是其经典可乐饮料。从 20 世纪 70 年代开始，百事可乐就针对可口可乐发起了一系列的营销攻势，这使得很多年轻人转向了百事可乐，可口可乐在市场上的地位岌岌可危。让可口可乐不解的是：企业的广告支出比百事可乐多数亿美元，同时在自动售货机及货架、价格等方面，可口可乐仍然拥有优势，但可口可乐的市场份额却在不断下降。于是，可口可乐展开了广泛的市场调查，资料表明：味道是导致可口可乐市场份额下降的重要因素。于是，可口可乐开发了新口味的可乐饮料，并通过客户的测试证实了新口味的可乐饮料更受欢迎。企业高层讨论决定：淘汰旧可乐饮料，推出新可乐饮料！但是新可乐饮料推出不到两个月，就遭遇了数

万名消费者的抗议，人们纷纷指责可口可乐作为美国的一个象征和他们的"老朋友"，竟然一夜之间就背叛了他们。在公众的压力下，可口可乐最终恢复了旧可乐饮料的生产，同时将新口味的可乐饮料称为"新可口可乐"。年复一年，客户都喝着味道一样的可乐饮料，难免会厌倦，同时可口可乐也没有办法吸引新一代的客户。于是，可口可乐就在瓶子上下足了功夫。

从1886年创立到现在，可口可乐的瓶子经历了诸多变化。除了不断让瓶子变得更好看以外，可口可乐还做了以下尝试。第一，可口可乐开始跨界合作，携手时尚品牌和时尚人物，为可口可乐注入新鲜的时尚"血液"。例如，可口可乐会邀请不同的设计师来设计瓶身图案；还曾经和时尚品牌MOSCHINO合作，开发特别款可乐饮料。第二，除了这些限量款的可乐饮料以外，可口可乐还推出了个性包装。在2013年夏天，可口可乐首推了昵称瓶。昵称瓶的推出迅速引起了市场的关注，成为年轻人热议的话题。在推出昵称瓶以后，可口可乐独享装的销量较上年同期增长20%。在2014年，可口可乐又推出了歌词瓶，在2015年，又推出了有经典电影和电视剧中的经典台词的台词瓶。到了2016年，可口可乐又推出了具有拍照功能的瓶子，客户在喝可乐的时候，瓶底自带的拍照设备可以帮助拍下客户喝可乐的样子。客户可以将照片分享到社交媒体上。

从可口可乐的例子中可以看出，如果企业没有办法提供多样化的产品，也没有办法尝试概率产品，那么可以在产品的包装上做出改变，以吸引客户的注意。可口可乐在瓶子设计过程中，主要是依靠企业的力量改变瓶子的设计。星巴克在改变瓶子设计上，则做出了不同的选择。星巴克成立于1971年，是全球最大的咖啡连锁店。星巴克的外卖杯子通常是白色的，上面印着绿色的星巴克Logo。但是每到圣诞节的时候，星巴克总会推出圣诞款杯子。往年，星巴克和可口可乐一样，会汇集企业的力量设计不同圣诞款杯子。现在星巴克改变了策略，邀请客户参与杯子的设计，让客户在喝星巴克的时候能够拿到自己所设计的杯子，极大地提升了客户的兴趣。

可见，当企业准备通过改变包装以吸引客户时，拥有以下3条路径。首先，企业可以自主更改包装，即企业在分析客户需求以及竞争对手举措的基础上，完全依靠自身的设计能力更改产品包装，以使自己的产品能够带给客户新的体验。其次，企业可以通过与其他品牌的合作来更改包装。相较于企业独立改变包装的方式，这种方式更容易带给客户新鲜感，并引发话题讨论。需要注意的是，当采用合作方式时，企业应考虑合作品牌的客户与自身客户的一致性。最后，企业可以邀请客户参与设计。在数字经济时代，社交媒体的兴起使得客户拥有了表达自身看法的平台，更愿意参与企业的各项活动。同时，数字技术的使用也使得企业容易邀请客户参与。因此，越来越多的企业开始邀请客户参与企业的经营活动。这种方式的优势在于：因为自身的参与，客户更愿意与他人分享经历，这不仅拉近了客户与企业的距离、增强了相互的信任感，而且使企业的产品能够在更广泛的范围内传播，提高了产品的知名度。

> **知识拓展**
>
> 2022 年 5 月 26 日，国家市场监督管理总局发布《限制商品过度包装要求 食品和化妆品》（GB 23350—2021）（国家标准第 1 号修改单）。根据这一强制性国家标准，月饼和粽子的包装层数最多不超过三层，包装材料不得使用贵金属和红木材料。一直以来，月饼和粽子的包装具有保护产品、方便储运、引导消费等功能。很多生产企业为了显示产品的独特性，竭力在包装上"做文章"，如增加包装层数、使用贵重材料、混装高价值产品等。但是这种过度包装既浪费了资源能源，又增加了消费者负担，产生的包装废弃物更是对环境造成了污染。针对上述问题，此次颁布的修改单从减少包装层数、压缩包装空隙、降低包装成本、严格混装要求 4 个方面对月饼和粽子的包装要求进行了限定。限制过度包装不仅能降低企业成本，而且能降低消费者购买成本，对行业发展及绿色环保均有促进作用。

5.4 提供概率产品

客户对各类产品的敏感度不同，有些客户可能并不在意产品的颜色，但是却会在意产品的价格，所以面对这样的需求，提供概率产品可以帮助企业获取客户，实现客户和企业的双赢。本节将介绍概率产品的含义及其适用情境。

5.4.1 概率产品的含义

企业对客户提供多样化的产品，但部分产品可能会面临销量不佳的情形。此时很多企业都会选择在换季时或节假日开展促销活动，通过降低价格来拉动产品的销售。在这一活动的背后，隐藏着这样一个假设：客户是理性的，会根据支付的价格和产品带来的收益之间的比较来进行选择。在生活中，无论是天猫、京东等电商平台，还是华联、太平洋百货等实体零售商，在一年之中都会举行几次大型的折扣活动。每一次活动，都会大大刺激客户的购买欲。例如，自从开展"双十一"活动以来，天猫的销量几乎年年创新高，从 2009 年的 5 200 万元到 2021 年的 5 403 亿元。但是，频繁地打折会降低产品在客户心目中的心理价位。换言之，如果客户认为产品将来会打折，那么该产品在客户心目中的价位就不是产品原价，而是折后价格。由此，客户不会以原价购入产品，而是会等到打折的时候再购买。这样就使得企业陷入了一个怪圈：不打折销量差，打折才有好销量。这对于企业而言并非好事；同样，对客户而言，其心理价位也降低了。

概率产品能够解决上述问题。所谓概率产品，是指事先只确定了产品的部分属性，只有在支付完成以后，客户才完全清楚产品的所有特征的产品。以衬衣为例，假设企业生产了红色、蓝色两种颜色的男士衬衣，售价均为 199 元。若红色、蓝色两款衬衣同时在商店中销售，那么有可能发生蓝色衬衣很快卖光、红色衬衣尚有大量库存的情况。为了预防此类情况出现，企业可以设置概率产品。具体而言，企业可以隐藏衬衣的部分属性，如颜色，即客户买到的衬衣可能是蓝色的，也可能是红色的。因为客户购买时并不知道具体的颜色，所以客户不需要支付 199 元的价格，只需要支付 149 元就可以了。从理论上看，这一概率产品是成立的，因为不同的客户对产品属性的偏好强度不同，有些客户喜欢蓝色，有些客户喜欢红色，还有一些客户同时喜欢红色和蓝色。颜色偏好强度高的客户通常具有较高的支付意愿，而对颜色偏好强度不高的客户，其支付意愿相对较低。通过设置不同的价格，企业可以让不同偏好强度的客户都选购到合意的产品。对企业而言，概率产品的设置并不是一种常规的打折，概率产品和普通产品的差异在于"产品某种属性随机"，因此客户很容易接受概率产品和普通产品的价格差异，且不会将其归因为企业的促销折扣。由此，企业可以在不改变客户对产品的心理价格的基础上提高产品的销量、降低可能的库存。

5.4.2　概率产品的适用情境

在生活中，已经有企业开始销售概率产品。例如，在一些电子商务网站上，一些产品上会标注"款式随机""颜色随机"，客户可以自行选择，这种随机销售的产品价格通常比确定款式或者颜色的产品价格低。还有一些企业会销售"福袋"。客户在购买"福袋"之前，并不知道"福袋"中的产品是什么，只知道是从一些产品中挑选出来的。通常，"福袋"的价格会比正常产品的售价低。

扫一扫

让客户冒一次险！

概率产品不仅适用于有形的产品，而且适用于服务。下面的两个案例介绍了概率产品在酒店业和航空业的运用。从这些案例中可以看出，概率产品可以有效提升企业的销量，提升客户从产品和服务购买中获得的收益。概率产品的使用具有以下要求。第一，企业面对的客户群体存在需求差异。部分客户对产品的属性具有强烈的偏好，部分客户对产品的属性偏好并不强烈。第二，企业具有既定的成本，如产品的库存成本、运营成本等。概率产品可以有效帮助企业减少库存，同时不改变产品在客户心目中的心理价位。对客户而言，其不仅能够以低价享受到产品和服务，还能获得感官和心理上的愉悦。

案例

携程创立于 1999 年，主要提供在线票务服务。2003 年 12 月，携程在美国纳斯达克成功上市。通常，客户在携程上订酒店，都会输入目的地、入住和离开时间、酒店级别等信息，然后在携程推荐的酒店中选择一家。除了常规的酒店预订之外，携程还推出了"神秘特价房"活动。客户不知道酒店的具体名字,只知道区域、星级、评分及简介。客户只有在成功预订之后,才会知道具体的酒店名称。对客户而言,这不亚于一次冒险,并能使其享受超低的价格;对酒店而言,这可以降低房间的空置率,同时由于不事先公布酒店名称,也不会影响其他渠道的销售;对携程而言,这提高了平台的预订率。客户、酒店、携程三方皆大欢喜。

除了酒店之外,一些航空公司也开展了概率营销。例如,西部航空推出了"99元未知之旅"活动。在这一活动中,客户知道的是 99 元单人单程机票,或者 199元双人单程机票的价格,同时还知道出发地是重庆或者郑州,目的地是三亚、丽江、拉萨、西双版纳、厦门等 20 多个目的地中的一个。对客户而言,购买这样的机票,同样是一次冒险,客户感受到旅行的刺激,同时可以享受超低的价格。对西部航空而言,其可以根据飞机剩余座位的情况,合理安排,提高了飞机的上座率。

知识拓展

2021 年年初,某位家长反映其读某中学初二的孩子,最近一两个月在学校北门的文具店多次购买盲盒。因其孩子未满 18 周岁,家长认为商店存在诱导未成年人消费的行为,要求全额退款。接到投诉后,该区消保委工作人员立即赶到现场。孩子母亲称孩子在其父亲的微信中支取了 1 万元后,多次与同学到该店购买文具、饮料以及盲盒,涉及的盲盒种类比较多,共有 5 款,购买次数 6 次,每次购买的金额从 20元到 780 元不等,实际盲盒消费金额为 1 500 多元。而卖家却以买卖自愿为由,拒不接受退款。最终在工作人员的普法调节下,卖家退回了款项。概率营销虽然在一定程度上满足了消费者的猎奇心理,受到年轻人追捧。但是,这种营销方式也可能助长投机心理,使消费者深陷其中,养成不良的消费观念和消费方式,特别是对未成年人负面影响很大。经营者向消费者提供商品和服务,应当恪守社会公德,诚信经营,保障消费者的知情权、选择权、公平交易权等各项权益,不应利用人性弱点,诱导盲目消费、过度消费。经营者不得滥用其掌握的消费者的消费大数据,暗中修改中奖机会。政府应该加快完善相关立法,加大市场监管力度,切实规范概率营销。同时,加强对未成年人的教育引导,倡导正确的消费观念和消费行为。

5.5 提供独特的服务

随着社会的发展,服务成为企业竞争的新方向。提供独特的服务能够让企业吸引更多的客户。本节将介绍服务的重要性以及如何设计差异化的服务。

5.5.1　服务的重要性

在生活中，服务已经成为商业活动中不可缺少的一部分。对于企业来说，在现代企业标准化水平提高、差异逐渐消失、附加价值较小的情况下，企业只有通过加入服务要素寻求差异化，才能在更大程度上满足客户和市场的个性化需求；对于客户来说，消费观念发生了巨大的变化，从以前只注重产品的质量和价格，到现在越来越重视产品的服务和售后追踪。所以，企业要想提高市场占有率，就必须满足客户各方面的要求。客户可通过企业的服务更深层次地感受企业文化、了解企业的产品。

> **案例**
>
> 在我国的家电行业中，海尔以其优质的服务树立了良好的形象。海尔在走入市场的时候，一开始以著名的"砸冰箱"事件树立了注重产品质量的形象。后来海尔发现：同行们都注重产品质量，仅靠品质已经无法吸引客户。于是，海尔深入调查客户的需求，发现客户除了对产品的质量有要求之外，也希望在家电的安装、维修等方面得到良好的服务。于是，海尔在服务上下足功夫，树立了"一切以用户为中心"的服务理念，率先推出了一套集售前、售中、售后各环节为一体的全流程服务模式，不仅开辟了行业成套服务的先河，也更大化地维护了客户权益。在售前阶段，海尔服务人员会根据客户需求免费上门设计家电组合方案，还可以为客户提供免费打孔、预埋管线的服务；在售中阶段，海尔可以实现即买、即送、即装，并且安装前免费为客户测试甲醛、测电，消除安全隐患，对正在装修的客户还可以根据装修进度提供分批送货服务；在售后阶段，会员还可享受8～10年延保、终身免费清洗保养等服务。除了提供全面的服务之外，海尔还细化了上门服务的整体流程，包括要求服务人员在出发前进行十项仪容仪表检查；预留路上时间，确保可以提早5～10分钟到达，如果遇到堵车，需要提前告知客户。连如何敲门，海尔都做出了明确的规定，要求服务人员先看是否有门铃，如果没有再敲门，敲门的要求是：连续轻敲两次，每次敲三下。得益于全面、细致、规范、优质的服务，海尔赢得了客户的青睐。

从上述案例中可以看出，服务也可以成为赢得客户的重要手段。服务与产品相比，具有以下特点。首先，无形性。服务不同于有形的产品，没有具体的形状。其次，不可分离性。海尔的冰箱在生产以后，才会销售给客户，生产和销售是可以分离的，但是海尔服务的产生和消费却是一起发生的。再次，差异性。尽管海尔和海信都生产冰箱，两家企业同在青岛，并且名称也只相差了一个字，但是海尔和海信提供的服务却有所不同。最后，易逝性。海尔的冰箱可以使用很长时间，但是海尔的服务却是有期限的。由于服务具有上述特点，因此企业在服务的差异化方面大有可为，可以对客户形成不同于竞争对手的吸引力。

5.5.2 设计差异化的服务

形成差异化服务需要具备两个前提条件。

第一,把握客户对服务的需求。例如,在海尔开创成套服务之前,家电企业仅仅关注了售后服务,并未关注到客户在售前和售中的服务需求。从海尔的例子中可以看出,由于服务贯穿了客户购买的全过程,因此企业需要全程审视客户的服务需求,而不能认为只有在售后阶段才有服务。此外,企业也需要注意:在客户购买的不同阶段,其对服务的需求存在显著的差异。企业需要在洞悉客户购买过程的基础上,设计相适应的客户服务。

第二,制定规范化的服务流程。许多客户并不是对企业提供的服务不满,而是对服务人员的态度、行为不满。由此,海尔在制定服务流程时,深入客户的生活,了解他们对服务流程、服务人员的意见,并据此制定了相应的服务流程。正如之前提到的,海尔对服务人员敲门的步骤、敲门的次数都做出了规定。同时,海尔为了确保服务质量,针对每一次上门服务都会有追踪和回访,以确保向客户提供优质的服务。服务的精细化、规范化使得海尔的服务过程得到了客户的认可。

5.6 定制

当客户主导的消费时代来临时,客户的各类需求并不能靠企业标准化的产品来实现,于是定制大规模兴起。企业为客户定制产品,满足客户的个性化需求,也可以获取更多的客户。本节将介绍定制的含义和合作式定制与透明式定制。

5.6.1 定制的含义

当越来越多的企业将目光放在提供优质服务以吸引客户的时候,优质的服务就变成了行业的共识。企业会发现:客户认为优质的服务是理所当然的。此时,服务就很难再形成独到的优势。于是,有些企业又将目光投向了产品。有些企业认为产品多样化很不错,但可能会造成部分产品滞销,打折销售、概率产品等手段也不能解决所有的库存问题。既然产品滞销是因为不受客户欢迎,有的企业认为可以在开始时就根据客户的要求生产产品,这样以销定产,一方面可以让客户满意,另一方面也不会造成产品积压,同时也会和竞争对手的产品形成差异。于是,不少企业开始尝试客户定制,也称私人定制。

定制营销,也称为一对一营销、个体营销、个性化营销,是指企业把每一位客户视为一个潜在的细分市场,并根据每一位客户的特定要求,单独设计、生产产品并迅捷交货的营销方式。它的核心目标是以客户愿意支付的价格并以能获得定制利润的成本高效率地进行产品定制。

对企业而言,定制营销的优势在于能够按照客户的需求设计、生产产品或者服务,能够最大限度地满足客户的需求,从而加强企业与客户之间的联系,建立紧密的客户关系。同时,在大规模定制的情境下,企业的生产运营受客户需求驱动,以客户订单为依据来安排定制产品的采购、生产,使企业库存最小化,从而降低了企业成本。简单来说,客户定制的含义是企业根据客户的需求，在有效控制成本的前提下，为他们量身定制产品。

> **案例**
>
> 　　欧莱雅累积了超过十亿名的会员，在征得会员同意的前提下，收集这些会员过往的消费记录、互动记录、咨询记录，通过数据和人工智能算法，了解客户的需求，并且预测客户需求。在数据系统的支撑下，欧莱雅在客户运营方面非常精细化。例如，当新客户关注公众号时，欧莱雅会运用强大的数据系统寻找客户标签，在客户关注的一瞬间就发送有针对性的问候语。此外，基于客户数据，2019 年欧莱雅零点面霜率先开启 C2B 共创模式。据称，欧莱雅用了 59 天时间挖掘了上千名 18 ～ 30 岁客户对理想面霜的诉求，得出结论：熬夜引起的肌肤损伤是她们最迫切、最想要解决的问题！基于夜间使用场景，欧莱雅迅速投入研发并推出了零点面霜。该面霜上市当天就卖出了 10 万件。这种"按需定产，反向共创"的新产品研发思路，将传统新品上市 1 ～ 2 年的周期缩短到 59 天。根据欧莱雅的判断，未来的美妆是一对一的美妆，为了实现这一愿景，欧莱雅投入大量技术研发个性化的交互应用与产品。美妆有了科技的赋能，能够给客户带来更加个性化的体验。

5.6.2　合作式定制

　　合作式定制是指企业完全按照客户的需求生产产品或者提供服务。在合作式定制中，企业首先需要和客户进行深入的交流和沟通，以确定客户的需求，然后根据客户的需求，为客户定制产品或者服务。例如，在家居行业，不少企业推出了全屋家居定制服务，可以根据客户房间面积、客户的要求，生产相应的家居产品。这样的产品完全符合客户的需求，自然容易赢得客户认可，同时也不会造成产品的积压。在这样一个量身定制的过程中，企业需要和客户紧密沟通和交流，以便明确把握客户需求，进而根据客户需求生产产品。这对企业的沟通能力、生产线的适应能力，都提出了很高的要求。

> **案例**
>
> 　　红领集团是山东青岛一家生产高档西服、裤子、衬衣、休闲服等服饰系列产品的大型企业。2003 年以来，红领集团以 3 000 多人的西装生产工厂为实验室，在大数据、互联网等技术的支撑下，专注于服装规模化定制生产全程解决方案的研究和实验。经过多年的沉淀，红领集团积累了海量的版型数据、款式数据、工艺数据，能满足客户个性化西装设计需求。红领集团开发了相应的网站和 App。客户只需要提供基本信息和量体数据，就可以自由选择西服的款式、面料、颜色以及纽扣等，之后工厂就可以根据客户的需求为客户量身定制西服。通过这一方式，红领集团成功赢得了市场。

在合作式定制中，企业面临成本控制和满足需求的问题。基于客户的视角，定制意味着满足个性化需求，即企业需要顾及不同客户的独特性，不能提供标准统一的产品。基于企业的视角，个性化需求的满足意味着流程复杂性的提升以及相关成本的增加，因为企业不再生产大批量、标准化的产品。合作式定制意味着企业需要采用多品种、小批量的生产方式。当产品批量越来越小、各批次产品差异较大时，企业必须不断调整生产设备和流程，这就要求企业必须具备良好的柔性生产能力，能够实施大规模定制。

大规模定制是指为了满足客户个性化需求，在信息系统和标准化、现代设计方法、先进制造技术的支持下，以大批量生产的高质量和高效率提供定制产品和服务的一种先进生产方式。基于企业视角，大规模定制的基础在于企业对客户差异化需求的洞察。企业不仅需要了解客户需求的多样性，还需要辨析客户需求的中心偏好，以此来确定产品的具体属性特征。在洞察客户差异化需求的基础上，企业需要依托较强的柔性生产能力和应变能力来快速响应客户需求。为了达到快速响应客户需求的目标，企业常用模块化生产的模式。所谓模块，是指可组成系统的、具有某种确定独立功能的半自律性的子系统。模块化是指把一个复杂系统或过程根据系统规则分解为能够独立设计的半自律性子系统的过程，或者按照某种联系规则，将可进行独立设计的子系统统一起来构成更加复杂的系统或过程。通过模块化，一个复杂的系统可以分解为一系列相互独立的具有特定功能价值的模块，并在遵循统一的界面规则的前提下，各模块进行半自律性独立动作，同类模块之间可进行替代，从而可根据需要组成不同的复杂系统。在模块化生产过程中，模块化设计，即如何将复杂的产品划分为不同的模块，是模块化生产的前提。应用模块化技术，复杂的产品生产过程被分解为一个个功能模块，企业利用模块的相似性可减少产品结构和制造结构的变化，最终借助模块的选择和模块间的组合实现产品的多样性，同时还能控制产品成本。在生产过程中，企业还需要辅以组织结构调整，建立以信息系统为支撑、面向流程的倒金字塔组织，以实现员工赋能和组织柔性。

总之，在合作式定制中，企业不仅需要具备柔性生产能力，能够开展大规模定制，而且需要注意：在合作式定制中，由于客户并非企业员工，对生产过程和工艺并不了解，此时企业需要设计友好的互动界面，提供符合客户需求的选项，及时解决客户购买过程中的问题，满足客户的定制需求。

5.6.3　透明式定制

当当、淘宝、京东等电子商务网站的页面上都有"猜你喜欢"栏目，内容是企业根据客户的浏览偏好以及购买偏好来确定的。这些企业向客户提供的产品和服务，同样也是定制化的，但是与合作式定制不同，企业事先并没有和客户沟通，而是根据自身掌握的客户信息来为客户提供定制产品和服务。这种定制方式被称为透明式定制。

企业实施透明式定制的关键在于掌握客户多方面的信息，包括基本信息、购买习惯、使用偏好等。同时，企业拥有强大的数据分析和管理能力，可以通过对信息和数据的分析，挖掘客户喜欢的产品和服务。日益发达的信息技术可以帮助企业方便、低成本地获得相关的客户信息，使企业为客户量身定制产品组合和服务成为可能。

许多自营的电商平台企业向客户精准地推送产品非常容易，因为所有的产品都是自己负责运营的，所以可以掌握全面的客户信息以及购买信息，据此来制定相应的策略。但是，像淘宝、天猫这样的非自营电商平台企业，平台上聚集了大量的商家，这些商家掌握的数据不同，同时对数据的分析和应用能力也存在很大差异。这类企业，可以联合平台卖家，一起实现透明式定制。

案例

妮维雅是德国知名的护肤品牌，一直以来都走中档护肤品牌的路线。与其他护肤品牌不同，妮维雅很早就开始了线上销售，同时也致力于提高线上销售的业绩。2015年，妮维雅联手阿里巴巴举办了"千人千面"活动。"千人千面"，顾名思义，就是不同的人，看到的店铺页面是不同的，也就是根据客户的不同偏好，来定制页面内容。那么，妮维雅是如何做到的呢？首先，妮维雅意识到，随着智能手机的广泛应用，越来越多的客户开始使用手机完成商品的浏览和采购。据统计，近年天猫"双十一"的时候，有68%的客户是通过移动端选购商品的。手机和计算机有显著的不同，手机屏幕小、展示内容有限，同时客户也不愿意在手机浏览上花费过多的时间。那么，精准的内容展示就显得非常重要。其次，"千人千面"的实施依靠妮维雅和阿里巴巴的有效合作。在阿里巴巴平台上，有些数据是妮维雅掌握的，而有些数据则是阿里巴巴掌握的。因此，双方共同合作，才可能打造真正的"千人千面"。于是，阿里巴巴开放了一部分数据，帮助妮维雅更好地了解客户，而妮维雅则根据自身对客户的洞察，结合阿里巴巴的数据，开始刻画不同的客户形象，构建客户分类和个性化模型，并据此制作了三个不同的店铺首页，分别对应不同的人群：基础标准客户、活跃期老客户和首单新客户。在测试以后，妮维雅进一步优化了页面设计，在新老客户的基础上再做人群细分，向不同客单价、不同性别的客户推荐不同的套餐和活动。

从妮维雅的案例中可以看到，平台卖家联手平台企业，也可以实现透明式定制。所以，企业在实施透明式定制时需要掌握丰富的客户信息，拥有数据挖掘和分析能力。大型企业可以依靠自身的力量来完成透明式定制；小型企业则可以通过所在的平台完成透明式定制。

知识拓展

　　手机上的 App 会"读心术"早已不是秘密了。很多人有过这样的体验：刚和朋友在手机中聊天说到想买什么，转眼就在某 App 里看见了这件商品；刚浏览了几条某个主题的新闻，之后发现某个 App 里就全是关于这件事的讨论。长期以来，许多网民对这种情况感到不满，甚至有点恐惧。如今，这一情况终于得到了遏制。2022年 3 月 1 日起，国家互联网信息办公室等四部门联合发布的《互联网信息服务算法推荐管理规定》正式施行。该办法中明确规定："算法推荐服务提供者应当向用户提供不针对其个人特征的选项，或者向用户提供便捷的关闭算法推荐服务的选项。用户选择关闭算法推荐服务的，算法推荐服务提供者应当立即停止提供相关服务。"这一规定的颁布将使互联网企业约束自身行为，要用算法推荐技术为善，坚持主流价值导向、积极传播正能量，而不能制造信息茧房、诱导用户沉迷。这一规定的颁布也将推动互联网企业加强内部能力建设，增强算法审核能力，主动选择并优化可被理解、可被审核的推荐算法。

企业实务

内联升制鞋

　　过去，老北京人有句流传广泛的话：头顶马聚源，脚踩内联升，身穿八大祥，腰缠四大恒。这里的"脚踩内联升"，表明当时穿上内联升的千层底布鞋，是一种身份的象征。

　　内联升老铺面的创始人是直隶武清（今天津市武清区）人赵廷。内联升始建于清朝咸丰三年（1853 年），"内"指宫廷，"联升"示意客户当年如果穿上该店制作的朝靴，可以官运亨通、连升三级。

　　赵廷早年在京城一家制鞋作坊学做鞋，由于悟性极高，很快便学得一身本事。在积累了丰富的客户人脉和一定的管理经验后，赵廷决定自立门户。很快，在京城一位人称"丁大将军"的贵人的资助下，赵廷创办内联升靴鞋店。慧眼独具的赵廷分析了当时京城制鞋业的状况，认为京城缺少专业制作朝靴的鞋店，于是决定开一家朝靴店，利用人际关系，为朝廷文武百官制作朝靴。

　　内联升制作的朝靴鞋底厚达 32 层，厚而不重。这样的朝靴穿着舒适、轻巧，走路无声无息，看上去既稳重又气派。而且，内联升会详细记录客户定做朝靴时提供的鞋的样式、尺寸等信息。由于三品以上大员做鞋是不会亲自到鞋店的，内联升还会派伙计过去量尺寸、试样子。内联升逐渐积累了朝中显贵的靴鞋尺码，赵廷将官宦的靴鞋尺寸、式样、特殊爱好一一整理登记在册，取名"履中备载"。之后，内联升就根据"履中备载"为官宦定制合适的靴鞋。例如，一个官员因伤而一条腿长、另一条腿短，内联升在做他的鞋子时，把腿短的那只脚的鞋子底层垫高，有效地弥补了他的缺陷。在这之后，官宦需要靴鞋，只需派人到内联升告知一声，内联升自会做好送到府上。"履中备载"可以说是第一本鞋类客户档案，而且鞋码尺寸等信息的详细记载，也为达官显贵第二次定做鞋提供了方便。优质的商品质量与服务，加上别致响亮的名称，使内联升很快就赢得了文武百官的赞誉。

这种营销模式的创新，不仅令内联升的生意兴隆，也确立了内联升在京城商号中的核心地位。当时的官吏名流都将自己的信息被收录进"履中备载"视为一种荣耀。后来，内联升停止了"履中备载"的更新。

2001年企业改制后，市场分析和客户资料整理引起了内联升管理层的重视。2008年，内联升的管理层提出要升级CRM系统，将"履中备载"续写下去。经过再三考虑，管理层先上线了ERP系统，用于控制产品从设计制造、验收入库、店仓流转到分销售出的全过程。ERP系统规范了业务流程，将人为因素对数据的影响降到最小，大幅提高了工作效率和信息化管理水平，实现了客户数据的高效管理，为续写现代版"履中备载"提供了有力的技术支持。2010年年初，内联升CRM系统正式上线，包括会员管理、高端定制等配套业务和设施。升级后的CRM系统还可以根据数据分析客户的消费习惯、类型等，提供更精准的定制化服务。例如，升级后的CRM系统收录了很多名人的信息，内联升根据他们对鞋的特殊需求为他们定制鞋，并成功将他们变成内联升的忠实客户。

如今，内联升不再只为名人制作鞋，也开始为普通人提供服务。目前内联升布鞋有上千种款式，覆盖全年龄层，从儿童、青年到老人，都能找到适合自己的鞋。内联升近年来一直在创新，将传统工艺与时尚结合起来，在2018年推出了"大内联升"潮牌，主要面向"90后""00后"年轻消费群体，设计了一系列潮流款式，希望用年轻人喜欢的方式展示手工布鞋的独特魅力。内联升不仅扩大了目标客户群体，还将自身定制的优势进一步加强。客户只要在内联升定制鞋，就可以直接成为VIP会员，其脚型信息也会被记录在CRM系统中，如此客户再次购买时无须测量，内联升会根据记录提供定制的鞋。据悉，现代版"履中备载"收录的VIP客户已经达到8 000人。随着记录的客户信息越来越多，"履中备载"越来越完善，已成为内联升无比珍贵的"宝物"。

本章小结

本章主要介绍了以下内容。

1. 客户获取策略有利用心理账户、提供多样化产品、提供概率产品、提供独特的服务、定制。

2. 心理账户理论认为：人们不仅对物品有分门别类管理的习惯，对于资产也有类似的习惯，会将其各自归类、分别管理，从而控制自己的消费行为。

3. 提供多样化产品的方式有优化产品设计、丰富产品种类以及改变产品包装。

4. 概率产品就是事先只确定了产品的部分属性，只有在支付完成以后，客户才完全清楚产品的所有特征的产品。概率产品适用于有形的产品以及无形的服务。

5. 服务具有无形性、不可分离性、差异性、易逝性的特点。设计差异化服务的前提：第一，把握客户对服务的要求；第二，制定规范化的服务流程。

6. 定制营销，也称为一对一营销、个体营销、个性化营销，是指企业把每一位客户视为一个潜在的细分市场，并根据每一位客户的特定要求，单独设计、生产产品并迅捷交货的营销方式。它的核心目标是以客户愿意支付的价格并以能获得定制利润的成本高效率地进行产品定制。

7. 定制方式有合作式定制和透明式定制。合作式定制是指企业完全按照客户的需求生产产品或者提供服务。透明式定制是指企业事先并没有和客户沟通，而是根据自身掌握的客户信息来为客户提供定制产品和服务。

本章内容可使读者了解客户获取的五种策略，掌握五种策略在实际中的应用方法以及应用效果。

本章习题

一、简答题

1. 请阐述心理账户的含义。
2. 请举例说明心理账户的使用方式。
3. 企业可以通过哪些途径打造多样化产品？
4. 请阐述概率产品的含义，并说明其适用情境。
5. 请阐述企业如何设计差异化的服务。
6. 请比较合作式定制与透明式定制的差异。

二、案例分析题

西贝莜面村（以下简称"西贝"）主打西北菜，以草原优质牛羊肉、莜面为特色。西贝以"服务家庭"为理念，在产品质量、服务流程等方面严格把控。第一，在产品质量方面，集团总部设立了健全的食品安全保障及管理体系，其在全国建立的多个超级厨房更是通过了 HACCP、ISO22000、FSSC22000 等相关食品安全管理体系认证。第二，西贝在服务、生产和环境方面努力实现标准化，把工作拆分成从前厅到后厨的 2 000 多个工作节点，要求全国的门店都按照标准化流程工作进行大比拼，每一个人每天的工作成绩时时可查。例如，前厅服务标准化的要求为"四个一分钟"：客人离开一分钟内撤台收台布；一分钟内领客人入座；菜做好了一分钟内传菜；一分钟内恢复台面，椅子归位。这样，就能缩短客户的等位时间。西贝对这些节点的工作相当重视，设立了严格的奖惩制度。得益于上述管理举措，2019年，西贝线下门店覆盖全国61个城市，在全国共有400多家。

然而，2020年西贝陷入了困境，线下门店全部停业。在这一情况下，西贝全力开拓线上运营，不仅在美团、饿了么等平台发力外卖，还通过企业微信为客户提供一对一的外卖（送餐、食材采购）服务。在西贝的业务场景下，企业微信主要实现了三个功能。第一，西贝通过企业微信与客户进行了深度连接。以往，如果让员工用私人微信添加客户，客户和员工可能都有所顾忌，而使用企业微信就更加正规。不仅如此，西贝把线上服务的链接放到企业微信的详情页中，使客户通过企业微信可以直接下单，促进了线上服务的转化。第二，通过企业微信开放的应用程序接口（Application Programming Interface，API），西贝把企业微信和企业的CRM系统连接起来，这样一来，员工通过企业微信就能看到相应的客户画像，如用餐习惯、喜好、多久未到店等。第三，对于西贝这类连锁企业而言，上下行动一致尤为重要，西贝通过企业微信实现了集团、分部、门店的"三位一体"。

依靠线上运营，西贝成功走出了困境。从2019年11月9日正式开通企业微信以来，西贝一共添加了9万多名客户；仅2020年1月就在线上添加了3万多名客户。全国每天200多家门店客户经理与数万名客户紧密联系，并为客户提供线上送餐和食材服务。2020年上半年，西贝每天外卖业务的营业额约为200万元，线上营收占总营收的80%以上。

案例思考题

（1）在线下门店时代，西贝靠什么赢得客户？

（2）西贝线上、线下运营举措对其他餐饮企业有何借鉴意义？

项目实训

2020年以来，很多企业改变了以往以线下渠道为主的获客方式，开始采用线上渠道获客。请选择你熟悉的一家企业，分析2020年前后该企业获客方式的变化，并设想该企业未来还有哪些可行的获客方式。

第6章
客户满意与投诉

客户满意与投诉均表明了客户对企业产品以及服务的反馈。满意体现了客户积极正面的反馈，投诉则表明了客户的负面反馈。首先，本章介绍了客户满意的含义及其重要性，指出满意是客户实际体验与期望值之间比较的结果。其次，本章阐述了客户满意度的测度方式，并分别论述了不同的客户满意度指数模型。最后，本章在分析客户投诉价值的基础上，分析了客户投诉的原因，并论述了企业处理客户投诉的方式。

本章学习目标

（1）掌握客户满意的含义，了解客户满意的重要性；
（2）熟悉客户满意度的测度方式，了解客户满意度指数；
（3）明晰客户投诉的价值；
（4）知晓客户投诉的原因，掌握客户投诉的处理方式。

开篇引例：口碑大战

在电影行业，影评对于人们的观影意愿会产生重要影响。2016年1月，《消费者报道》对195名消费者进行了电影评分态度的问卷调查。从问卷调查的结果来看，消费者在被问到"新电影上映前是否参考网络上的评价"时，83.08%的受访者表示会在观影前参考电影评分；而在被问到"一部电影评分过低是否会影响观影意愿"时，仅有4.32%的消费者表示完全不受电影评分的影响。从上述数据可以看出，他人的评价是影响人们是否观看电影的重要因素。如果一部电影的评分持续走低，那么想观看该电影的观众也会随之减少；相反，如果电影好评数量多，就会有更多的观众愿意走进电影院观看，而观影人数的多少，会对电影票房产生至关重要的影响。

电影行业也曾有过凭借良好的影评而获得票房大捷的例子。电影《西游记之大圣归来》（以下简称《大圣归来》）于2015年7月10日上映，在上映前，该影片并未做过多的宣传和推广。在首映当日，仅获得7.25%的排片率。同期上映的《小时代4》和《栀子花开》的排片率均超过了30%。但是，《大圣归来》这部影片却低开高走，首映当天虽然只有不足一成的排片率，却斩获了近1 800万元票房。此后，该影片的票房节节走高，

11 日的票房约为 2 810 万元; 12 日的票房约为 4 000 万元。13 日, 影院看到票房结果后, 将该影片的排片率提升至 13.12%, 该影片当天的票房收入约为 3 880 万元, 取得当日票房冠军。最终, 这部影片获得了超过 9 亿元的票房收入。该影片在豆瓣、时光网以及猫眼上的评分均超过了 8 分, 在猫眼上更是获得了 9.3 的高分。

《大圣归来》这部影片依靠的不是大量的宣传吸引观众注意, 而是良好的口碑, 从而逐步俘获了诸多观众的心。在正式上映之前, 《大圣归来》进行了数百场点映, 邀请了各行各业的精英以及意见领袖观看。第一批观众被影片打动, 开始向周围的人宣传这部电影; 同时, 有观众自发帮助影片设计"周边产品"。因此, 在正式上映之后, 由于点映期间观众的宣传, 上座率很高。与此同时, 影片发行方也将点映时期观众的反应制作成各种报告, 与院线和影院沟通、协商, 使影片的排片率有所提高。《大圣归来》的热映, 还产生了一个新的网络词语——"自来水", 也就是到处自发推广《大圣归来》的粉丝, 这些粉丝甚至还在微博上注册了一个名为"水帘洞大圣自来水公司"的 ID, 帮助影片进行推广和宣传活动。得益于观众和粉丝的热爱和口口相传, 《大圣归来》最终收获了 9 亿多元的票房。

在《大圣归来》获得票房大捷之后, 人们越发意识到好的影评对于电影票房的突出贡献。观众在观看电影之前, 越来越关注豆瓣、时光网、猫眼、淘票票等第三方平台的电影评分, 如果想看的电影评分高, 观众便会增强对该电影的观看意愿。因此, 对于电影行业来说, 第三方平台的电影评分非常重要, 取得高的电影评分、拥有良好的口碑, 能吸引更多的观众前往电影院观看影片。

6.1 客户满意概述

企业提供产品或者服务的目的之一是让客户满意, 客户满意对于企业的发展来说非常重要。本节将主要介绍客户满意的含义以及客户满意的重要性。

6.1.1 客户满意的含义

开篇引例"口碑大战"阐述了客户评价的重要性, 客户的评价通常被称为口碑, 由于口碑产生的影响巨大, 口碑营销的概念应运而生。许多商家都试图打造良好的口碑, 通过客户之间的口口相传, 来提升自身的吸引力。一般来说, 口碑指的是人们口头上的赞颂, 在移动互联网时代, 口碑不仅能通过口头传播, 还能通过各种社交媒体传播。口碑通常是人们在消费产品或者体验服务之后才形成的, 是人们对产品或者服务满意与否的评价。由此可见, 企业要想获得良好的口碑, 首先需要使客户满意。

扫一扫

客户满意的含义

案例

在网络购物中，买家评价相当重要。通常，在网上购物以后，电子商务平台会要求买家给卖家、快递服务打分。网购买家的好评和差评对卖家会产生很大影响。以淘宝为例，在百度上以"淘宝好评"为关键词搜索，会得到数百万个结果。在这些结果中，很多都是教卖家如何避免差评、如何应对差评、如何获得好评的方法。在网上还发生过很多因为差评而引起的纠纷。曾有媒体报道，因为买家给了差评，卖家将其告上法院要求赔偿，原因是：买家给的差评导致店铺信用度由 100% 降到97.62%，而得到这个差评后的 1 个多月，店铺销量为零。由此可见，卖家重视买家的评价，是因为买家的好评和差评都会对店铺的经营产生很大的影响。在网络购物中，买家看不到产品实体，主要依靠图片、文字来判断产品是否值得购买，因此网络购物存在较大的不确定性。而其他买家的评价比卖家提供的文字、图片更具有真实性和可靠性。对产品正面、积极的评价，会提升其他客户对该产品的信任和好感，进一步提升他人的购买意愿。同时，依靠以往客户评价而积累起来的店铺得分，也反映了整个店铺的可靠程度。因此，对卖家而言，买家的评价非常重要，卖家期望买家给予好评。同时，卖家也会将买家的好评作为吸引新客户的手段。

客户满意（Customer Satisfaction，CS）的研究最早可以追溯到 20 世纪 60 年代中期。1965 年，理查德·卡多佐（Richard Cardozo）首次将客户满意的观点引入营销领域，他运用实验研究方法测量了产品披露之前的客户期望，发现期望对购物体验和产品消费评价具有直接的积极影响。卡多佐认为，客户满意是产品达到了客户预期而产生的结果，满意能够引发客户对产品或服务的好感，从而产生重复购买行为。卡多佐提出除了客户期望会影响客户满意之外，可能还存在其他影响因素。此后，各行各业的学者都开始从不同的角度对客户满意进行研究。虽然对客户满意的研究已经持续了这么多年，但是客户满意至今未有一个统一的定义。不同学者关于客户满意的定义如表 6.1 所示。

表 6.1　不同学者关于客户满意的定义

学者	定义
霍华德和谢思（Howard and Sheth）	客户满意是客户基于自身支付能力与其获取的感知价值匹配程度的评价，而产生的一种心理状态
奥利弗（Oliver）	客户满意是指在某次特定的交易中目前的质量和预期之间的差距
奥利弗（Oliver）	满意是消费者心理满足情况的体现，是消费者对产品或服务的基本功能进行体验之后产生的愉悦程度
丘吉尔（Churchill）	满意是消费者在使用产品或接受服务之后的收益与其获得产品或服务时所付出的代价的比较结果
安德森（Anderson）	在累积客户满意的测评中，客户满意是过去感知质量和将来预期质量的函数

学者	定义
费耐尔（Fornell）	客户满意就是消费者对所获得产品或服务体验之后的整体评价
符国群和俞文皎	客户满意是消费者对产品或服务满足其需求程度的评价
张新安和田澎	客户满意是客户消费后根据其期望和需要的满足程度而产生的一种心理反应，未能满足期望或需求的产品和服务将会导致不满意

虽然不同学者对客户满意的定义存在不同的观点，但是可以看出客户满意具有以下几个特点。①客户满意是一种心理活动，是客户在使用产品或者体验服务之后的一种感觉。②客户满意是一个相对值，是实际体验感受与期望值之间的差。③客户满意具有个体性。由于客户满意与客户的期望有关，而不同客户的期望是千差万别的，因此对同一产品或者服务，不同客户的满意是不同的。

目前采用的最为广泛的客户满意定义来源于菲利普·科特勒（Philip Kotler）。他认为，客户满意指一个人对一种产品的感知效果与他/她的期望相比所形成的愉悦或失望的感觉状态。该定义表明，满意水平是感知效果和期望之间的差异函数。如果感知效果低于期望值，客户就不会满意；如果感知效果高于期望值，客户就会高度满意。回顾学者有关客户满意的研究，可发现对客户感知和客户期望的比较可以分为两种：一种是交易型，主要是指客户期望与客户进行的某次特定交易所形成的客户感知进行比较，突出的是一次交易后马上产生的评价结果，这种类型主要针对一次性产品交易；另一种是累积型，指的是客户在一段时间内对产品持续使用或对服务多次体验之后，依据整个过程的情况形成的综合性评价，强调的是全过程的客户满意程度，这种类型主要针对耐用品或者长期服务的交易。

6.1.2　客户满意的重要性

客户满意对企业的经营具有重要影响。有统计数据表明：平均每个不满意的客户会将其不满意的经历告诉 9 ～ 20 个人，而且这些人都表示不愿意接受这种恶劣的服务；而平均每个满意的客户会将其满意的经历告诉 5 ～ 12 个人，在没有其他因素干扰的情况下，这 5 ～ 12 个人中有超过 10 个人表示有购买意愿。因此，有人形容"一个满意的客户胜过十个推销员"。这也在一定程度上说明了客户满意的重要性。

📖 前沿研究

随着信息技术的发展，人们很容易将自己对产品和服务的评价发表在相关的社交媒体或者其他论坛、网站上。在线客户评价已经成为客户在互联网上获取信息的主要来源，这种评价对客户的购买意愿具有重要影响。在 2016 年 3 月的《国际市场营销研究》杂志上，来自德国法兰克福大学的几位学者探讨了在线客户评价与消费者购买意愿之间的关系。在这项研究中，学者从平均评分、评价的数量、评级的分布三个维度来衡量在线客户评价，研究它们之间的相互作用关系。学者还想通过研究证实客户对品牌、价格和产品技术属性的评价会受到产品已有在线评价的影响。从研究的结果来看，一件产品的在线评分越高，客户选择这件产品的概率就越大。并且产品的评价数量对于客户选择高评分的产品有正向的调节作用。此外，在产品拥有在线客户评价的情况下，相对于关注商家发布的品牌、价格、产品属性这些信息，客户会更加关注产品的在线评价。学者选择了当时新颖的电子阅读器这一产品，以某电子阅读器的评价体系为框架，通过实验得出了以下结果：当评价的等级每增加一级时，客户对电子阅读器的消费意愿就会增加 48.96 欧元。这一研究结果给企业带来了许多启示，企业应该重视在线客户评价，尽可能做到让客户满意，让客户留下好的评价。

客户满意不仅对企业的客户关系管理有着重要的影响，而且对企业未来的发展也有着举足轻重的作用。具体而言，客户满意的重要性主要体现在以下几个方面。

首先，客户满意有利于企业提高利润水平。尤金和费耐尔通过瑞典客户满意指数的实验数据分析出了高的客户满意度意味着高的利润水平。这主要表现在以下两个方面。从对客户自身行为的影响来看，满意的客户会增加购买行为，并且通常愿意为产品或者服务支付更高的价格，对价格上涨也有更高的容忍度。从对他人行为的影响来看，满意的客户会主动给企业推荐新客户，推荐他人购买企业的产品或服务，帮助企业形成良好的口碑效应，从而利于企业提高利润水平。

其次，客户满意是企业增强竞争优势的利器。一是客户满意能够帮助企业识别在市场中的位置。客户满意说明企业在市场的竞争中达到了客户的预期，客户满意度越高，表明企业在市场中得到的客户认可越多，在市场中占据了一个有利的位置。二是客户满意能够帮助企业进行改进。企业通过分析客户满意的测评信息，可以找到导致客户不满意的关键因素，根据这些关键因素制定相应的策略，改进企业的产品和服务来获得客户的满意，从而增强在市场上的竞争力。

最后，客户满意有助于降低企业的成本。这主要表现在以下两个方面。其一，客户满意有助于降低企业交易成本。满意的客户在购买过程中，基于以往的经历，对所购买的产品和服务有一定的了解，这有助于降低企业的交易成本；同时满意的客户通常购买的数量或者金额比一般客户大，这也会降低企业的交易成本。其二，客户满意有助于企业降低沟通成本。正如上文所述，满意的客户会向朋友推荐产品或者服务，这将有助于企业扩大客户群体，降低企业用于广告等方面的沟通成本。

6.2 客户满意的衡量

客户满意对企业的生存和发展有重要的影响，以往大量的研究关注了如何衡量客户满意。本节将主要介绍多种客户满意度的测度方式以及客户满意度指数。

6.2.1 客户满意度的测度方式

客户满意度是量化客户满意的统计指标，描述了客户对产品或服务的期望和实际体验之间的差异，可以测量客户满意的程度。当客户的实际体验大于期望值时，客户的满意度就高；反之，客户的满意度就低。由此可见，客户满意度是由期望和实际体验共同决定的，因此对客户满意度也需要从客户期望和体验的角度去衡量。客户对企业产品或服务的期望和体验包括很多方面，不同的学者从不同的角度提出了测度客户满意度的观点。

扫一扫

亲，今天你满意了吗？

日本东京理工大学的狩野纪昭（Noriaki Kano）和他的同事受赫兹伯格的双因素理论影响，于 1979 年提出了 KANO 模型。在该模型中，产品和服务的品质被分为三类：基本品质、期望品质和魅力品质。KANO 模型如图 6.1 所示。

（1）基本品质是指客户认为产品或服务必须具备的基础品质。对于这类品质特性，客户通常不做表述，因为客户认定这是产品和服务必须有的特性，他们认为这类品质特性的重要程度很高。基本品质的特点是当企业的产品或服务满足客户的基本需求时，客户满意度不会显著提高，因为他们认为这是产品或服务应有的基本功能；如果企业的产品或服务没有满足客户的基本需求，他们将会产生严重的不满情绪。

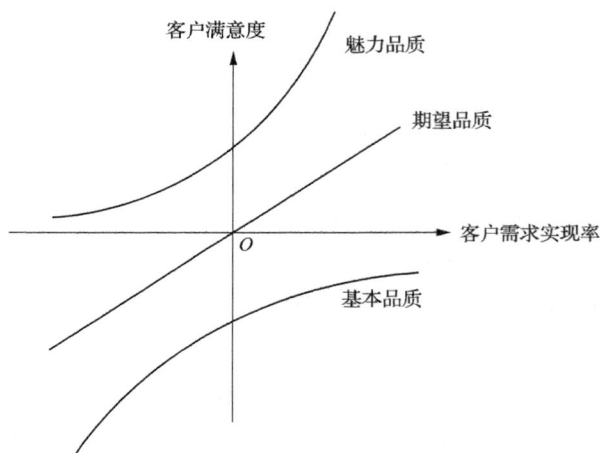

图 6.1　KANO 模型

（2）期望品质是指客户期望产品或服务具有的品质。期望品质的特点是当产品或服务具备这种品质时，客户满意度会显著提高；当产品或服务不具备这种品质时，客户不满也会显著增加。

（3）魅力品质是指产品或服务所具备的超越了客户期望的品质。魅力品质的特点是当产品或服务具备这种品质特性时，即使表现并不完善，也能使客户满意度急剧提升。同时，如果产品或服务不具备这种品质特性，往往不会引起客户的不满。

根据 KANO 模型，企业为提升客户的满意度，需要分别针对这三类产品或服务的品质

（客户需求）的特性采取针对性的措施。在基本品质方面，企业须全力以赴地满足客户的基本需求，保证客户提出的问题得到认真解决。企业要重视客户认为企业有义务做到的事情，尽量为客户提供方便，以满足客户的基本需求。在期望品质方面，企业应尽力满足客户需求，提供客户喜爱的产品功能或额外服务，使产品和服务优于竞争对手，并有所不同，加深客户对本企业的良好印象，使客户满意。在魅力品质方面，企业应尽力提供客户所没有想到的产品和服务，给客户惊喜。魅力品质往往代表客户的潜在需求，企业应发掘这样的需求，从而在市场竞争中领先对手。

KANO 模型其实并不是一个测量客户满意度的模型，而是对客户需求或者对绩效指标进行分类的模型。KANO 模型常用于对绩效指标进行分类，帮助企业了解不同层次的客户需求，找出客户和企业的接触点，识别使客户满意的重要因素。该模型是一个典型的定性分析模型，其缺点在于不能在客户满意度和企业的经营业绩之间建立直接的、可量化的关系。

美国的服务管理研究组合 PZB（Parasuraman、Zeithaml 和 Berry 的首字母组合）在 1985 年提出服务质量（SERVQUAL）模型，为量化服务质量提供了一种可行的方法，并得到了广泛的应用和发展。他们认为客户对服务的满意来自客户对服务质量的感知，有 5 个方面的因素会影响客户对服务的满意程度：①可靠性，包括服务的可靠度及一致性，即能可靠并且正确地提供对客户承诺的服务；②有形性，是指实体的服务设施、服务人员的仪表及提供服务的工具和作业设备等；③响应性，是指服务人员对客户的要求与问题能快速响应及处理，还包括为客户服务的意愿和敏捷程度；④安全性，是指服务人员具有执行服务所需的专业知识和技能，并能获得客户信赖；⑤关怀性，是指企业能特别注意与关心客户个别性的需求。

美国学者达伯霍卡（Dabholkar）等认为，尽管不同行业、市场存在很大差异，但具有一定的同质性，一般而言，客户满意度由以下 3 个方面构成：一是与产品有关的指标，如产品的质量、价格、设计、包装等；二是与服务有关的指标，如保修期、送货服务、售后服务等；三是与购买有关的指标，如购买过程中客户与企业之间的互动等。

尽管上述学者所站的角度不同，关注的对象也不尽相同，但是在这些学者的观点中，客户满意度都包含了以下 3 个方面的评价指标。

其一，核心产品（服务）。对核心产品（服务）满意与否，是影响客户最终满意的基本要素。在竞争性的市场上，如果企业核心产品（服务）出了差错，客户就不会满意。核心产品（服务）方面的测度指标主要包括产品的品质、性能、设计、外观和可靠性等。在竞争性的市场上，不同企业所提供的核心产品（服务）之间的相似性越来越高，因此优秀的核心产品（服务）成为企业获得成功的基础，而不是长期优势。

其二，服务支持。在服务支持方面，我们主要考察企业对客户需求的反应速度和反应质量，主要体现为以下几点：可靠性，即企业能够按照约定在规定时间内提供相应的服务；及时性，即企业会迅速对客户的需求做出反应；方便性，即客户可以很方便地与企业取得联系,服务等待时间较短等。当企业无法通过核心产品(服务)树立独特竞争优势时,可以通过服务支持来获取更高的客户满意度。

其三,企业与客户的情感。此方面的指标主要用于考察客户对企业的情感,这种情感可能是正面的,也可能是负面的。这些情感来自企业与客户的互动,主要包括企业员工对待客户的礼貌程度,如企业员工的仪表;员工与客户之间的沟通,如员工是否耐心倾听客户的陈述、帮助客户解决问题;员工是否根据客户的需求提供独特的关怀等。

除了上述评价指标之外,企业还可以从过程的角度来把控客户满意。通常客户与企业进行产品或服务的交易时,会经历一个过程,这个过程的每一时刻都会给客户带来不同的体验,所以客户满意是客户体验了一段时间后形成的。在一段时间内,只有感受最深的那一刻会给客户留下最深的印象,对最终的满意程度有着较大的影响,这个时刻被称为"峰值"。除了感受最深的时刻外,体验结束的时刻也对最终的满意程度有较大影响。这就是"峰终定律"(Peak-End Rule)。该定律是丹尼尔·卡尼曼(Daniel Kahneman)基于人们对体验的记忆总结提出的,他发现人们在体验完一项事物之后,所能记住的只是高峰时刻的体验以及结束时候的体验,而在过程中好与不好体验的比重、好与不好体验的时间长短,对记忆几乎没有影响。目前,已经有不少企业在实践中运用这个定律来影响客户的满意程度。

案例

如果列一份宜家的畅销榜单,排名第一的可能不是沙发、台灯、置物架,而是出口处一元一支的冰激凌和物美价廉的肉丸。在宜家的食品服务部门工作的厨师克里斯·斯皮尔(Chris Spear)说:"宜家的政策是保证自己的食品在30英里(约48.28千米)范围内的绝对最低价,即使这意味着亏本出售。"

那么宜家为何要这样做呢?其实宜家低价美食背后的秘密就是"峰终定律"。宜家的购物路线是按照该定律设计的。虽然人们逛宜家会有一些不好的体验,如"地形"复杂,哪怕只买一件家具,也需要走完整个商场;如店员很少,咨询问题难;如要自己从货架上搬货物,要排长队结账。但是,它的峰终体验是好的。它的"峰"就是购物过程中的小惊喜,如便宜又好用的挂钟、好看的羊毛毯,以及出名的肉丸。它的"终"是什么呢?就是出口处一元一支的冰激凌!如果没有出口处的冰激凌,逛宜家时"终"的体验可能会很差。所以,一元一支的冰激凌看似赔本,却为宜家的客户带来了极佳的"终"的体验,成为人们记住宜家的一个标志。当人们回忆起宜家的购物之旅时,会觉得整体过程都非常棒。

对宜家而言,虽然无法掌控客户在宜家中每个时刻的体验,但是可以掌控一些特殊时刻,如客户最后离开时候的感受。于是宜家通过低价优质的产品,力图提升客户的体验,从而提升客户的满意度。

对于企业而言，客户的满意度调查也非常重要。客户满意度调查的作用是：反映企业（行业）过去、当前和未来经营的质量；通过横向比较或者纵向比较帮助企业决策者和管理者制定相应的策略；宣传企业和提高企业的知名度；为企业的改进和发展提供方向和依据；其结果会促使企业的每个员工重视客户满意度，更好地为客户服务；加深企业对所处现状的了解；有助于行业所属部门重视其问题、明白其弊端，进一步规范市场，统一管理，做到有章可循、有法可依。在日常实践中，企业可以通过以下途径了解客户的满意程度。

（1）让客户在服务结束时做出评价。例如，当客户在银行办理完业务时，银行邀请客户利用柜台上的服务评价器进行评价；当客户拨打电话订购机票时，航空公司会在通话结束时邀请客户对服务做出评价；客户在网上购物后，电子商务平台会邀请客户对产品、物流服务做出评价。此外，一些餐厅会在客户用餐结束的时候，直接来询问客户满意与否，并邀请客户填写反馈意见表。

（2）深入客户家庭，通过观察客户对产品的使用情况评判客户满意与否。例如，宝洁公司在中国推出洗衣类产品之后，曾经走访城镇及农村家庭，了解客户的使用感受，进而改进产品；吉列公司鼓励男性员工到公司来清洁胡须，通过观察男性员工如何使用剃须刀，以及询问使用吉列剃须刀后的感受，来了解客户的感受和喜好。

（3）与客户进行交流访谈，从交流中了解客户的满意程度。例如，戴尔公司与客户进行访谈，了解他们使用戴尔产品的情况，明确客户对产品的态度，从而知晓客户对产品的满意程度。

（4）开展问卷调查。有些企业会专门针对客户满意度开展调查。这些企业通常会按照市场调查的步骤，设计专门的问卷调查表，从产品、服务等方面询问客户的期望和感受，明确客户的满意度情况，并找到提升客户满意度的策略。对于企业而言，设计一份客户满意度调查表的前提是清楚地知道客户期望的内容，并据此来设计问卷调查表。在问卷调查表设计的过程中，企业也需要注意避免使用带有暗示性的词语，这样才可以保证调查结果的可靠性。

（5）利用"神秘客户"来了解客户的满意程度。这是一种由经过严格训练的调查员，在特定的时间内扮演成普通客户，对事先设计的一系列问题进行逐一评估或者评定的调查方式。采用该方式的企业认为，由于被评估者事先并不知情，也无法识别神秘客户的身份，因此可以反映真实情况。神秘客户通过观察，可以清楚地了解企业的表现，也可以观察到客户的反应，进而可以较为准确地评估客户满意程度，并提出相应的优化措施。例如，麦当劳经常会邀请一些受过培训的调查员作为神秘客户观察麦当劳的店铺布局、员工的服务态度、员工对客户提问的回答等。

知识拓展

在电子商务平台上，用户评价往往是消费者选择商品的重要参考因素。也正因如此，一些不良卖家为吸引消费者的注意力、获取更多交易机会，寻找"刷手"进行虚假交易，以不正当方式提升商品销量、用户好评度和店铺信誉。电子商务企业的这种行为不仅扰乱了正常的商品评价体系，欺骗了消费者，而且还涉嫌不正当竞争。为了规范电子商务行业的行为，我国在 2019 年 1 月 1 日就已经实施《中华人民共和国电子商务法》，其中第十七条规定："电子商务经营者应当全面、真实、准确、及时地披露商品或者服务信息，保障消费者的知情权和选择权。电子商务经营者不得以虚构交易、编造用户评价等方式进行虚假或者引人误解的商业宣传，欺骗、误导消费者。"因此，为了构建一个科学、公正、客观的商品评价体系，电子商务企业应该诚信守法，积极为消费者创造良好的购物环境，同时用高品质的商品和服务打动消费者，赢得消费者真正的好评。

6.2.2　客户满意度指数

满意度对客户未来的购买行为具有非常重要的影响，同时也体现了企业的产品和服务质量是否达到客户期望的程度，因此，越来越多的国家开始发布客户满意度指数。瑞典率先于 1989 年建立了全国性的客户满意度指数模型，此后德国、加拿大等 20 多个国家和地区先后建立了全国或地区性的客户满意度指数模型。

1. 瑞典客户满意度指数模型

瑞典客户满意度指数（Sweden Customer Satisfaction Barometer，SCSB）模型，是最早建立的全国性客户满意度指数模型，如图 6.2 所示。该模型的核心概念是客户满意度，即客户对某一产品或者某一服务的提供者迄今为止全部消费经历的整体评价。不同于代表客户对于某一件产品或某一次服务经历评价的特定交易的客户满意，这是一种累积的客户满意（Cumulative Satisfaction）。很多客户满意度指数模型均采用这一概念，主要是因为客户不是以某一次消费经历，而是以迄今为止累积起来的所有消费经历为基础来做出未来是否重复购买的决策。因此，与特定交易的客户满意相比，累积的客户满意能更好地预测客户后续的行为以及企业的绩效，以它作为指标来衡量经济生活的质量也更有说服力。在这个模型中，客户满意度是由感知价值和预期期望共同决定的，而客户满意度则会影响客户抱怨和客户忠诚。其中，感知价值是指客户将所能感知到的利益与其在获取产品或服务时所付出的成本进行权衡后对产品或服务效用的总体评价。其是主观认知，一般情况下，主要体现在 4 个方面：对总成本的感知、对总价值的感知、对质量与价格之比的感知、对质量与价值之比的感知。客户预期是指客户预期将会得到何种质量的产品或服务，是一种"将会的预期"（Will Expectation），而不是该产品或服务应该达到何种质量水平的预期，即"应当的预期"（Should Expectation）。客户通常具备一种学习的能力，他们会通过以前的消费经历、广告、周围人群的口头传播等渠道获得信息，对自身的期望值进行理性的调整。经过反复调整之后的期望值能够帮助客户比较准确地评估产品或服务的质量，因而它对感知价值具有正向的作用。

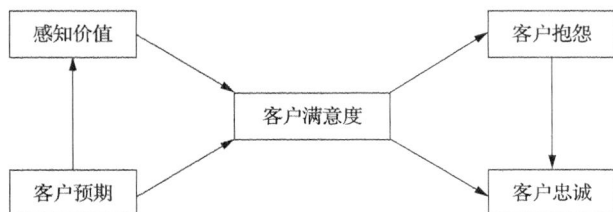

图 6.2　瑞典客户满意度指数模型

在该模型中，客户预期和感知价值是客户满意度的两个基本的前置因素。客户预期正向影响感知价值和客户满意度，感知价值也会正向影响客户满意度。SCSB 模型将客户抱怨作为客户满意度的结果。客户满意度提高，会直接导致客户抱怨行为减少。从客户抱怨到客户忠诚的方向和大小可表明组织的客户抱怨处理的工作成果：若测评得出从客户抱怨到客户忠诚之间的关系为正，则意味着组织通过良好的抱怨处理系统将不满的客户转化成为忠诚客户；反之则意味着这些对组织不满的客户极有可能流失掉。模型的最终变量是客户忠诚，在此被宽泛地定义为客户重复购买某一特定产品或者服务的心理趋势。客户忠诚意味着持续的重复购买、较低的价格敏感度、较少的促销费用等，是组织营利能力的一种表现。

2．美国客户满意度指数模型

美国客户满意度指数（American Customer Satisfaction Index，ACSI）模型，是在瑞典客户满意度指数模型基础之上建立的。在瑞典客户满意度指数模型被提出以后，一些学者质疑：SCSB 模型中提出，感知价值会影响客户满意度，那么价值因素和质量因素相比，哪个更重要？此外，客户对质量的感知是有差异的，是否应当将感知质量加入模型？由此，ACSI 模型对 SCSB 模型进行了修订，在模型中加入了感知质量这一变量，如图 6.3 所示。感知质量是指客户在使用产品或体验服务后对其质量的实际感受，包括了对产品客户化即产品符合个人特定需求程度的感受、对产品可靠性的感受和对产品质量总体的感受 3 个标识变量。在 ACSI 模型中，感知质量会影响客户的感知价值，而客户预期则影响其感知质量；客户的感知价值会影响客户抱怨和客户忠诚。增加感知质量这一变量和相关的路径有两大优势：一是企业通过质量的 3 个标识变量，可以清楚地知道定制化和可靠性在决定客户的感知质量中所起的不同作用；二是感知质量侧重单纯的质量评判，而感知价值偏重于价格因素方面的评判，通过比较它们对客户满意的影响，企业可以比较明确地分辨出客户满意的源头是质量制胜还是成本领先，从而有助于管理者采取相应的管理措施。

在该模型中，客户满意度是整个模型的核心变量，其数值由客户预期、感知质量、感知价值这三项前提指标共同决定。如果客户满意度较高，则会产生客户忠诚；如果客户满意度较低，则会出现客户抱怨。六个变量彼此联系、相互作用，共同组成了一套结构方程模型。在实践中，这些主要变量并不能直接获得，属于统计学中的潜在变量。企业可以为每个主要变量设置若干观测变量，从而通过直接的市场调查方法来获得数据，进而计算出客户满意度、客户忠诚等指标。

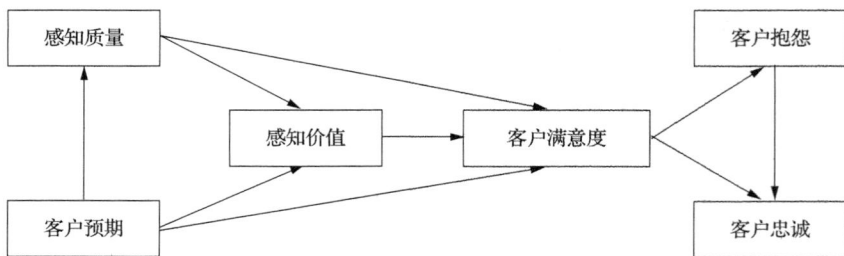

图 6.3　美国客户满意度指数模型

ACSI 模型的优点主要体现在两个方面：一是可以用来总结客户对以往消费经历的满意程度，还可以通过客户的购买态度预测企业长期的经营业绩；二是可以实现跨行业的比较，同时还可以进行纵向跨时间段的比较。由此，ACSI 模型已经成为美国经济的晴雨表，有助于监控宏观经济的运行状况。但是 ACSI 模型缺乏对企业生产经营上的具体指导作用，所以很少用于对微观层面的具体企业进行满意度调查。

3. 欧洲客户满意度指数模型

欧洲客户满意度指数（European Customer Satisfaction Index，ECSI）模型，是在 ACSI 模型的基础上细化总结出来的。ECSI 模型由形象、客户期望、硬件感知质量、软件感知质量、感知价值、客户满意度和客户忠诚 7 个变量组成。客户满意度为核心，形象、客户期望、感知价值、硬件感知质量和软件感知质量是其前因变量，客户忠诚是其结果变量，如图 6.4 所示。在此模型中，对于有形的产品来说，硬件感知质量为产品质量本身，软件感知质量为服务质量；对于无形的产品来说，硬件感知质量为服务属性质量，软件感知质量为服务过程中同客户交互作用的一些因素，包括服务提供人员的语言、行为、态度以及服务场所的环境等因素。在客户满意度的决定因素中，形象、硬件和软件的感知质量、感知价值这三个因素会直接影响客户满意度。形象、客户期望、硬件和软件的感知质量会通过感知价值间接影响客户满意度。而客户满意度影响的最终因素（客户忠诚）也会直接受形象、硬件和软件的感知质量的影响。

与 ACSI 模型相比，ECSI 模型做了一些改变。一是 ECSI 模型将客户抱怨这个变量剔除，当客户抱怨处理通道仍未建立或无法达到效果时，客户抱怨可以作为客户满意的结果变量。但随着企业的不断完善，客户抱怨处理通道健全并保持畅通，如果仍将客户抱怨作为客户满意的结果，则失之偏颇。二是 ECSI 模型将形象加入模型，使之成为另一个潜在变量。其表述为客户记忆中对于企业的联想，而联想间接地影响客户期望及客户满意度。三是 ECSI 模型将感知质量拆分为硬件感知质量及软件感知质量两大方面，同时也将客户忠诚的标识由两个增加到三个，即客户推荐的可能性、客户保持的可能性、客户重复购买是否增加购买量。

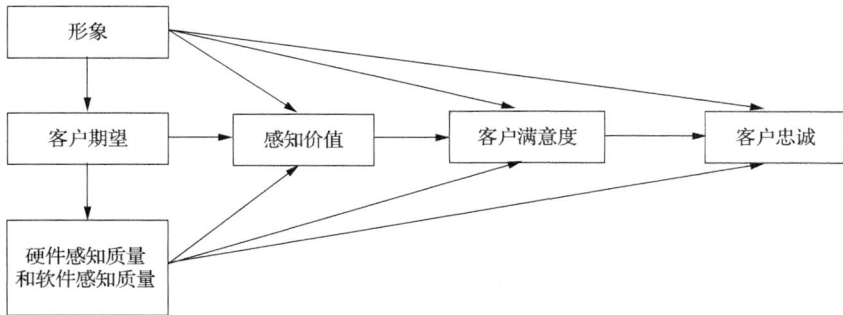

图 6.4　　　欧洲客户满意度指数模型

4. 中国客户满意度指数模型

在许多国家陆续推出客户满意度指数模型以后，我国也开始推出中国客户满意度指数（China Customer Satisfaction Index，C-CSI）模型。中国客户满意度指数模型是国内学者在 ACSI 模型和 ECSI 模型的基础之上，结合国内企业和客户的大量实际案例，分析收集数据，不断推敲完善形成的。与前三个模型相比，中国客户满意度指数模型的结果变量也是客户忠诚，但对影响变量和流程做了改进。C-CSI 模型中有感知质量、预期质量、品牌形象、感知价值、客户满意度、客户忠诚这些变量，如图 6.5 所示。C-CSI 模型中的品牌形象是指客户在购买某企业、品牌产品或服务之前，对该企业、品牌的印象。C-CSI 模型认为品牌形象对预期质量、感知质量、感知价值和客户满意度都具有直接正向的影响作用；预期质量对感知质量、感知价值和客户满意度有直接正向的影响作用；感知质量对感知价值和客户满意度也有直接正向的影响作用；感知价值对客户满意度有直接正向的影响作用；客户满意度正向影响客户忠诚。

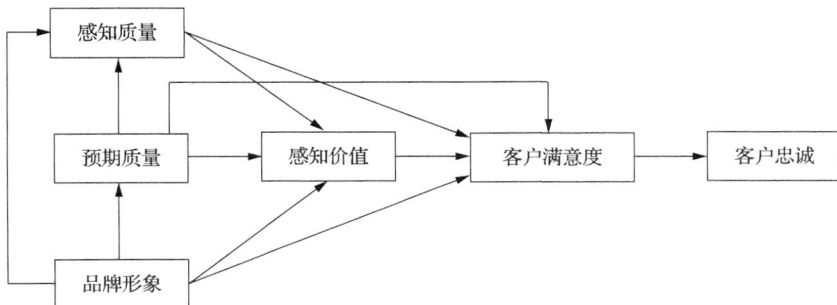

图 6.5　中国客户满意度指数模型

案例

2021 年 7 月 20 日，北京－品牌评级权威机构 Chnbrand 发布了 2021 年中国顾客满意度指数（C-CSI）品牌排名和分析报告。报告共发布了 202 个品类的满意度结果，涉及快速消费品行业、耐用消费品行业和服务业三大领域。其中，快速消费品行业包含 83 个品类，C-CSI 得分 80.1，仍然在三个行业中领跑；耐用消费品行业包含 53 个品类，得分 79.3；服务业包含 66 个品类，C-CSI 得分为三大行业最次，为 78.7 分。相较于 2020 年，快速消费品行业 C-CSI 得分增幅最高，服务业小幅下滑。在 2021 年消费者满意度最高的 20 个品类中，快速消费品占比 55.0%，服务产品占比仅为 30.0%，这些跻身 20 强品类的服务产品基本都是依托互联网迅速崛起的新兴服务产品，如手机银行、搜索引擎、地图类 App 等，其中第三方支付平台更是斩获全品类中满意度得分榜首。在满意度最低的 20 个品类中，服务产品占比达到了 65.0%，传统的快捷酒店、健身会所、连锁体检机构、通信服务等服务体验行业，纷纷陷入低满意困境。

这是 Chnbrand 自 2015 年以来发布的第七届报告。对比 2015 年至 2021 年的报告，可以得出以下几点结论。

（1）整体 C-CSI 得分呈现上升趋势，企业在满意度方面进入稳定发展期。经历了 2017 年、2018 年两年的小回落之后，C-CSI 得分连续上涨，2021 年中国顾客满意度指数调查结果显示，C-CSI 平均得分为 79.5 分，较 2020 年上升 0.5 分，历经连续 2019 和 2020 年的高速增长后，在 2021 年呈现稳定发展趋势。2015—2021 年 C-CSI 得分如图 6.6 所示。

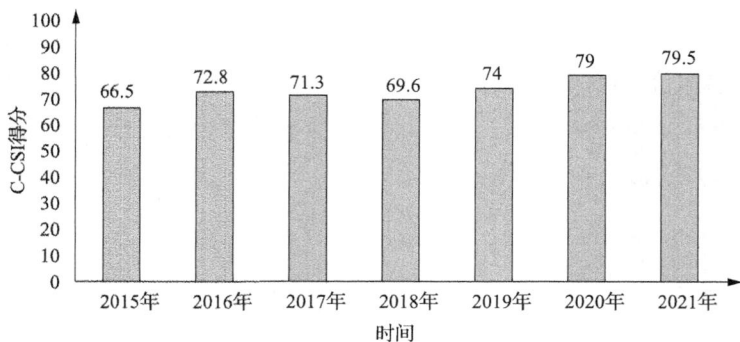

图 6.6　2015—2021 年 C-CSI 得分

（2）满意度竞争激烈。C-CSI 涉及服务业、耐用消费品行业和快速消费品行业三大领域。其中，服务业产品包括批发零售服务、金融服务、网络服务、一般服务和公共服务五类；耐用消费品包括家电产品、信息通信产品、汽车／电动车、家居用品、房地产和智能产品六类；快速消费品包括食品、饮品、生活用品、时尚用品、医药保健品和其他消费品六类。每年公布的 C-CSI 报告都会提供三大行业的客户满意度得分，三大行业的得分情况也在不断变化，如图 6.7 所示。此外 C-CSI 报告还提供了细分品类的指数，每一个品类中参与竞争的品牌都很多，品类榜首地位的争夺空前激烈。例如在创可贴品类中，连续 4 年客户最满意的品牌邦迪，过去几年满意度出现逐年下降现象，最终在 2020 年被云南白药超过。这也说明了云南白药凭借自身优质的产品和宣传得到了客户的认可，为取得客户满意做了很多努力。但在激烈的竞争环境下，仍然有品牌获得持续成功，如雪花连续 7 年排在啤酒品类满意度第一的位置，其稳固的行业地位势必是数年持续精耕客户体验的结果。同时，还有很多连续 6 年、连续 5 年夺冠的品牌，如蓝月亮（洗衣液、洗手液）、宜家（大型家居卖场）、星巴克（咖啡连锁店）等。

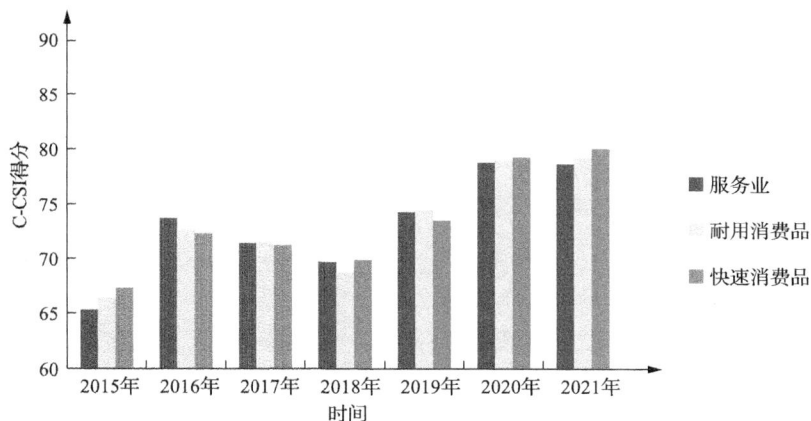

图 6.7　2015—2021 年三大行业 C-CSI 得分

（3）满意度管理进入精细化管理时代。对比近几年的报告，Z 世代（1995—2009 年出生人群）的满意度仍然持续处于洼地，满意度的增长率最低，而"60 后"的满意度增长最快，且 C-CSI 得分最高。各类人群在满意度方面的差异表现也预示着企业对客户的精细化管理时代的到来。从广度上，企业需要对不同群体的需求进行理解和应对；从深度上，企业需要不断提高产品、服务、品牌的触点精细化水平，才能帮助企业真正做到满意度提高和进阶。如今在我国，客户的不断迭代、需求的多样化都对企业管理提出了更高的要求。一方面在消费变革的环境下，客户精细化管理对品牌的意义可见一斑；另一方面，对客户需求和生活方式的深入理解才是支持企业不断完善服务触点、不断进行服务升级的根基。

6.3 客户投诉

任何企业皆有失误之处，很难让每一个客户满意，再优秀的企业也难免有不满意的客户存在，因而会有不满意的客户投诉。如何正确看待客户投诉是企业需要重视的问题。本节将主要介绍客户投诉的价值、客户投诉的原因以及如何处理客户投诉。

6.3.1 客户投诉的价值

客户投诉是客户对购买或消费的企业的产品或服务不满时，或者认为自己的合法权益受到侵害时，向企业或第三方表达不满以讨回公道的行为。从内容上看，客户投诉分为狭义和广义两种。从狭义上讲，客户投诉指受到损害方找到第三方进行投诉控告的行为。从广义上讲，客户投诉是指当客户购买产品时，对产品本身和企业的服务都抱有良好的感知和期盼，如果这些愿望和要求得不到满足，客户就会失去心理平衡，由此产生抱怨或申诉行为。客户投诉具有一定的普遍性。例如，当在淘宝上购买的产品没有按照约定发货，或者违反交易流程时，买家就可以投诉商家；当买到的产品存在瑕疵时，买家可以申请售后，要求退款或者退货；买家还可以通过评价表达自己的不满。对于商家而言，客户的退款和退货，会影响销售业绩；而客户表达不满的评论、给予的中评或者差评，会影响未来的销售。于是，商家通常会尽量避免客户投诉。由此可见，客户投诉会给企业带来负面影响，不仅会影响企业的销售业绩，而且频繁的客户投诉会降低企业的品牌形象。

虽然客户投诉会给企业带来负面影响，但在很多时候，客户投诉却是企业宝贵的"财富"。有统计数据表明，在大约 27 个客户中，只有 1 个客户会投诉企业，其余的 26 个客户并不会向企业表达他们的不满，而是会在适当的时候终止与企业的关系。对于企业而言，客户投诉管理具有以下 3 个方面的价值。

（1）改善产品和服务。投诉是联系客户和企业的一座桥梁，它能为企业提供许多有益的信息。客户的问题往往是他们对企业的产品或服务的评价与反馈。企业不能忽视这一免费且有价值的信息来源，而是要从客户投诉中挖掘有意义的信息。通过客户投诉，企业可以了解自身在产品或服务中存在哪些问题、在哪些方面表现欠佳。通过不断地改进，企业可以有效优化和开发产品或服务，提升自身的竞争力。

（2）赢得客户。如果企业可以妥善处理客户投诉，投诉的客户同样可以变成忠诚的客户。有统计数据显示，70% ~ 90% 的投诉客户在对投诉解决方案满意的情况下会继续保持与企业的交易关系；如果投诉客户对投诉解决方案表示不满，这一比例将会下降到20% ~ 50%。向企业投诉的客户一方面要寻求公平的解决方案，另一方面说明他们并没有对企业绝望，希望再给企业一次机会。因此，客户投诉为企业提供了恢复客户满意的直接补救机会。企业鼓励不满客户投诉并妥善处理，能够防止客户流失，再次赢得客户。

（3）提升客户对产品的认知。小范围、低比例的客户投诉可以提升客户对产品的认知。有研究认为，在一个功能性的社区中，负面的评价更容易引起人们的关注和讨论，因此会提升人们的购买欲望。客户通过阅读好评和差评，会更愿意投入对产品的讨论之中，进而会增强其对该产品的认知。这说明客户投诉能够在一定程度上帮助客户了解企业提供的产品或服务，增加对企业的关注。

前沿研究

品牌社区可以根据消费者对品牌的不同认知被分为两类：功能型社区与社交型社区。在功能型社区里，消费者往往更看重品牌的质量与功能，会更加理性地判断品牌是否能够满足自己对功能的需求；而在社交型社区里，消费者则更看重其与品牌之间的情感。研究者选择了 30 个社交网站品牌社区，采集了 58 958 份消费者样本，分析了网络上消费者所给出的好评与差评的影响。研究发现：差评更容易在功能型社区产生影响，而好评则更容易在社交型社区产生影响。随后的实验研究表明：社交型社区中的差评使消费者对品牌的情感变得不坚定，减少了消费者对品牌的认知；功能性社区中的差评则会使消费者对品牌的认知更加全面，会对消费者的品牌认知产生积极的影响。社交型社区中的好评会加深消费者对品牌的认知，使消费者与品牌之间的情感更坚定；功能型社区中的好评却没有类似的显著影响。

6.3.2　客户投诉的原因分析

企业在销售过程中的各个环节均有可能出现问题，所以客户投诉的原因也多种多样。客户投诉的原因可以归纳为：企业自身过失、合作伙伴失误以及不可抗力。

1. 企业自身过失导致的客户投诉

企业自身过失导致的客户投诉主要可以分为以下两类。

（1）产品或服务质量问题引起的客户投诉。客户对产品或服务的质量、价格等方面的不满是产生投诉的重要原因。如果 100 件产品里只有 1 件有瑕疵，对于企业来说也许只是 1% 的过失，而对于客户来说却是 100% 的不满意，这就是著名的 "100-1=0" 定律。

（2）服务人员、服务环境等问题引起的客户投诉。该类投诉包括服务人员服务方式不佳，如接待慢、缺乏语言技巧、对于产品不了解、无法回答客户的询问；服务人员服务态度不好，如不理会客户的需求、对客户表现冷淡、不信任客户；服务人员自身有不良行为，如对工作消极怠慢、流露出不满情绪、背后议论客户、服务人员之间关系恶劣；服务环境不佳，如环境不干净、背景音乐嘈杂、配套设施不齐全等。这些都是产生客户投诉的重要原因。在交易中，产品本身没有情感，企业只有通过客户与服务人员的交流沟通才能在产品中附加上人的情感，让商品鲜活起来。

案例

2018 年 8 月，重庆市的蒋先生发现其新房的实木地板上出现了许多"虫蛀洞"。因为房子是新装修还未入住的，所以蒋先生觉得实木地板"长虫"是实木地板的质量有问题。蒋先生便找到实木地板的经营者，要求其解决实木地板出现的问题。他多次与实木地板经营者沟通，但都被实木地板经营者以"地板质量无问题，系因客户使用不当所致"为由拒绝。实木地板经营者给出的理由和不愿解决的态度让蒋先生感到很不满。无奈之下，他向重庆市消费者权益保护委员会投诉，希望重庆市消费者权益保护委员会帮助维护其合法权益。受理蒋先生的投诉后，重庆市消费者权益保护委员会邀请了林木材方面的专家对新房进行了现场勘察。专家认为：蒋先生的新房还未投入使用，在此期间房屋门窗均处于关闭状态，可排除使用不当的问题。实木地板长虫情况在支撑地板的木支架处（龙骨）尤为严重，应是木支架虫害处理不过关导致。由于实木地板安装及木支架等附属材料均由实木地板经营者提供，专家认为商家负有不可推卸的责任。经过重庆市消费者权益保护委员会的调解，实木地板经营者最后同意免费为蒋先生更换全部的实木地板，并且向蒋先生表达了歉意。

案例

2010 年，英国石油公司在墨西哥湾的"深水地平线"钻井平台发生爆炸，造成了大量原油泄漏。这一事件发生以后，时任英国石油公司 CEO 发表了如下道歉声明："我们对此次事件给人们生活带来的严重影响表示歉意。没有人比我更希望事情快点过去。我希望回归正常生活。"同时，英国石油公司还拍摄了道歉广告，在广告中，CEO 表示："墨西哥湾漏油事件是一场不该发生的悲剧。我向受此影响的人们和家庭深表歉意。我们将尽一切努力不让悲剧重演。"最后 CEO 向公众承诺："我们将妥善处理，我们将把事情做对。"英国石油公司的这些道歉声明和道歉广告播出以后，不仅没有平息公众的怒火，还受到了社会各界的指责。人们认为，英国石油公司并没有充分意识到自己的错误，道歉不诚恳，纷纷谴责英国石油公司：与其花钱做广告，不如好好解决漏油问题。

从以上两个案例中可以看出，对于企业而言，经过倾听、调查后，认识到客户投诉是自身的原因造成的，企业就应该及时道歉。除了及时道歉之外，企业如果想得到客户的原谅，则道歉的内容应当真诚，表明企业已经意识到了自身的错误，并希望取得客户的原谅。同时，企业在道歉时应当承诺具体的整改措施。

知识拓展

2021 年 12 月，某羽绒服品牌的"双标"行为引发社会关注。事件的起因是上海市民贾女士投诉称自己在某羽绒服品牌专卖店购买了一款羽绒服，发现衣服存在商标绣错、缝线粗糙、面料味道刺鼻等质量问题，因此要求专卖店退货，而专卖店的工作人员以贾女士购买时签署了更换条款为由拒绝了贾女士的请求。该更换条款的第一条规定"除非相关法律另有规定，所有中国专卖店售卖的货品均不得退款"。不少关心此事的网友发现，该羽绒服品牌官网显示，加拿大、美国、英国等国家均允许消费者在 30 天内通过线上或线下渠道退货，这与在中国退货难形成了鲜明对比。之后，该事件引起了上海市消费者权益保护委员会的关注，其约谈了该品牌公司的关联公司希计（上海）商贸有限公司，并要求其提交更换条款的正式说明。在约谈后，该品牌在微博发布声明称，在符合相关法律规定的情况下，所有中国专卖店售卖的货品可以退货退款。事件结束后，中国消费者协会就此事评论："尊重消费者权利、保障消费者权益是经营者的应尽义务，它不仅应体现在营销条款、协议、承诺、声明中，更应落实到保证产品和服务质量、妥善处理消费者诉求的具体行动中。在这方面，任何企业、任何品牌都没有特权。若说一套做一套，动辄以大牌自居，店大欺客，必将失去消费者信任，被市场抛弃。"经营者应当坚持诚信经营，心怀责任担当，努力为客户提供优质高效的产品和服务，切实保障客户的合法权益，这样才能赢得客户信赖，才能长久发展。

2. 合作伙伴失误导致的客户投诉

企业的资源是有限的，为了弥补在某些方面的劣势，可能会选择与其他企业结成合作伙伴关系。虽然合作伙伴能带来好处，但有时也会带来一些问题。有些客户投诉并不一定表示企业自身没有做好，可能是企业的合作伙伴失误了。

案例

随着电子商务的兴起，越来越多的消费者开始选择通过网络购物。但是在网络购物中，消费者虽然可以享受到不出门就购物的便利，但同时也反映了很多的不满。中国消费者协会发布的 2020 年消费者投诉情况报告显示，以网络购物、电视购物为代表的远程购物依旧是消费者投诉高发领域。2020 年，全国消费者协会组织受理远程购物投诉 33 597 件，相比 2019 年，上涨了 0.48%。国家市场监督管理总局的调查结果也显示：网络购物投诉呈上升态势。在网络购物的投诉中，物流问题是投诉的高发区。从这些数据中可以看出：人们对网络购物投诉的一个热点是物流问题。

对于淘宝、天猫这类电子商务平台而言，物流是非常重要的一个环节。在早些年，淘宝和天猫与各个快递公司是合作伙伴关系，淘宝和天猫无法直接管理快递公司，因此产生了很多物流问题。而淘宝和天猫的竞争对手京东认为：物流速度和服务是影响客户网络购物满意与否的重要因素，在找不到合适的合作伙伴时，就自建物流体系。于是，京东投入巨资自建物流体系，在全国兴建了近200个仓库。随着京东物流体系的搭建，以及与厂家之间的密切合作，快捷的物流体系成为京东的一大特色。淘宝和天猫在物流方面没有采取和京东相同的措施，而是尝试了多种方式来改进物流服务质量、减少客户投诉。在2011年年初，阿里巴巴推出"物流宝"，通过接入第三方快递、仓储的信息，为卖家提供入库、发货、上门揽件等方面的信息调配服务。这一举措提高了物流速度和服务质量，但依旧无法让客户满意。在2013年，阿里巴巴牵头，联合几家快递公司，成立了菜鸟网络科技有限公司，试图打造一个高效率的社会化物流协同网络平台。菜鸟网络科技有限公司成立之后，依靠自身的实力，在全国兴建仓储中心，同时还依托天猫、淘宝交易、物流信息的数据网络，帮助物流企业布置仓储、协调运输和配送。在菜鸟网络科技有限公司成立三年以后，快递的分拣效率得到显著提高，配送时长大大缩短。

从上述案例中可以看出，企业不能因为合作伙伴的失误而不理睬客户的投诉，依然需要帮助客户解决问题。当客户的投诉是合作伙伴引起的，而企业没有办法找到更加合适的合作伙伴时，企业至少有以下两种选择。一是自己单干。京东通过自建物流体系，让客户体验到了快捷的物流，从而赢得客户的满意。但是选择自己单干时需要考虑企业自身的情况。具备充足的资金、人力等资源的企业适合选择这种方式。二是帮助合作伙伴提升产品和服务品质。阿里巴巴在搭建菜鸟网络平台之前，因为物流问题频遭客户投诉。因此阿里巴巴通过与快递公司合作，搭建了菜鸟网络平台，以数据为核心，通过社会化协同，打通覆盖跨境、快递、仓配、农村、末端配送的全网物流链路，为商家提供了仓配一体解决方案、跨境无忧物流解决方案等服务。从近年"双十一"的情况来看，菜鸟网络平台通过提前布局，很好地完成了产品从商家到客户的传递，大大减少了由物流问题导致的客户投诉。由此可见，与合作伙伴合作的方式也能够很好地解决客户投诉问题。

3. 不可抗力导致的客户投诉

在现实中，有些客户投诉既不是企业自身过失造成的，也不是合作伙伴造成的，而是其他非人为因素造成的。这些非人为因素通常用不可抗力表示，主要包括天气、战争、事故等。

案例

2007 年，美国中西部遭受了严重的暴风雪袭击，后来东部也遭受了暴风雪袭击。由于暴风雪，许多航空公司都取消了航班，但是捷蓝航空公司却希望能够按时将乘客送到目的地。于是，早晨 8 点的时候，捷蓝航空公司将飞往外地的飞机送上了纽约肯尼迪国际机场的跑道，这样可以保证：一旦天气转好，飞机可以马上起飞。但是，天气不但没有转好，反而变得更糟糕了。到了下午，捷蓝航空公司安排摆渡车将乘客送回航站楼。这些乘客发现自己预订的航班被取消了，他们能做的就是重新订票，而且还不能使用机场的公用信息服务亭在网站上重新订票，只能向捷蓝航空公司打电话订票。同时，有乘客发现自己的行李不见了，但是捷蓝航空公司没有办法帮助乘客快速找到行李。于是，暴风雪引起的航班延误事件迅速点燃了乘客的怒火，捷蓝航空公司也收到了大量投诉。

事件发生以后，捷蓝航空公司的声誉降到了低点。为了平息客户的怒火，捷蓝航空公司 CEO 在电视节目上公开道歉，同时还宣布了高达 3 000 万美元的巨额赔偿方案，向乘客退票和发放未来机票兑换券。此后，为了避免此类事件再次发生，捷蓝航空公司制订了客户权益保障计划，明确了公司遇到运营问题，或者不能在"合理"时间内及时调整因天气取消的航班时的自我惩罚和对乘客的补偿计划。例如，捷蓝航空公司承诺在计划离港、航班取消、机场转移等之前通知乘客飞机延误情况及原因。捷蓝航空公司还承诺如果飞机在地面延误超过 5 小时，会采取必要措施为乘客重新安排航班。同时，捷蓝航空公司还鼓励客户发表建议和意见，帮助公司更好地提升服务。这一系列措施有力地挽回了客户的信任，在 2007 年 7 月美国知名市场调研机构 J.D.Power and Associates 公布的《2007 年北美航空公司满意度调查》报告中，捷蓝航空公司再度名列第一。

从捷蓝航空公司的案例中可以看到，客户的投诉是由恶劣的天气导致的。虽然捷蓝航空公司一开始并未妥善处理，但是其意识到事件的严重性后很快提出了解决方案，没有推脱责任，而是制订了明确的客户权益保障计划，让客户清楚地知道：当有不可抗力出现的时候，捷蓝航空公司会如何帮助客户解决问题。这一举措化解了客户对未来行程的担心，缓解了他们的恐慌和不安。因此，对企业而言，即使客户不满是不可抗力引起的，企业也应该合理而妥善地安抚客户、帮助客户解决问题，从而拉近与客户的距离。

6.3.3 客户投诉的处理

客户之所以投诉，是因为对企业提供的产品或服务感到不满，同时也显示了企业的不足。客户能否再次满意取决于企业能否有效地处理客户投诉。为了使投诉客户再次满意，企业不仅需要制定良好的措施，还需要积极并准确地采取行动。客户投诉的处理步骤如

图 6.8 所示。

1. 倾听客户意见

客户产生不满便会抱怨，客户抱怨有以下特征。①客观性。企业不可能提供尽善尽美的服务，失误是无法避免的，所以客户抱怨是客观存在的。②主观性。除了客观性，客户抱怨还具有浓厚的主观特征。因为客户在接受服务时产生的不满会导致客户抱怨，而这种不满是主观心理的产物。③普遍性。对每一个企业来说，客户抱怨普遍存在。任何一个服务型企业，只要有与客户互动的接触点，就有可能发生客户不满意的情况。④变化性。客户抱怨还具有变化性，即便是一致的服务内容、服务人员，第一次没有客户抱怨不代表下一次也不会有，这是由服务失误和客户不满原因的多样性和复杂性决定的。⑤比较性。客户抱怨还具有比较性，因为客户不满源于期望值和实际感知的差异，而客户除了自我比较以外还会和其他客户比较，如某客户察觉服务人员对另一客户的服务要优于自己，就有可能产生不满或觉得没有受到重视。⑥模糊性。就客户抱怨的主观性而言，客户不满是一种心理感受，而心理感受在不同的情境、客户之间都会有所差异；此外，这种不满感的真实程度无法被精确地测量，因此，客户抱怨还有模糊性的特征。

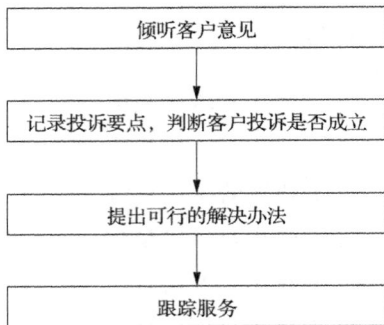

图 6.8 客户投诉处理步骤

由于客户抱怨具有以上特征，因此在收到客户投诉之后，企业首先要做的是倾听。倾听是一种有效的沟通方式，企业通过倾听客户投诉可以发现客户的真正需求、了解问题的本质及事实，让客户宣泄愤怒情绪。心理专家的研究表明，人在愤怒时，最需要的是情绪的宣泄，将心中的怒气发泄出来，情绪便会稳定下来。所以，企业要让客户充分发泄心中的不满。在倾听客户的投诉时需要注意以下几个方面。

（1）企业服务人员不宜与客户争论，要以诚心诚意的态度倾听客户投诉，不仅要用耳朵听，还要用心去听。在客户的不满没有得到充分发泄之前，他不会听取任何人的解释，此时与客户争论只会导致局面恶化。只有当所有不满的情绪发泄完后，客户的情绪才会稳定下来，恢复理智。

（2）变更场所。尤其对于感情用事的客户而言，变更场所有助于其恢复冷静。同时，如果客户在其他客户面前大吵大闹，会让企业受到更大的影响。聪明的做法是变更场所，如将客户请到办公室，这样能够防止事态扩大，以免造成更大的负面影响。

（3）应注意不要立即承诺，要想方设法争取时间，从而换取冲突冷却的机会。企业服务人员可以告诉客户之后会调查清楚原因，一定会以负责的态度处理投诉。当客户投诉的问题是个难题时，企业应尽量利用这种方法。

企业处理客户投诉时，只有认真地倾听客户的叙述，才能理解客户的感受，才能提出有针对性的解决方案，有效化解客户投诉。但是，对很多企业而言，耐心地倾听客户的诉说，并不是容易的事。

案例

1999 年的夏天，欧洲出现了多起食品安全事件。此后不久，就有媒体报道一些学生因为喝了可口可乐饮料而生病的新闻。可口可乐并没有马上深入调查、倾听客户的想法，而只是简单地认为这不是公司的产品引起的。但是很快，有更多的人说饮用了可口可乐饮料以后有呕吐等不舒服的症状。因此可口可乐开始调查，调查后发现是一家罐装厂使用了不合格的二氧化碳，而另一家工厂的木制托盘被污染，导致饮料罐外包装被污染。可口可乐认为，这只是技术层面的小问题，并不足以影响公众健康。于是，其在公司网站上粘贴了一份相关报道，报道中充斥着大量的专业名词，使普通客户难以理解。同时，可口可乐也没有对中毒者表示同情和关注。此后，事件迅速发酵。不仅客户不再购买可口可乐的产品，而且比利时和法国政府还坚决要求可口可乐回收所有的饮料。此时可口可乐高层急忙赶往比利时和法国，公开表示道歉，并对中毒者表示慰问和同情，同时表示愿意回收饮料。

从可口可乐的案例中可以看出，虽然其最后的措施并没有太大的问题，但此事件依旧对其造成了沉重的打击。这主要是因为可口可乐开始时应对不够及时，没有认真倾听客户的意见，也没有认真对待客户的诉说。而造成这一局面的重要原因之一是：可口可乐并没有从客户的视角看问题。可口可乐从技术的角度，认为这只是一件小事，但其却给客户带来了严重的阴影。因为立场不同，可口可乐未能倾听客户的诉说，也未能准确评估客户以及公众的反应。

2. 记录投诉要点，判断客户投诉是否成立

在处理投诉的过程中，企业工作人员需要养成边与客户沟通边记录的习惯，记录投诉事项的要素，包括客户姓名、性别、购买产品的时间、购买地点、产品或服务的类型、客户的使用方法、产生投诉的原因、客户希望以何种方式解决、客户的联系方式等。企业工作人员在记录的同时，要判断客户的投诉是否成立、客户的理由是否充分、客户的要求是否合理。客户投诉有可能并不是企业方面的失误引起的，而是客户自身的原因造成的。那么，企业在弄清客户投诉的原因之后，就需要对客户投诉进行分析，看是否确实是企业的失误造成的。如果客户的投诉不能成立，企业要用婉转的方式对客户耐心解释，消除误会。

3. 提出可行的解决办法

企业证实客户投诉是企业层面的问题造成的后，就需要提出切实可行的解决办法。企业工作人员应根据了解的情况，详细核实事情的经过，了解事情真正的起因，结合客户的要求，提供多种解决问题的方案供客户选择。当客户面对两种以上的选择时，思维会受到一定程度的限制，接受意见也会更快。如果企业提出的处理方案不能使客户满意，企业不妨变换思路，主动询问客户希望的解决方法，这可能更容易使客户接受。如果客户的要求在企业可接受的范围内，双方便容易达成共识；反之，企业可能需要采取其他的方法，如进一步沟通、关照补偿等。许多企业在处理客户投诉时，一味推诿，或者不愿意承担责任，这些行为都将给企业带来巨大的损失。

📖 前沿研究

随着社交媒体的发展，越来越多的客户会在社交平台上表达对企业服务的不满。一项基于澳大利亚大型航空公司 Qantas 及其低成本航空子公司的社交媒体页面的投诉帖子的研究显示：社交媒体上的客户投诉存在寻求解决方案、寻求支持和寻求社会参与三种类型，每一种投诉都暗含了客户的不同诉求。寻求解决方案的投诉与客户的功利价值相关，核心是希望解决当前问题；寻求支持的投诉受到了客户情感价值的引导，核心是情感状态表达；而寻求社会参与的投诉则与客户的关系价值相关联，目的是加强客户之间的联系。企业需要甄别客户投诉的不同动机，进而采取合适的解决方案。在寻求解决方案的投诉中，企业应直接提供解决方案；在寻求支持的投诉中，企业宜采取非参与式管理风格或向客户提供情感支持；在寻求社会参与的投诉中，当投诉客户成功和充分地向社区成员分享了他/她的告诫信息并获得他们的认可、感谢或欣赏时，投诉客户心理即得到满足，若企业试图回应、纠正客户提供的告诫信息，则会带来负面效果。

---

4. 跟踪服务

企业在切实解决了客户投诉之后，还需要跟踪服务，以明确客户是否满意投诉解决方案。对于投诉得到圆满处理的客户，企业应给予回访，特别是遇到重大的节假日时，一个电话或一张电子贺卡，都可以提高客户的满意度。如果客户仍然不满意，企业就要对解决方案进行修正，重新提出客户可以接受的方案。对于实在无法达到满意的客户，企业工作人员也应选择适当的时机进行回访。也许事情过去了，客户已经将事情的危机转化，并且意识到问题并没有当时想象的那么严重。

📖 前沿研究

在 O2O 的快速发展下，企业纷纷通过第三方搭建的平台提供服务信息，与客户进行线上交互。客户可在接受线下服务后在线上发表对服务的评价，即在线评论。在线评论在开放性的环境中十分重要，它能直接影响企业的收益，当客户留下对企业不满意的评论时，这种带有消极情绪的评论会直接对企业造成一定的损失。因此，众多学者和企业都很关注何种在线管理反馈策略能最大限度地减少企业的损失，提升客户满意度。

在 2021 年 2 月的《中国管理科学》上，郭晓姝等学者针对客户的多样情绪，研究了不同情绪调节下道歉承诺类管理反馈策略与客户满意度之间的关系。该文章认为，积极评论、偏积极评论、消极评论、偏消极评论折射了客户的不同情绪，会影响客户的满意度，因此企业在使用服务补救策略时需要注意客户情绪差异。具体而言，首先，道歉承诺对客户第二次评分有显著的正向作用。因而对企业而言，使用此类服务补救策略能够提高客户的满意度，尤其是对具有一定忠诚度的客户。其次，客户的矛盾情绪和负面情绪都对满意度有显著的负向影响，一旦客户的评论中存在着负面情绪（不管占比多少），则其对企业的满意度将保持在较低水平，并且消极情绪占比越大，其满意度越低。这就需要企业不仅要关注那些情绪极度消极的客户，还要留意带有少许负面情绪的客户，不能因为客户看起来比较满意而忽略他们，从而不采取任何服务补救措施。这只会令客户越加不满。最后，对偏消极评论和消极评论进行道歉承诺类管理反馈会进一步提升客户的满意度。企业在进行反馈时，应考虑具有不同情绪的客户，针对发表偏消极评论或消极评论的客户采用道歉承诺类管理反馈策略有效，而针对偏积极情绪的客户，道歉承诺类管理反馈策略不适用。

企业实务

海底捞的客户满意度分析

海底捞成立于 1994 年，是一家以经营川味火锅为主、融汇各地火锅特色的大型跨省直营餐饮品牌火锅店。历经二十多年的发展，海底捞已经成长为一家国际知名的餐饮企业。截至 2021 年 6 月 30 日，海底捞已在全球开设 1 597 家直营餐厅。

根据 Chnbrand 发布的 2021 年（第七届）中国顾客满意度指数（C-CSI）品牌排名和分析报告可知，2021 年我国中式连锁餐饮顾客满意度指数得分排名第一的品牌是海底捞。自 2019 年以来，海底捞一直位于我国中式连锁餐饮顾客满意度指数得分排名的榜首。海底捞能够从诸多餐饮企业中脱颖而出，不断发展和壮大，靠的是高度的客户满意和良好的口碑。那么海底捞具体是怎么做的呢？

第一，保证菜品质量。人们吃火锅的时候，首先看重的是火锅的菜品和锅底。菜品新鲜与否，锅底味道如何，是评价火锅好不好吃的重要指标。为了确保质量，海底捞在成都设立了一个生产基地，生产的产品通过 HACCP 认证、QS 认证和 ISO 质量管理体系认证。除了原料产地之外，海底捞还在北京、上海、西安、郑州、成都、武汉和东莞，设立了 7 个大型现代化物流配送基地，以"采购规模化，生产机械化，仓储标准化，配送现代化"为宗旨，建立了集采购、加工、仓储、配送为一体的大型物流供应体系。

　　第二，提供优质服务。除了火锅的味道，顾客也会关注火锅店的服务质量。海底捞从顾客到达餐厅到就餐完毕，力图将每一个环节的服务都做到最好。在顾客到达的时候，海底捞的工作人员会帮忙停车；在排队等待的时候，顾客可以自取免费水果、饮料和零食，女士还可以免费美甲，如果是几个朋友一起，服务人员还会送上棋牌等供顾客娱乐；在点菜的时候，如果点菜量过多，服务人员会主动提醒，并且告知顾客各式食材都可以点半份；在用餐的过程中，服务人员会送上皮筋、手机袋、围裙；在结账离开的时候，服务人员还会送上口香糖。如果有需要，服务人员会及时响应。

　　第三，与顾客成为朋友。除了提供贴心的服务之外，海底捞也非常重视服务人员的态度。例如，在帮助顾客停车的时候，服务人员会一直面带微笑；在客户离开的时候，服务人员会微笑着向客户道别。此外，海底捞建立了顾客档案，员工会记住顾客的生日、家庭人数以及孩子的生日、结婚纪念日等信息，根据这些信息与顾客保持联络，在他们生日或者纪念日的时候送上祝福，并邀请他们参加海底捞的活动，让员工与顾客成为朋友。

　　海底捞始终秉承"服务至上、顾客至上"的理念，以创新为核心，改变传统的标准化、单一化的服务，提倡个性化的特色服务，将用心服务作为基本理念，致力于为顾客提供"贴心、温心、舒心"的服务。海底捞正是做好了以上三点，才让顾客对其具有非常高的满意度。有数据表明：海底捞顾客的回头率达到 50% 以上。

　　然而随着时间的推移，顾客对海底捞的热情服务出现了不同的评价。部分顾客开始思考，海底捞提供的极致服务，是不是一种过度服务。例如，有顾客与几个朋友一起去海底捞吃火锅，目的是在一起聊聊天，放松一下，可总是被服务人员的热情打扰。有顾客提出海底捞的服务人员会时刻保持小料台和地面的整洁，如果看到地上有一点脏东西，就会当着大家的面蹲下来打扫，弄得大家都很难为情；有单独用餐的顾客提出海底捞在单独用餐的顾客对面放公仔陪伴，这种行为让顾客感到尴尬。海底捞在倾听了客户的以上声音之后，推出了免打扰服务，即除了为顾客提供上菜等常规服务外，若非顾客需要不会过度打扰顾客用餐。

　　从以上事例中可以看出，海底捞并不只是一味追求做服务的"加法"，也会根据顾客需求适当调整优化。这说明海底捞其实是一家懂得洞察顾客需求并积极适应的企业。同时也能看出，优质的服务是海底捞的优势，但绝非其不可改变的弱点。海底捞作为众多餐饮创业者的一员，面对海量的个性化需求，以及众多服务人员的不同状态，也很难做到尽善尽美。作为服务提供者，企业还是要以服务为本，因为顾客不是不需要服务，而是需要恰当的服务。企业要做的是通过服务来了解顾客的需求，以服务得到的反馈来优化服务，做到从服务中来、到服务中去，及时捕捉顾客需求的变化，不断提高顾客的满意度。

本章小结

本章主要介绍了以下内容。

1. 客户满意是客户的一种心理活动，是客户对一种产品的感知效果与他／她的期望相比所形成的愉悦或失望的感觉状态。客户满意有助于企业提高利润水平，增强竞争优势，降低成本。

2. 客户满意度是量化客户满意的统计指标，描述了客户对产品或服务的期望和实际体验之间的差异。客户满意度是由期望和实际体验共同决定的，需要从以下几个方面进行测度：核心产品（服务）、服务支持、企业与客户的情感。

3. 对于企业而言，客户的满意度调查也非常重要。在日常实践中，企业可以通过以下途径了解客户的满意程度：让客户在服务结束时做出评价；深入客户家庭，通过观察客户对产品的使用情况评判客户满意与否；与客户进行交流访谈，从交流中了解客户的满意程度；开展问卷调查；利用"神秘客户"来了解客户的满意程度。

4. 满意度对客户未来的购买行为具有非常重要的影响，同时也体现了企业的产品和服务质量是否达到客户期望的程度，因此，越来越多的国家发布了客户满意度指数模型。常见的客户满意度指数模型包括瑞典客户满意度指数模型、美国客户满意度指数模型、欧洲客户满意度指数模型、中国客户满意度指数模型。

5. 客户投诉是客户对购买或消费的企业的产品或服务不满时，或者认为自己的合法权益受到侵害时，向企业或第三方表达不满以讨回公道的行为。客户投诉管理对企业的价值体现在以下方面：帮助企业改善产品和服务；帮助企业赢得客户；提升客户对产品的认知。

6. 企业在销售过程中的各个环节均有可能出现问题，所以客户投诉的原因也多种多样。客户投诉的原因可以归纳为：企业自身过失、合作伙伴失误，以及不可抗力。

7. 客户投诉的处理步骤包括：倾听客户意见；记录投诉要点，判断客户投诉是否成立；提出可行的解决办法；跟踪服务。

本章内容可使读者了解客户满意的含义、客户满意的重要性以及客户满意度的测度方式，掌握客户投诉的原因以及处理客户投诉的方法，可为读者学习后续章节的内容奠定基础。

本章习题

一、简答题

1. 请阐述客户满意的含义。

2. 请比较瑞典客户满意度指数模型、美国客户满意度指数模型、欧洲客户满意度指数模型和中国客户满意度指数模型的异同。

3. 请阐述客户投诉的价值。

4. 请举例说明客户投诉的原因。

5. 请阐述客户投诉处理步骤。

二、案例分析题

携程是一家在线旅行服务公司。其财报显示：2019 年全年净营业收入为 357 亿元，同比增长 15%；全年经营利润同比增长 94%，达到 50 亿元，高于过去 5 年经营利润的总和；核心 OTA 品牌的交易额达到 8 650 亿元，同比增长 19%，继续领跑全球在线旅游市场。

2020 年 1 月，居民出行受限。受此影响，原本计划春节出行的客户纷纷改签退票。2020 年 1 月 21 日，携程启动重大自然灾害旅游体验保障金及六重保障，推出全产品线服务政策。后来，非武汉地区申请退订的需求逐渐上升。2020 年 1 月 23 日，携程公布全球 140 万家酒店"安心取消保障"计划（即客户可以免费取消酒店入住订单），对入住日期在 2020 年 1 月 22 日至 2 月 8 日的酒店订单，为客户免费取消。

另外，携程承诺将协调其他没有响应的国内酒店合作伙伴，为客户免费退订或办理改期入住。如果客户在 2020 年 1 月 22 日至 2 月 8 日发起退款，可以全额退款，无须支付任何手续费。后来携程将"安心取消保障"计划的时间从原来的 18 天延长至 39 天，同时还将预订日期限制放宽至 1 月 28 日 0 点前，即承诺对预订日期在 1 月 28 日 0 点前，入住日期在 1 月 22 日至 2 月 29 日的酒店订单为客户免费取消。截至 1 月 31 日，全球已有约 40 万家酒店加入了该计划，承诺对预订日期在 1 月 24 日 0 点前，入住日期在 1 月 22 日至 2 月 8 日的全球酒店订单为客户免费取消。在机票方面，有 110 多家国内外航空公司对部分产品提供免费退票服务。

与"安心取消保障"计划同时进行的携程旅游重大灾害保障计划，率先于 2020 年 1 月 26 日宣布，对出行日期在 1 月 27 日至 2 月 29 日的全球跟团游、半自助游、私家团旅游产品为客户免费取消，这部分订单的主动退订工作也已于 1 月 30 日完成，接下来客户将陆续收到全额退款。

为了尽快解决退单问题，携程客服团队几乎全员上岗，同时，众多相关岗位也都保持远程办公状态。自 2020 年 2 月 10 日起，携程员工已经全面开始远程在线办公。截至 2020 年 3 月初，携程已经处理了数千万的取消订单，涉及交易金额超过 310 亿元。但是，携程的客户满意度达到历史新高。

2020 年 2 月，携程已经至少启动了 13 亿元用于重大灾害保障计划和供应商支持基金等针对客户和供应商的扶持措施，其中包括启动 10 亿元供应商合作伙伴支持基金，为携程平台机票、酒店、旅游度假等合作供应商缓解资金周转压力；向酒店退回 50% 营销费用，再对部分营销资源做免费延期，对酒店商城其他生活服务类产品免佣金 1 年；减免团队游旅游供应商春节前投入的广告推广费用，减免春节期间订单的交易佣金，退还平台系统至少 3 个月的使用费；为近 8 000 家全国旅游门店免除 3 个月管理费，并将门店各自签订的任务额度延期 3 个月，以缓解门店的经营压力等。在金融支持方面，携程金融分别针对酒店和旅游供应商推出经营贷、"程信链"产品，携手多家银行合作伙伴，为携程平台供应商提供总额不少于 100 亿元额度规模的小微贷款。

携程着手简化业务流程、提高自动化比例，投资中台和数据平台以优化基础架构的可靠性，并加快产品和后端技术系统的全球化进程，以便更好地服务全球用户。

案例思考题

（1）携程是如何应对客户退单的？

（2）为什么携程要对供应商采取帮扶措施？

项目实训

请基于对客户满意的认识，为一家具体的公司设计客户满意度指标体系，并基于设计结果对该公司的相关工作进行实际评价，提出改进建议及措施。

第7章
客户忠诚与流失

客户忠诚与流失是判断企业能否维系长期客户关系的重要因素。首先，本章阐述了客户忠诚的特征和类型，而后剖析了客户满意和客户忠诚之间的关系，指出客户满意确实会影响客户忠诚，但两者并非线性关系，而是受到客户期望和行业竞争的影响。其次，本章阐述了客户忠诚的衡量方式、影响因素，以及提升客户忠诚的途径。由于客户流失是客户关系管理中不可避免的现象，因此最后本章在分析客户流失原因的基础上，探讨了挽回流失客户的方法。

本章学习目标

（1）掌握客户忠诚的特征与类型；
（2）理解客户满意与客户忠诚之间的关系；
（3）熟悉客户忠诚的影响因素；
（4）掌握提升客户忠诚的途径；
（5）知晓客户流失的原因，掌握挽回流失客户的方法。

开篇引例：客户黏性——互联网企业增长的新引擎

在互联网行业，流量，即用户访问数量，是所有互联网企业都非常重视的资源。但随着互联网流量增速放缓，企业之间对新客户的争夺日益激烈，企业获取新客户所需要付出的宣传、运营、维护等成本（以下简称"获客成本"）也越来越高。各大互联网企业发布的年报也证实了获客成本越来越高的现象，如阿里巴巴的获客成本从2014年的70元/人上涨为2018年的306元/人；京东在2018年的获客成本更是达到1 503元/人，是其2014年获客成本的18倍。由于新客户获取成本越来越高、难度越来越大，互联网企业便把目光转向了老客户，提出了"客户黏性"概念，即客户对品牌或产品的信任与良性体验等结合起来形成的依赖感和再消费期望值。根据客户黏性的定义，客户的依赖感越强，客户黏性就越高；客户的再消费期望值越高，客户黏性也越高。因此对于互联网企业来说，提升老客户的依赖感，增加他们再消费的期望，能够增强客户黏性，提高客户对自身产品或服务的忠诚度。

目前，许多互联网企业在培养客户黏性方面付出了行动，通过各种方法增加客户浏览自家网站的平均时长以及提高访问网站的频率。例如，网易云音乐通过打造音乐社区增加客户黏性。传统的音乐 App 大多按照当前热门歌曲、热门歌手以及各种榜单向用户推荐歌曲，网易云音乐则借助智能算法向用户推荐符合其音乐口味的歌曲，并且在 App 中融入社交元素，允许用户对歌曲、歌单进行分享、评论，让用户与更多兴趣相同的陌生人建立音乐社区。音乐社区给用户提供了表达自己情感的地方，这种情感的表达让他们感受到更多参与感，增强了用户的黏性。网易公司 2019 年第二季度的财报显示：网易云音乐总用户数已突破 8 亿，同比增长 50%；同时，网易云音乐付费有效会员数同比增长 135%。

再如，支付宝的蚂蚁森林通过社交化的游戏培养和激励用户的低碳环保行为，提升客户黏性。蚂蚁森林的用户每天通过步行、公交支付、地铁支付、生活缴费等活动积累绿色能量。此外，用户还能收取朋友的能量，当能量达到一定值时用户可以兑换一棵虚拟树苗，兑换后，蚂蚁金服和公益合作伙伴就会在地球上种下一棵真正的树。为了获得这棵现实世界里的树，蚂蚁森林的用户都非常关注自己的能量值，这就使用户频繁打开支付宝以完成相关任务。这一策略极大地提高了支付宝的用户活跃度和留存率，截至 2019 年 4 月，支付宝宣布蚂蚁森林用户数达 5 亿。

除了以上两家企业外，还有各大电商平台通过发放优惠券、开展满减活动等来提升客户黏性。这些互联网企业通过获得更多的忠诚客户不断提高市场竞争地位。以上事例和数据都说明了客户黏性的作用以及忠诚客户的重要性。在商业实践中，对于企业而言，提升客户黏性、培养忠诚的客户是企业所追求的一大目标，因为忠诚的客户会持续购买企业的产品或服务，并且为企业宣传，为企业带来可观的经济收益。

7.1　客户忠诚概述

如何与客户建立长期稳定的客户关系是企业的必修课之一。拥有更多忠诚的客户才能更好地助力企业发展。本节将主要介绍客户忠诚的特征，以及客户忠诚的类型。

7.1.1　客户忠诚的特征

根据开篇引例可知，客户黏性是客户忠诚的体现，因此对于企业而言，提升客户黏性、将自身的客户转变成忠诚的客户是非常重要的。忠诚的客户能够帮助企业节约大量的沟通费用，有利于企业降低营销成本，增强盈利能力。有研究表明：老客户的宣传效果是广告的十倍。吸引一个新客户所需要花费的成本是保留一个老客户所需成本的 5 ~ 10 倍。同时，有数据表明：如果客户忠诚度下降 5%，企业利润将会下降 25%；如果企业能更好地留住客户，将每年的客户关系保持率提高 5%，就能使企业利润增长 85%。鉴于此，企业要想拥有忠诚的客户，获得忠诚客户带来的经济价值，就必须先明白忠诚客户的含义。

从目前不同学者对客户忠诚的定义来看，客户忠诚包含以下 3 个方面的特征（见图 7.1）。

（1）行为特征。客户忠诚一般意味着客户对企业所提供产品或者服务的重复购买。这种重复购买行为可能来自客户对企业的偏好和喜爱，也可能是出于习惯，还有可能是因为企业所举办的促销活动。忠诚的客户不仅购买企业产品或者服务的频率高，而且单次购买的数量多。

（2）心理特征。客户忠诚经常体现为客户对企业所提供产品或者服务的高度依

图 7.1　客户忠诚的特征

赖。这种依赖来源于客户在之前购买产品或者服务的过程中感到满意，进而形成对产品或者服务的信任。客户忠诚不仅会让客户对企业产生心理依赖，而且会让客户愿意向他人推荐企业的产品或者服务，为企业宣传，让其他人对企业产生良好的印象。

（3）时间特征。客户忠诚具有时间特征，它体现为客户在一段时间内不断关注、购买企业的产品或者服务。一般而言，客户对某企业的产品或服务花费的时间越多，对该企业就越忠诚。

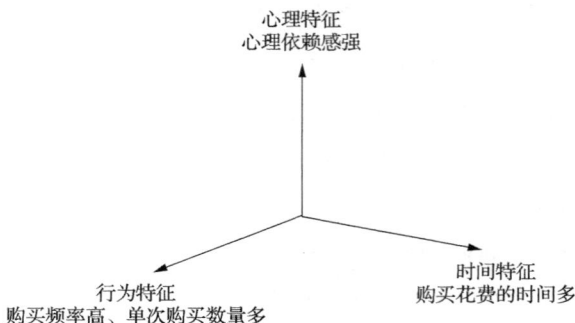

7.1.2　客户忠诚的类型

根据客户的行为特征和心理特征，客户忠诚可以划分为以下 7 种类型（见图 7.2）。

（1）垄断忠诚。这是指由于行业中的垄断，产品或服务缺乏足够的替代品，导致的客户重复购买行为。换言之，由于市场上只有一个供应商，因此该供应商就形成了对其产品或者服务的垄断，客户只能选择该供应商提供的产品或服务。如对于电力公司、供水公司，客户不得不重复购买它们的产品或服务，因为没有相同产品或服务的提供者，客户没有其他选择。

（2）惰性忠诚，也称习惯忠诚，是指客户已经习惯了某一种产品或者服务，由于自身的惰性，而不愿意再寻找其他的企业，由此形成的重复购买行为。例如，一些采购人员长期选择固定的供应商，因为他们熟悉该供应商的订货程序等，不愿再寻找其他合作伙伴。

（3）方便忠诚，是指客户出于对企业地理位置等因素的考虑，总是在该处购买。例如，很多人选择长期在某家超市购物，客户产生重复购买行为的原因仅仅是该超市离家近，相比于其他超市，在这家超市购买会更加方便。

（4）价格忠诚，是指客户对价格十分敏感，重复购买的原因在于该企业所提供产品的价格符合其期望。价格忠诚的客户倾向于能提供低价的企业，价格是决定其购买行为的关键因素。例如，经常关注商场打折信息、按照价格排序选择商品的客户就是典型的价格忠诚客户。

（5）激励忠诚。这种忠诚来源于企业给予客户的额外激励，如优惠政策激励等。在现实生活中，很多企业通过实行奖励计划来吸引客户，如鼓励客户进行积分兑换，从而激发客户的重复购买行为。

（6）超值忠诚，是指客户在了解、消费企业产品或者服务的过程中与企业有了某种感情上的联系，或者对企业有了总的趋于正面的评价而表现出来的忠诚。具有超值忠诚的客户不仅在行为上体现为不断重复购买，而且在心理上也对企业的产品或者服务有高度的认同感。这一类型的忠诚客户会变成企业的追随者和免费推销员，他们愿意主动将企业的产品或者服务推荐给身边的亲朋好友。

（7）潜在忠诚，是指在情感上，客户希望能够不断地购买企业的产品或者再次享受企业的服务，但是在行为上，由于种种原因，客户并未表现出重复购买的忠诚。通常情况下，是因为企业的一些特殊规定或者一些额外的客观因素限制了客户的这种需求，如在网上购物平台购买产品，客户可能非常中意一款产品，但仅由于该产品的价格不能达到商家免费配送的门槛，客户便打消了购买该产品的念头。

在上述 7 种类型的客户忠诚中，可以根据客户对企业产品或者服务的情感依恋程度以及客户重复购买的频率进行进一步的细分。垄断忠诚、惰性忠诚、方便忠诚、价格忠诚和激励忠诚属于低依恋度、高重复购买频率类型；超值忠诚属于高依恋度、高重复购买频率类型；潜在忠诚则是高依恋度、低重复购买频率类型。

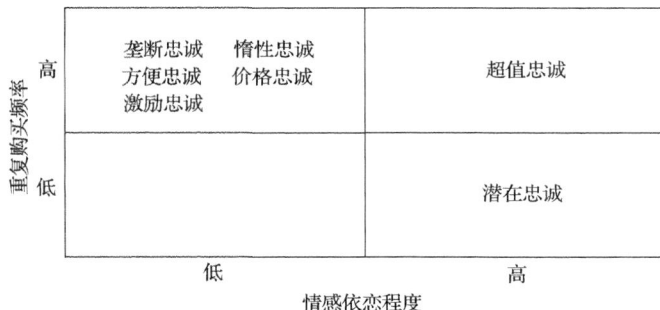

图 7.2　客户忠诚分类

对于以上 7 种类型的客户忠诚，企业应该更重视哪一种呢？通过进一步分析可知，对于企业而言，垄断忠诚、惰性忠诚、方便忠诚、价格忠诚以及激励忠诚，具有不稳定性。具有不稳定性的原因有以下几个：当市场中不再只有一个供应商时，垄断忠诚将不再存在，有一些客户会转向其他的企业；当客户克服了自身的惰性、改变习惯之后，由于惰性而带来的重复购买行为也不复存在；当市场上出现对客户来说更方便的供应商之后，方便忠诚就会随之减弱，甚至消失；当客户发现价格更低的企业之后，价格忠诚也会减弱直至消失，如果企业也随之降低价格，那么尽管留住了客户，但企业的销售收入会大受影响；当有其他企业提供了更好的奖励计划时，激励忠诚也会减弱或消失。潜在忠诚是情感上的依恋，但还没有激发重复购买行为。潜在忠诚客户对企业的好处是：虽然这些客户没有购买行为，但是会帮助企业宣传产品、扩大影响。对企业总体而言，潜在忠诚客户不能带来高的收益，因此潜在忠诚客户是其未来的客户，而不是当下的重要客户。超值忠诚客户不仅具有重复购买的行为，而且在情感上也高度依恋企业。这类客户不仅给企业带来了丰厚的收入，而且会帮助企业进行宣传。同时，由于情感上的依恋，这类客户也不容易受到竞争对手的影响。因此，超值忠诚的客户是企业最需要看重的客户。

7.2　客户满意与客户忠诚

以往的研究认为，客户满意是影响客户忠诚的主要因素，但随着研究的深入，学者发现，客户满意和客户忠诚之间的关系不仅是简单的线性关系。美国贝思公司的一项调查显示，宣称满意或很满意的客户，有65%～85%会转向其他公司的产品。美国汽车制造商曾经投入大量资金并制定了一系列奖励制度，促使员工提高客户满意度，以便和外国汽车制造商竞争。美国汽车制造商的客户满意度超过了90%，然而只有30%～40%的满意客户会再次购买同一品牌的汽车。也就是说，虽然客户的满意度在不断提高，但是企业的市场占有率和利润却在不断降低。

有一些研究发现：客户满意和客户忠诚之间存在着正向的曲线关系，如图7.3所示。在A阶段，客户满意度与客户忠诚度关系曲线有一段较为平缓，客户满意度的提高并没有使客户忠诚度得到相应的提高，这一阶段即高满意度、低忠诚度阶段。而在B阶段，客户满意度和客户忠诚度呈现近似线性的特征，客户满意度上升或下降都会引起客户忠诚度的变化。之所以客户满意与客户忠诚的关系会呈现上述特征，是因为受到了客户期望和市场竞争因素的影响。

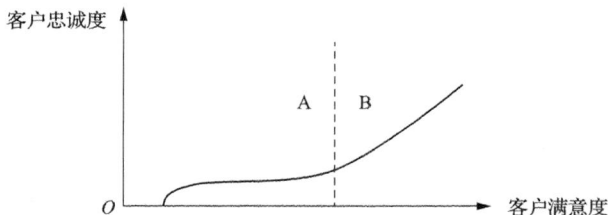

图 7.3　客户满意度与客户忠诚度关系曲线

7.2.1　客户期望对客户满意与客户忠诚间关系的影响

从第 6 章可知，客户满意是客户的实际体验和期望之间的差。其中，客户期望主要由两部分构成，一部分是基本期望，另一部分是潜在期望。基本期望是指客户认为理应从产品和服务中得到满足的基本需求；潜在期望是指超出基本期望的、客户并未意识到而又确实存在的需求。因此客户满意也有两种类型：客户的基本期望得到满足形成的满意和客户的潜在期望得到满足形成的满意。这两种类型的满意对客户忠诚的影响是不同的，具体如下。

（1）当客户基本期望的满意度达到一定程度时，客户忠诚就会随着满意度的提高而提高，但这种满意度对客户忠诚度的边际效用是递减的。尤其是客户忠诚度接近平均忠诚度（平均忠诚度是指提供行业平均水平的产品和服务所激发的客户忠诚）时，不管企业采取何种措施提高客户满意度，客户忠诚度的变化都不大。这是因为基本期望对客户而言需求层次比较低，客户认为产品和服务的这些价值是自己理应得到的，其他企业也能提供类似的价值，企业的产品和服务并没有特别的吸引力，客户很难做出不好的评价，但客户缺乏再次购买的热情，也不会向其他人推荐。由于满足客户的基本期望可以激励一定的客户忠诚，因此潜在期望的满意度为 0 时，客户忠诚度并不为 0。

（2）潜在期望的满意度对客户忠诚度的激励作用与基本期望满意度的激励作用完全不同。客户潜在期望的满意度对客户忠诚度的边际效用是递增的。其原因是客户从产品或服务中获得了意想不到的价值，如物质、心理、精神等方面的价值，满足了自己的潜在期望而感到愉悦。这种感觉越强，产品或服务对客户的吸引力越大，在下一次购买时，为了再次体验到这种感觉，客户很可能仍然选择同一品牌。经过多次重复购买，客户多次感到愉悦，对该种产品或服务逐渐产生信任和依赖，不再考虑其他品牌的产品或服务，形成积极的长期忠诚。

从上述分析对比可知，满足潜在期望对客户忠诚度的影响更大。但是这并不意味着企业要将重点完全放在满足客户的潜在期望上，因为只有在客户的基本期望得到满足以后，企业才有可能满足其潜在期望。如果客户的基本期望未能得到满足，那么潜在期望满足就无从谈起。换言之，满足客户的基本期望可以确保没有不满意，而满足客户的潜在期望，才可以收获高度的满意。

根据客户期望与否与客户表达与否，可以将客户忠诚方面的内容进一步划分成 4 个方面，构成客户忠诚矩阵，以帮助企业更好地理解客户的期望，从而提升客户的忠诚度。客户忠诚矩阵包括以下 4 个区域，如图 7.4 所示。

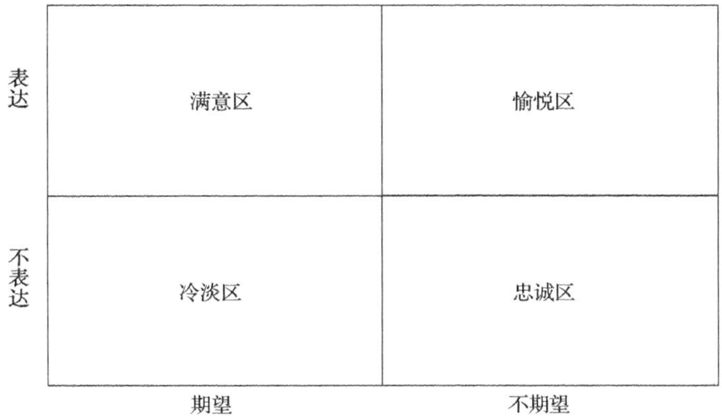

（1）冷淡区。该区域的客户有期望，但又不善于表达。客户

	期望	不期望
表达	满意区	愉悦区
不表达	冷淡区	忠诚区

图 7.4　客户忠诚矩阵

期望能够得到企业的尊重，但如果企业询问他们有何需求，他们可能不会表达。如果企业没能满足他们内心的需求，将会引起他们的不满。如果企业满足了其基本的、显而易见的需求，能得到的回应也是冷淡的。

（2）满意区。该区域的客户习惯于告诉企业什么对于他们来说是重要的，并且期待企业能够满足他们的要求。该区域非常重要，是企业提升客户忠诚的关键。企业满足该区域客户的需求将会获得客户的满意；反之，将会引起客户的不满。

（3）愉悦区。该区域的客户愿意表达他们的期望，但不期望企业一定会满足他们的需求。企业可以通过客户的表达获得为客户提供期望以外的一些事物的机会，并且通过这些机会让客户感到愉悦。例如，某客户可能只会询问有关溢价产品的信息，如果企业不提供该信息，可能会导致客户不满意，但如果企业很好地提供了这些信息，客户就会感到愉悦。因此，这也是企业建立忠诚客户群体时，需高度重视的区域。

（4）忠诚区。在该区域的客户，既不会对企业的产品或者服务提出期望，也不会表达他们对其他事物的期待。因此，如果企业能够在客户不明确需求的情况下，为客户提供超出客户期望的产品或者服务，就能培养忠诚客户。而这往往给企业提出了更高的要求，需要企业具有前瞻性眼光，准确把握客户的需求。

7.2.2　行业竞争对客户满意与客户忠诚间关系的影响

除了客户期望的影响之外，行业竞争也是影响客户满意与客户忠诚关系的重要因素，在不同竞争程度的行业中，两者具有不同的相关性，如图 7.5 所示。虚线左上方表示低度竞争区，虚线右下方表示高度竞争区，曲线 1 和曲线 2 分别表示高度竞争行业和低度竞争行业中客户满意与客户忠诚的关系。

（1）高度竞争行业。在高度竞争区，产品或服务的相似性强，可替代性强，差别小。在竞争激烈的行业中（曲线 1），非常满意的客户远比满意的客户忠诚，同时，只要客户满意程度稍稍下降，客户忠诚度就可能急剧下降，在"低"满意度区域，满意度的提高并不能明显提

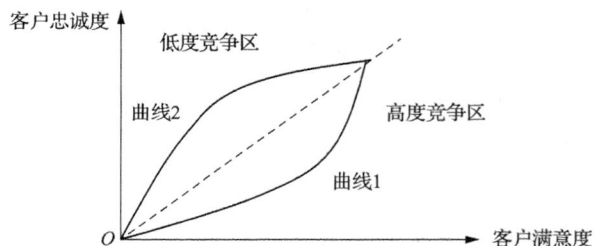

图 7.5　行业竞争中客户满意度与客户忠诚度的关系曲线

升忠诚度。这是因为在高度竞争行业中，如汽车行业、餐饮行业、计算机行业等，有许多企业参与竞争，客户拥有比较多的选择。如果客户对某一企业的产品或者服务感到不满或者没有高度满意，那么他们就可以选择其他的企业。一般而言，如果客户没有遇到产品或服务问题，那么接受调查时他们很少会给出不好的评价，可能都会表示满意。但是，如果企业的产品和服务质量过于一般，客户并未感到获得了较高的商业价值，就不会再次购买。因此，要提升客户忠诚度，企业必须尽力使客户非常满意。

（2）低度竞争行业。在低度竞争区，由于行业垄断，产品或服务缺少替代品。相比竞争程度高的行业，在竞争程度较低的行业中似乎客户满意度和忠诚度之间的相关性相对较弱。在相同的满意度水平下，竞争程度较低行业的忠诚度更高，如曲线 2 所示。这是因为在这些行业中，只有少数几家企业能够提供类似的产品或者服务，同时又有许多客户需要此类产品和服务，那么对客户而言，其所能选择的余地很小，或者没有选择余地，客户会保持"忠诚"。这被称为"虚假忠诚"。但是一旦转换成本降低或者有新的竞争者进入该行业，客户的忠诚度就会急剧下降。因此，处于低度竞争行业中的企业需要居安思危，努力提高客户满意度，否则一旦竞争加剧，企业就会陷入困境。

7.3　提升客户忠诚

对于企业来说，忠诚客户会为企业创造更大的价值。因此，现代企业需要学会培养忠诚的客户，使更多的客户升级为忠诚客户。本节将主要介绍客户忠诚的衡量方式、影响客户忠诚的因素以及提升客户忠诚的途径。

7.3.1　客户忠诚的衡量方式

迄今为止，对于如何判断客户忠诚，并没有一致的意见。一些学者认为可以通过客户保持度、客户占有率和客户净推荐值来衡量客户忠诚。其中，客户保持度是指企业和客户关系维系时间的长短。与客户保持度相关的概念是客户保持率，即在一段时间内达到特定购买次数的客户数与企业总客户数的百分比。客户占有率，也称为客户钱包份额。一家企业的客户占有率，也就是客户将预算花在这家企业上的百分比。例如，某企业获得了 100% 的客户占有率，意味着客户把所有此类产品的预算都花在了该企业的产品或者服务上。客户净推荐值是一种计量某个客户向其他人推荐某家企业的产品或服务可能性的指数。评测该指标仅需客户对"您有多大可能性将服务或者产品推荐给您的亲友？"这一简单问题在 0 ~ 10 分进行打分即可。根据分值可将客户区分为三类：推荐者（评分为 9 ~ 10 分）、被动者（评分为 7 ~ 8 分）、批评者（评分为 0 ~ 6 分）。客户净推荐值等于推荐者所占的百分比减去批评者所占的百分比。通常，客户净推荐值在 50% 以上，可认为客户对企业感知较好，客户净推荐值在 70% ~ 80% 或更高，则说明企业有一批高忠诚度的客户。另外一些学者则认为，仅通过客户保持度、客户占有率和客户净推荐值来衡量客户忠诚过于简单，他们认为应当利用更为全面的指标来衡量，如客户重复购买的次数、客户对价格的敏感程度、客户对竞争品牌的态度、客户对企业的感情等指标。

结合客户忠诚的特征，综合不同学者的观点，企业可以从时间维度、行为表现和客户的态度几个方面来衡量客户忠诚。

（1）时间维度。客户的忠诚是具有持久性的。如果客户与企业只有一次交易记录，那自然不能认为该客户的忠诚度很高。时间维度体现为客户在一段时间内不断关注、购买企业的产品或者服务。客户与企业的交易关系持续时间越长，客户可能越忠诚。

（2）行为表现。大多数情况下，忠诚的客户会有反复购买的行为。更具体地，可以用以下指标来帮助企业判断客户的忠诚度。

① 客户重复购买率。这是指客户在一段时间内购买企业产品或者服务的次数。在确定的时间内，客户购买企业产品或者服务的次数越多，自然就说明客户偏爱该企业的产品或者服务；反之则相反。需要注意的是，在衡量客户重复购买率这一指标时，需要确定在多长的时间内衡量客户购买次数。对时间需要根据产品的用途、性能和结构等因素来合理确定。此外，有许多企业并不只生产一类产品或提供一种服务，而是实行多种产品或服务经营。在衡量客户重复购买产品或者服务的次数时，就不能局限于同一类产品或者服务，而是应当从企业经营的产品品种的角度考虑。如果客户并不是重复购买同一种产品，而是重复购买企业不同种类或者品牌的产品，那么也应当认为客户具有较高的重复购买率。

② 客户挑选时间。有关客户行为的研究表明：客户购买产品都会经历挑选这一过程。挑选意味着客户花费时间用于了解企业产品，同时也包括了客户比较不同企业产品的过程。如果客户对企业的忠诚度较低，客户就会花费较长的时间来收集信息，比较不同企业提供的产品，最后才决定是否购买。相反，如果客户信任企业的产品，其用于挑选的时间就会缩短，会快速决定购买产品。

③ 购买费用。购买费用包括两个部分：一是客户用于购买某一品牌或者产品的金额；二是在客户用于购买某一产品的预算中，本企业所占的比重，这也被称为客户钱包份额或客户占有率。对企业而言，在客户用于购买某一产品预算不变的情况下，购买本企业产品的金额增加，则表明客户对本企业产品的信任程度、忠诚度提高；或者客户提高产品预算用于增加购买本企业产品，也表明客户忠诚度提高。

④ 客户对价格的敏感程度。价格是影响客户购买产品或者服务的重要因素之一，但这并不意味着客户对各种产品的价格变动都有同样的态度和反应。许多研究和企业实践都表明：对于自己喜爱和信赖的产品或者服务，客户的价格变动承受力较强，其购买行为较少受到价格变动的影响，即客户对价格的敏感度低；相反，对于自己不喜爱或没有信赖感的产品或服务，客户的价格变动承受力较弱，一旦价格上涨，客户会立刻减少购买行为，即客户对价格的敏感度高。

（3）客户的态度。除了时间维度和行为表现之外，客户的态度也是帮助企业衡量客户忠诚的重要线索。这方面的指标包括以下几个。

① 客户对企业的信赖。客户对企业的信赖来源于客户在与企业交易的过程中累积的满意。这种信赖会让客户主动向周围的人推荐企业的产品和品牌，提升企业的口碑和影响力。

② 客户对产品质量问题的态度。不论是知名企业还是一般的中小企业，其生产的产品都有可能出现各种质量问题。当出现产品质量问题时，如果客户对企业的忠诚度较高，那

么客户会采取相对宽容的、协商解决的态度；相反，若客户对企业的忠诚度较低，则客户会感到强烈的不满，会要求企业给予足够的补偿，甚至会通过法律途径解决问题。

③ 客户对待竞争企业的态度。客户对待竞争企业的态度也是衡量客户忠诚的重要指标。一般而言，客户对企业的忠诚度较高时，自然会减少对竞争企业的关注，而把更多的时间和精力用于关注本企业的产品或服务。相反，如果客户对竞争企业的产品或服务有兴趣或好感，并且花费较多的时间了解竞争企业，那么就表明客户对本企业的忠诚度较低。

7.3.2　客户忠诚的影响因素

影响客户忠诚的因素包括提升客户忠诚的积极因素和维持客户忠诚的消极因素。其中，积极因素是指能够驱动客户主动保持与企业关系的因素，如企业能够给客户带来的更多的收益。消极因素是指推动客户被动维持与企业关系的因素，如由于客户退出需要遭受损失和付出代价，客户便会继续维持对企业产品或服务的忠诚。企业一方面需要不断增加为客户提供的价值，增强客户对企业的心理依附；另一方面也需要不断提高客户退出的壁垒，让客户与企业维持更长时间的关系。

1. 积极因素

（1）增加客户从企业获得的收益。客户从企业购买产品或者服务的原因在于客户能够从中获得满意的收益。有调查数据表明，客户一般乐于与企业建立长久关系，其主要原因是希望从忠诚中获得优惠和特殊关照。客户从忠诚中获得的额外收益包括以下几个方面。一是更低的购买成本或者额外的奖励。例如，许多超市、百货商店都实行了会员卡制度，那些经常光顾、频繁购买的客户可以获得额外的奖励。二是产品之外，额外的服务。例如，宝岛眼镜的成功在很大程度上得益于额外为客户提供的细心服务。宝岛眼镜在客户购买了产品后，仍然会满足客户的后续需求，为客户提供眼镜保养、眼部检查等服务。例如，宝岛眼镜会免费为到店的客户提供框架眼镜的超声波清洗、调整、维修服务；免费为客户更换眼镜螺丝、鼻托等小零件；免费为客户提供配镜、视觉健康保健咨询。这些免费的额外服务让宝岛眼镜的客户获得了更多的收益。

（2）客户的情感因素。客户的情感因素主要涉及客户对企业的信任以及对企业的喜爱。通常，客户在选择产品或服务的过程中，对于符合心意、满足其需要的产品和服务会产生积极的情绪和情感，这种情感因素体现了客户对企业及其产品的认可，能增强客户的消费欲望。《情感营销》一书的作者认为情感是成功的市场营销的唯一的、真正的基础，是价值、客户忠诚和利润的秘诀。随着客户保留时间的延长和客户关系的深入发展，这种情感因素会变得越来越重要。因此，企业需要向客户传递互相尊重、互相信任、友善等良好的情感信息，使客户感受到企业需要他们。企业可以通过组织联谊会、发送节日祝福等方式加强与客户的情感联系。

碧桂园集团创建于 1992 年，是全国最大的综合性房地产开发企业之一。碧桂园集团自从成立以来，就致力于打造"睦邻友好，相互关爱"的社区文化品牌，倡导和谐友爱的生活氛围，注重与业主之间的交流联系。例如，2020 年 10 月，碧桂园集团在河南举行了"睦邻文化节"主题晚会。这次主题晚会由郑州碧桂园、碧桂园龙城、郑东碧桂园、新郑碧桂园 4 个项目联合举办，晚会现场聚集了多名业主，其中郑州碧桂园还增设了线上直播，邀请了近 6 000 名业主共同见证此次晚会。碧桂园集团在晚会上为业主呈现了精彩的演出，还贴心地设置了互动环节和抽奖环节，让业主度过了一个美好的夜晚。碧桂园集团通过举办此次晚会，不仅与业主共同欢度了国庆佳节，更重要的是创造了一个与业主增进了解的机会，通过交流互动，加强了与业主的情感联系，营造温馨幸福的社区氛围。除了主题晚会，碧桂园集团还在河南各地举办了 27 场不同形式的文化节活动，包括欢乐游园会、月饼 DIY、贴心服务节、跳蚤市场等，用形式多样的服务活动，关爱业主的生活，拉近了与业主之间的距离。

（3）优质的产品和服务。客户忠诚的重要表现是重复购买，而重复购买意向的产生与客户在实际使用产品或者体验服务的过程中的满意度密切相关。可以说，客户对企业的忠诚一定意义上就是对产品或者服务的质量忠诚，因此产品和服务的质量是企业提升客户忠诚的基础。为客户提供优质的产品和服务是企业的责任，而优质的产品和服务会为企业带来重复购买的客户，这些客户会为企业带来收益。由此可知，优质的产品和服务会影响客户忠诚，它们的作用不可被低估。

（4）良好的企业形象。企业形象指的是客户将企业提供的产品、服务或者他们在与企业互动的过程中得到不同的体验和相关信息，与其竞争对手加以比较形成的一种主观性整体印象。客户希望企业产品或者服务的一些个性特征能够与企业形象相符，因而他们会购买能够代表企业形象的产品。企业形象与客户形象或客户所期盼的形象吻合程度越高，企业形象对客户忠诚度的正向影响就越大；如果企业形象不好或者受损，客户的忠诚度也会下降。

知识拓展

鸿星尔克是中国本土的一家大型运动服饰企业。2021 年 7 月，河南的一场暴雨让捐赠 5 000 万元的鸿星尔克备受关注，鸿星尔克因此被称为"国货之光"。2022 年 5 月，鸿星尔克因为一场大火再次出名。事件的起因要从一封感谢信说起。在 2022 年 5 月 9 日，一个名为"我叫郑义"的公众号发布了一封给鸿星尔克的感谢信。

信中记录了 2022 年 4 月 29 日发生在莆田的一场火灾，鑫泰永升这家企业在这场火灾中损失严重，企业的设备和货品一夜之间化为乌有。而这家损失严重的企业正是鸿星尔克的供应商。作为合作方的鸿星尔克得知消息后，第一时间不是追究订单违约责任，而是伸出援手专门派人查看受灾情况并给予帮助，组织人力、物力、财力清理和抢修受灾厂房，并鼓励受灾企业复工复产、渡过难关。这让受灾企业非常感动。鑫泰永升表示：“灾难无情人有情，鸿星尔克的无私帮助带给我们工厂新的希望，鸿星尔克让我们深切感受到人间的真情、社会的温暖，让我们得以重振旗鼓，勇敢面对现实。”经过捐款、救灾等事件，鸿星尔克在社会公众心中树立起真诚、善良、有担当的企业形象。

2. 消极因素

（1）沉没成本。沉没成本是指客户过去在关系中投入的、在终止关系时将损失的关系投资。对客户而言，沉没成本一般包括学习特定的产品使用技巧而花费的时间、培训费用，为了使用某种产品或流程、系统而进行的投资等。这种关系投资只有在特定的关系中才有价值，一旦关系终止，客户的投资将失去其价值。在现实情况下，客户在选择产品或服务时已经经历了产品评估、学习了解、服务谈判等程序，并且花费了大量的时间和精力，如果选择更换产品或服务，这些前期投入便都会白费，同时客户还需要面对新产品和服务存在的风险和不确定性，因此客户会综合考虑沉没成本，再决定是否维持与现有企业的关系。

（2）转移成本。转移成本是指客户在从一个企业转移到另一个企业的过程中所付出的成本，主要包括以下几种：危机成本，指客户转投其他企业可能承受的不确定性等负面后果；评估成本，指客户对企业的信息进行搜寻和评估所花费的时间和精力；学习成本，指客户学习新产品和服务的使用技巧需要耗费的时间、精力；组织调整成本，指客户与新企业建立关系所必须耗费的时间和精力；金钱损失成本，指客户转投其他企业可能缴纳的注册费等。这些转移成本的存在会影响客户的选择，客户考虑到过高的转移成本，可能会选择继续与现有企业维持关系。

7.3.3　提升客户忠诚的途径

忠诚客户给企业带来的收益是长期并具有累积效果的。一个企业的忠诚客户越多，企业所获得的收益也就越多。客户对企业保持忠诚的时间越久，客户为企业创造的价值就越大。因此，现代企业要努力提升客户的忠诚度，使更多的客户升级为忠诚客户。考虑到上述影响客户忠诚的因素，企业一方面需要不断增加为客户提供的价值，增强客户对企业的心理依赖；另一方面需要不断提高客户退出的壁垒，让客户与企业维持更长时间的关系。具体而言，提升客户忠诚的途径有以下几个。

1. 提供优质的产品和服务

企业要想提升客户忠诚，就需要为客户提供更富有价值的产品和服务。对于客户而言，产品或服务的价值是客户购买的总价值中最主要的部分，是总价值构成中比重最大的因素。这就要求企业的全部经营活动都以满足客户的需要为出发点，把客户需求作为企业开发产品或者服务的源头。因此，企业必须熟悉客户、了解客户，调查客户现实和潜在的需求，分析客户购买的动机和行为、能力、水平，研究客户的消费习惯、兴趣、爱好等。这样企业才能科学地应对客户的需求，开发出客户喜爱的产品和服务，提升客户忠诚。

2. 为客户设置退出壁垒

退出，指客户不再购买企业的产品或服务，终止与企业的业务关系。为客户设置退出壁垒，即企业利用多种因素，使客户不能顺利终止与企业的业务关系，如提高客户的转换成本。当客户转换消费会面临很高的货币成本时，客户会选择继续与现有企业维持关系。除货币性的成本外，转换成本还表现为面对新企业的不确定性引起的心理上的成本和时间上的成本。一般情况下，服务的转换成本高于产品的转换成本。服务固有的本质决定了其转换成本难以估计，或者由于只有有限的提供者，转换成本通常很高。除客户感知的不确定性和市场结构因素外，竞争的强度和会员制等忠诚度计划也会增加感知的和实际的转换成本。因此，企业可以通过提高转换成本等方式为客户设置退出壁垒，从而提高客户忠诚度。

案例

招商银行成立于1987年，是中国境内第一家完全由企业法人持股的股份制商业银行。为了在激烈的市场竞争中维持与客户的长期关系，招商银行向客户推出了金葵花卡。如果客户在招商银行同一分行所有账户中的资产（包括本外币存款、基金、保险、受托理财、国债和第三方存管等），折合人民币总额达到50万元，即可申请办理金葵花卡，成为招商银行的贵宾客户。招商银行为所有贵宾客户开通了贵宾服务专线，这条贵宾服务专线融合了全面的非现金类个人银行理财业务，使客户不必亲临招商银行，即可享受咨询、投资理财、出行、休闲等一系列服务。例如，招商银行为贵宾客户提供免费的银行咨询业务，使客户只需一个电话便可获得专业的业务咨询、产品咨询、产品使用指导、技术支持、投诉处理等全方位银行咨询类服务；为贵宾客户提供专属的交易及投资理财服务，安排专业的交易及投资理财团队，帮助客户转账汇款、交易国债基金、理财、自主贷款等；为贵宾客户提供登机服务，招商银行在全国30多家主要机场设有贵宾厅，使客户通过电话预约就可以获得免费使用贵宾厅、专属安检通道指引、便捷登机等贵宾服务。此外，招商银行的贵宾客户还可以免费参加招商银行定期举办的高尔夫培训课程以及享受医院的名医预约挂号、优先就诊等服务。招商银行的上述专项服务只为持有招商银行金葵花卡的客户提供，如果客户不再使用招商银行的金葵花卡，将失去这些优待。实际上，招商银行就是通过提高客户的转换成本来减少客户退出，维持与客户的长期关系，提高客户忠诚度。

3．帮助客户转变角色

随着现代信息技术的不断发展进步，企业与客户之间的信息交流与互动进一步深化。从客户角度来看，为了获得更多的参与感，更加了解企业的产品和服务，越来越多的客户愿意借助网络技术参与企业的产品或服务生产过程。这样客户在一定程度上体验了生产者的角色，而不再仅仅作为消费者，这种角色转换让企业与客户相互融合、相互依存关系的深度和广度得到了拓展。从企业的角度来看，客户通过角色的转变能够加深对产品或者服务的了解，增强对企业的信任感，对企业产生更多的情感依恋，从而提升客户忠诚。因此，越来越多的企业愿意采用各种方式邀请客户参与其产品或服务的生产过程。具体来看，企业帮助客户转变角色有以下两种方式。

（1）建设品牌社区，帮助客户转变角色。现在越来越多的企业开始建设品牌社区，帮助客户转变角色。所谓品牌社区，是指由企业提供的供客户交流品牌及产品相关信息的网络空间。品牌社区能让信息流通得更便利，使客户与企业之间身份界限的划分不再那么重要，让客户在一定程度上能在产品或服务从开发到销售的各个阶段帮到企业，加强与企业的联系。对于企业来说，品牌社区的平台为企业利用客户资源提供了便利的途径。企业通过建设品牌社区，让有共同兴趣、共同话题的客户聚集在这个虚拟空间里探讨企业相关的问题，从而获取真实有效的客户需求信息，以开发设计出更能满足客户需求的产品。许多知名企业近年来也在积极构建企业自身的品牌社区。例如，小米通过品牌社区吸引客户在虚拟社区里毫无保留地互动和分享，这种模式有助于小米持续与客户互动，让客户拥有更多的体验感和参与感，拉近了小米与客户之间的距离，提升了客户的忠诚度。再如，一些品牌汽车企业成立俱乐部。俱乐部成员可以在线上分享该品牌汽车的保养、驾驶经验，也可以相约出游及参加各种户外活动。企业可以有针对性地设计各种服务项目及举办各种比赛等，使客户享受该品牌的专项服务，参与企业举办的各种比赛，提升客户忠诚，从而形成不可替代的竞争优势。

（2）鼓励共同生产，帮助客户转变角色。客户共同生产是指客户承担了一部分产品研发、生产、控制等职能，通过与企业员工的实时沟通、互动，增加对生产流程的控制权。客户与企业共同生产表现为客户从传统意义上的消费者角色向生产者角色转变，因此客户参与生产是一种与企业共同创造价值的行为。客户是企业生存的重要依托，企业的生产创造活动是以客户为核心开展的，因此将客户纳入生产创造环节尤为重要。对于企业来说，客户拥有精确的产品性能需求和市场偏好方面的信息，这些信息的发展变化也是由客户所掌控的，客户与企业共同生产能最大限度地降低企业产品研发设计过程中的风险和不确定性，保障产品获得市场青睐。此外，企业从客户方面得到的信息有助于企业及时调整开发方案、缩短客户等待时间、提高交付柔性，从而提高客户满意度。对于客户来说，其参与企业的生产活动，可以知晓研发进度，加深彼此间的了解，感受到自身被企业重视，增强对企业的情感依赖，提升对企业的忠诚度。有很多企业已经意识到客户参与生产的重要性，如微软公司曾邀请 50 多万名用户参与 Windows XP 系统上市前的测试；苹果公司则邀请手机用户参与产品设计和应用程序开发等。

7.4 客户流失管理

对于企业而言，客户流失是一个正常现象。面对这一问题，企业需要积极寻找客户流失的原因，及时提出有针对性的解决方案，尽量降低客户流失率。本节的主要内容包括客户流失概述、客户流失的原因以及流失客户的挽回。

7.4.1 客户流失概述

客户流失是指企业的客户由于某些原因，不再购买企业产品或服务，与企业终止业务关系的行为。客户流失也就意味着客户不再忠诚，客户放弃购买原企业产品或服务，而转向购买其他企业的产品或服务。随着科学技术的发展和企业经营水平的不断提高，产品和服务的差异化程度越来越低，有些企业会过于看重在产品投放初期吸引客户，而在售后方面做得较差，使购买成为一次性交易，导致客户流失。客户流失可以是与企业发生一次性交易的新客户的流失，也可以是与企业长期发生交易的老客户的流失，可以是中间客户流失，也可以是最终客户流失。通常情况下，客户不满会直接导致客户流失，客户流失的可能性与客户不满意程度成正相关关系。但是，需要注意的是，满意的客户不一定是忠诚客户，仍然有流失的风险。

由于现在市场上各种因素的作用，客户流失的风险和代价越来越小，客户流失的可能性越来越大。对于企业来说，客户关系在任意阶段、任意时点都可能出现倒退，不论是新客户还是老客户，都有可能流失。特别是客户本身原因造成的流失，企业是很难避免的。尽管很多企业提出了"零客户流失"的目标，但企业的产品或服务不可能得到所有客户的认同，因此留住所有的客户是不现实的。所以企业应当正确看待客户流失，确保将客户流失控制在一个较低的水平。

要将企业的客户流失控制在一个较低的水平，企业需要有效地对客户流失进行衡量。对客户流失的衡量主要可以从客户、市场、收入利润、竞争力 4 个方面来分析。

（1）以客户为基础。以客户为基础的衡量方法要求获得客户指标，传统的客户指标主要是客户流失率。客户流失率是客户流失的定量表述，直接反映了企业经营与管理的现状，用公式表示为：客户流失率 = 客户流失数 ÷ 消费人数 ×100%。

（2）以市场为基础。市场也是衡量客户流失的有效手段，基于市场的指标主要包括市场占有率、市场增长率、市场规模等。通常情况下，客户流失率与上述指标成反比。企业可通过市场预测统计部门获得此部分指标信息。

（3）以收入利润为基础。基于收入利润的指标主要包括销售收入、净利润、净收益等，通常客户流失率也与上述指标成反比。企业可以从营业部门和财务部门获得这部分指标信息。

（4）以竞争力为基础。竞争力是难以定量测量的，所以对竞争力的衡量可以采用定性分析或者专家测评的方式。在激烈的市场竞争中，一个企业所流失的客户必然是另一个企业所获得的客户。因此，判断企业的竞争力便可了解该企业的客户流失率。通常竞争力强的企业，其客户流失的可能性要小一些。客户流失率与企业竞争力成反比。企业可借助行业协会开展的排名、达标、评比等活动或统计资料获得上述信息。

7.4.2　客户流失的原因

有关统计数据显示，企业每 5 年便会流失一半的客户。客户的流失使得企业不得不投入比保留老客户更高的成本去发展新客户。高客户流失率会影响企业的经营业绩和未来发展。根据贝恩公司的雷切德和哈佛商学院的萨塞尔所做的关于客户维系的研究可知，如果客户流失率降低 5%，邮购行业的利润会增长 20%，汽车维修行业的利润会增长 30%，软件行业的利润会增长 35%，保险经纪行业的利润会增长 50%，而信用卡行业的利润增长则高达 125%。联邦快递公司认为：虽然一个客户一个月只带来 1 500 美元的收入，但是如果能有效维持与该客户的关系，假设在未来 10 年内该客户一直使用联邦快递的服务，客户可以给联邦快递带来 18 万美元的收益。这些数据表明，客户流失会对企业的经营和发展产生许多负面影响：企业不仅会失去流失客户可能带来的利润，还可能失去与其他客户的交易机会，因为流失的客户可能会散布对企业不利的言论。此外，客户流失还可能极大影响企业对新客户的开发。

扫一扫

客户要走：防患于
未然 vs 亡羊补牢

对企业来说，客户流失，尤其是高价值客户流失，会让企业多年投入客户关系中的成本与心血付之东流。客户流失会不断消耗企业的财力、物力、人力，损害企业形象，给企业造成巨大的损失。当企业与客户关系破裂，客户流失成为事实时，企业如果不能尽快、及时地恢复客户关系，就可能造成客户永远流失。而他们很可能成为企业竞争对手的客户，壮大了竞争对手的客户队伍。而一旦竞争对手的客户队伍壮大、生产规模扩大，成本得以下降，其就会对企业产生威胁。因此，企业不能放任客户流失，要维护好客户资源，弄清楚客户流失的原因。通常来说，客户流失的原因包括企业方面的原因和客户方面的原因。

1. 企业方面的原因

从企业自身的角度来看，客户流失的原因主要包括以下几个。一是产品质量欠佳。如果产品存在瑕疵或者质量不稳定，那么企业就无法满足客户的基本需求，进而损害客户的利益。一旦客户的利益不能得到保障，客户自然会选择新的企业。二是服务质量欠佳。当企业的产品质量并无缺陷时，服务就成为能否留住客户的重要因素之一。有统计数据表明：给客户提供的服务不好，将造成 94% 的客户流失。服务是客户购买产品的重要附加值。一般而言，服务包括两个方面：一是客户在购买产品的过程中，企业员工提供的服务；二是客户抱怨和投诉时，企业员工提供的服务。客户在购买产品的过程中，如果没有获得优质的服务，那么客户将会产生不满。客户的不满和抱怨是推动他们寻找新企业的重要动力。此外，如果企业未能良好地处理客户投诉，也会导致客户流失。

除了产品质量欠佳和服务质量欠佳两个原因之外，内部员工跳槽、企业主动放弃等，也是客户流失的原因。例如，很多企业强调销售额、销量，而不注重企业与客户的关系管理，使得企业与客户的关系转变成企业员工与客户的关系，企业对客户缺乏影响力。当员工跳槽时，这些客户也会跟着离开企业，由此带来的是企业竞争对手实力的增强。此外，企业也会主动终止与低价值客户的关系，或者企业由于战略调整或业务变更，而终止与原来某些客户的关系，这些也是客户流失的原因。

2. 客户方面的原因

来自客户方面的原因也会导致客户流失。一是需求的变化。客户的需求不是一成不变的，而是在不断发生变化的。例如，随着年龄的增长，个人客户的消费观念、生活方式都在不断发生变化，由此造成了客户需求的连锁变化，那么客户就会选择其他能满足其新需求的产品或者服务。二是客观原因。有时候，流失并不是客户本身的意愿，而是客观条件的变化导致的。例如，由于外出求学或者去外地工作，客户不能再去以往熟悉的商家。这对商家而言，就是客户的流失。三是恶意离开。有些情况下，客户会对企业提出额外的要求。例如，一些客户自恃购买实力强、购买数量大，会向企业提出更低的价格、更长的账期、更快的送货服务等额外要求，如果这些额外的要求得不到满足，客户就会选择离开。四是被竞争企业吸引。来自竞争对手的举措也会导致客户的流失，例如，虽然本企业和竞争企业的产品或服务质量差不多，但是竞争企业提供了更加具有吸引力的奖励计划，或者与客户有更好的互动，那么客户就有可能转向竞争企业。除此以外，也有可能是竞争企业为客户提供了更高质量的产品和服务。

7.4.3 流失客户的挽回

所谓流失客户的挽回，是指恢复或重建与流失客户之间的关系，主要针对那些曾经是企业的客户，但后来由于某种原因终止与企业的合作关系的客户。一项研究表明：向流失客户销售，每4个中可能有1个成功，但是向潜在客户和目标客户销售，每16个中才有1个成功。这其中主要有两个方面的原因：一方面，企业拥有流失客户的信息，他们过去的购买记录会指导企业如何下功夫将其挽回，而对潜在客户和目标客户，企业对其了解得不多，不知道如何向其销售；另一方面，流失客户曾经是企业的客户，对企业有了解、有认识，只要企业下足功夫，弥补引起他们流失的失误，客户便有可能回归。可见，争取流失客户的回归比获取新客户容易得多，而且流失客户回归后，会继续为企业介绍新客户。为了尽可能多地挽回流失客户，企业需要合理制定流失客户的挽回策略，采取有针对性的措施。具体来看，企业挽回流失客户会经历图7.6所示的4个阶段，企业应在不同的阶段采取不同的挽救措施。

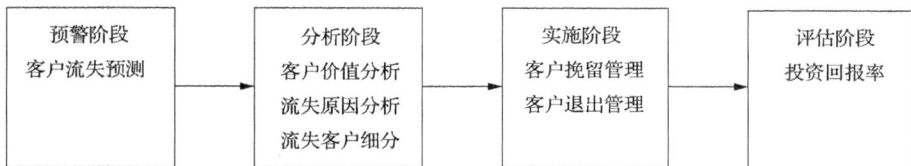

图 7.6　企业挽回流失客户的阶段

1. 预警阶段

（1）建立客户流失预测模型。企业要留住可能流失的客户，首先要辨别出哪些客户具有较大的流失概率。企业可以借助信息技术建立客户流失预测模型，运用逻辑斯谛回归、决策树、神经网络等方法进行数据分析，根据自身的情况、行业特点以及竞争对手的情况，设置客户流失的警戒点，对客户的活跃度、业务、消费频率等各项指标进行合理的监测和及时的反馈，以此来了解客户的流失情况。例如，有些企业会根据不同的客户类型（如大客户、中等客户、小客户）设置不同的警戒点。如果客户达到某个临界值，则表明该客户已经流失或者有流失的可能性。

（2）树立"客户至上"的意识。客户追求的是较高质量的产品和服务，如果企业无法给客户提供优质的产品和服务，客户就可能感到不满，从而终止与企业的关系。因此，企业需要时刻保持以客户为中心的意识，落实向客户提供利益的各项措施，主动检查产品和服务是否存在缺陷，一旦有缺陷便及时修补。

（3）加强与客户的互动。企业与客户的互动能够拉近与客户之间的关系，如企业可以通过日常拜访、节日问候、有针对性的访谈等方式，了解客户的情况，判断客户是否有流失的倾向。企业如果发现客户有流失的可能性，便需要及时采取措施。

2. 分析阶段

（1）分析流失客户的价值。企业在获取了客户流失名单后，要解决的问题是判断流失客户是否值得挽回以及能否挽回。对于企业来说，不同客户的价值存在很大差异，有些客户是企业利润与销售额的重要创造者，有些客户只能为企业带来微薄的收益。同样，在流失的客户中，既有给企业带来高额回报的大客户，也有小客户，一般而言，大客户的流失给企业带来的损失更为严重。所以，企业必须先考虑流失客户的价值，全面权衡流失客户对企业的贡献以及企业为此所付出的成本，然后把精力放在价值高的流失客户身上。

（2）分析客户流失的原因。企业在对流失客户的价值进行区分之后，还需要进一步分析客户流失原因。对客户流失原因的分析一方面是企业挽回客户的基础，另一方面也是企业未来设立预警机制的基础。因此，企业需要深入分析是企业自身的原因导致了客户流失，还是客户的原因导致了客户流失。

（3）流失客户的细分。经过客户价值分析和流失原因分析后，企业就可以对流失客户进行细分。流失客户细分可以分为两步：在客户价值分析的基础上对客户群进行筛选，从中获得值得挽回的流失客户名单；然后根据客户流失的原因对目标客户群进一步细分，从而得到值得挽回而且可以挽回的客户名单。经过细分，企业大致可得出图 7.7 所示的结论：对于那些价值高，并且是由于企业自身的原因流失的客户，企业应尽力弥补工作的失误，以期能够重新赢回客户。对于那些价值高，但是由于客户的原因流失的客户，企业应见机行事，在合理的范围内尽力满足客户的诉求，努力挽回这部分高价值的客户。对于那些低价值的客户，企业则需要分析是哪些原因造成了客户的流失。如果是企业主动放弃的低价值客户，则不需要挽回；而对于因企业产品、服务质量而流失的客户，企业则应分析原因，努力提高产品或者服务质量，重新赢回客户。对于那些无法给企业带来高价值，又是因客户的原因而离开的客户，企业则应采取基本放弃的策略，因为即使企业努力挽回与这些客户的关系，这些客户也无法为企业带来丰厚的回报。

图 7.7　流失客户挽回

3.　实施阶段

在实施阶段，企业可以采取两项行之有效的措施：一是客户挽留管理，二是客户退出管理。客户挽留管理主要针对值得挽回的流失客户。企业要主动与客户澄清事实，说明原因，表明对客户的重视，向客户传递良好的态度并说服客户改变终止业务关系的想法。例如，企业主动诚恳地向客户道歉、与客户约时间共同商讨解决方案、向客户赠送礼物进行补偿、提供比竞争对手更好的条件、在解决问题后的一周内进行电话或信件回访等。客户退出管理主要针对现有条件下不值得挽回的流失客户。对于这类客户，企业也需要采取一定的终止策略，实施良好的退出管理方式。例如，于先生曾是泰国东方酒店的忠实客户，后来由于业务调整没有再去泰国，成了东方酒店的流失客户。但东方酒店在于先生生日的时候依然向其邮寄了贺卡，为于先生送去了祝福与问候。这种客户退出管理的方式展示了东方酒店良好的企业形象。

4.　评估阶段

评估阶段是客户流失管理策略实施的反馈阶段，主要考核企业用于客户流失管理的资源是否合理。为此，企业可开展成本和收益分析。在具体分析时，企业在计算客户流失管理的成本时除了考虑企业付出的实际挽回成本外，还应该考虑机会成本，即假设该笔资金投资于其他客户的机会收益；计算收益时则应该考虑客户的未来经济价值，以及赢得客户后所增加的品牌价值和影响价值等。经过成本与收益分析，企业可以对客户流失管理的工作进行综合考核，其中最重要的考核指标就是客户流失管理的投资回报率，即：客户流失管理的收益与成本之间的比率。企业通过比较降低的客户流失率带来的经济效益与争取新客户带来的经济效益对客户流失管理工作进行考核。如果挽回流失客户的投资回报率高于发展新客户的投资回报率，则说明企业的客户流失管理策略是可行的。

前沿研究

在服务的生产与交互过程中，由于服务具有无形性、易逝性、差异性以及不可分离性等特性，因此失误在所难免。企业为了避免客户流失，往往在服务失误发生后开展及时有效的服务补救。然而，当服务失误发生时，客户并不一定会对企业提出抱怨，更多的客户会保持沉默。有学者指出，企业一般只能听到 4% 不满客户的抱怨，而其余 96% 的客户会直接离去。如果客户不对企业提出抱怨，企业就无法有效地进行补救以及挽留客户。同时，这些沉默客户往往会通过传播负面评价、向第三方机构投诉等方式宣泄对服务失误的不满。这种"沉默客户效应"无疑会在无形之中损害企业形象，进而导致企业失去现有及潜在客户，对企业极为不利。现有研究指出，事前补救策略即在服务失误发生之前进行承诺，可以促使客户勇于向企业提出不满意申诉，使企业获得改善及补救的机会。

刘凤军等学者在 2019 年 4 月的《南开管理评论》上就不同类型的事前补救策略进行了探讨，发现高客户参与服务类型与服务承诺相匹配、低客户参与服务类型与预防性服务补救相匹配。同时，在未发生服务失误的情境下，预防性服务补救与低客户参与服务类型相匹配不会产生降低客户购买意愿的副作用。

该结论给企业提供了一些管理启示。首先，企业应了解传统即时补救的局限性。事前补救可以在适宜的情景中发挥提高客户补救满意感知的效果。同时，事前补救还有效打破了企业无法知晓和弥补那些经历了服务失误但并未抱怨的客户的尴尬局面，有效挽留了那些未抱怨的客户，避免其做出传播负面评价、向第三方投诉等危害企业利益的行为。企业获得这部分潜在客户的忠诚对其在激烈的市场竞争中取胜至关重要。其次，企业在实施事前补救时应该注意客户参与程度的调节作用，根据不同的客户参与程度或行业，选择契合的事前补救措施，否则不但达不到良好的补救效果，还会适得其反，影响客户购买企业服务。研究表明，客户参与程度高的服务行业，应选择服务承诺与之匹配，而客户参与程度低的服务行业，应选择预防性服务补救与之匹配。最后，企业采取各种补救措施的最终目的是修复受损的客户信任，提高客户满意度，以期客户再次购买服务。企业采取补救措施的效果在很大程度上取决于客户对事件的归因。研究表明，在低客户参与的服务行业，由于造成失误的责任不在客户，且多为物质层面损失，不包含心理层面，客户会更在意企业物质补偿的力度。因此，企业可以将失误归因为外部客观原因，使客户产生理解和同情，从而更容易原谅企业。

企业实务

李宁公司的客户忠诚与流失分析

李宁公司成立于 1990 年，是我国著名体操运动员李宁创立的专业体育品牌公司，主要经营李宁品牌的专业及休闲运动鞋、服装、器材和配件等产品。当时世界体育运动的风潮吹进了我国，全民健身的热度不断提升。面对我国庞大的体育市场，为了满足人们对体育运动产品不断增长的需求，诸多国产体育运动公司纷纷成立，李宁公司便是其中之一。

李宁公司在发展初期，凭借着爱国亲民的品牌形象、精心打造的运动产品以及"体操王子"李宁本人的影响等，收获了大批"70 后""80 后"的消费者。根据李宁公司 2006 年的市场调查报告可知，李宁公司超过 50% 的客户都是"70 后""80 后"。拥有这些忠实客户的李宁公司进入了快速发展的时期，2010 年，李宁公司的销售收入超过 94 亿元，净利润 11.08 亿元，进入了公司盈利的巅峰期。

但随着时间的推移，"70 后""80 后"的客户逐渐成熟，"90 后"的消费者成为市场的消费主力，李宁公司需要寻找新的消费市场。因此，2010 年，李宁公司在其成立 20 周年之际启动了一次重大的市场转型工程，将目标客户从"70 后""80 后"转向"90 后"。为了迎合"90 后"客户崇尚新潮的特点，李宁公司做了许多改变。例如，李宁公司设计了更富时尚感的新 Logo，将广告语更换为"让改变发生"。此外，考虑到"90 后"客户追赶国际流行趋势的特点，李宁公司通过提高价格来提升产品品位，希望借此缩小与国际一线品牌的差距，打造国际化的产品形象。根据相关数据，李宁公司在短时间内频繁提价，2010 年 4—9 月，先后三次宣布对服装类产品和鞋类产品提价，其中服装类产品提价的幅度曾达到 17.9%，鞋类产品提价的幅度达到 7.6%。虽然李宁公司为了迎合新的目标客户做出了改变，但是这些改变并没有达到公司的预期。在新产品价格堪比国际一线品牌的情况下，李宁公司不仅没有收获更多的年轻客户，反而大面积流失了年龄稍大且看重性价比的老客户，使他们转向了其他低价国产品牌。忠诚客户的大面积流失造成原有产品滞销，经销商积压了大量库存，李宁公司的盈利严重下滑。

根据调查数据得知，2012 年，李宁公司的销售额跌至 67.39 亿元，亏损达到了 19.79 亿元。之后，李宁公司持续亏损，店铺数量也从巅峰时期的 8 000 多家缩减到 2015 年的 5 600 多家。

　　此次客户流失给李宁公司带来了严重的负面影响，为了重新赢得客户，李宁公司在巨额亏损之下踏上了重振之路。在吸取了转型失败的教训之后，李宁公司决定从挽回老客户和开发新客户两方面入手来重振公司。在老客户的挽回方面，李宁公司明确了其产品在客户心中传统形象的定位，为了重新和老客户建立情感联系，它在成立 25 周年之际换回了“一切皆有可能”这一被老客户熟知的广告语。此外，李宁公司深知经销商是重塑老客户信心的重要途径，因此启动了“渠道复兴计划”，包括：公司出资以折扣价回购经销商积压的旧版产品，减轻经销商库存压力，改善其现金流；拓展品牌折扣店和工厂店等清货渠道，尽快出清旧版产品；改革季度订货制度，为经销商提供可自由选择的弹性订货模式；整合终端渠道，清理低效加盟店，加强直营门店建设并实行标准化管理等。这一计划的实施不仅借助经销商缓和了公司与老客户的关系，还盘活了渠道资源，为新产品在渠道间的流转打下了基础。在新客户的开发方面，李宁公司用新的互动方式、新的产品与年轻的客户建立起联系。一是李宁公司运用社交媒体了解客户的喜好。50 多岁的李宁通过微博积极融入年轻人的各种活动，在短短一年的时间里积累了近 300 万名粉丝，拉近了李宁公司与年轻客户的距离。二是推出“中国李宁”这一崭新的品牌。在我国不断提升的综合国力及国际影响力的背景下，该品牌以中华传统文化与时尚文化元素有机融合的理念深深打动了年轻客户，精准地把握了他们对“国潮”产品的追捧趋势。2018 年，李宁公司运动时尚品类零售流水同比增长 42%，这也证明了李宁公司的这些重振举措很好地契合了客户的偏好和需求，使其重新赢得了大批忠实客户。

　　从客户流失到再次收获忠诚客户，李宁公司经历了低谷才逐渐成长为具有国际影响力的运动品牌。面对客户流失，李宁公司通过合适的方式重新赢回了客户的喜爱。从中国北京 – 品牌评级权威机构 Chnbrand 发布的报告可以了解到，2018 年至 2020 年，该品牌一直是客户最满意的中国本土体育品牌。客户的喜爱给李宁公司带来了可观的收益，根据李宁公司发布的 2018 年业绩报告，其 2018 年的销售收入达到了 105.11 亿元，同比增长 18%，超过了李宁公司在 2010 年的营业额，突破了 100 亿元大关。之后，李宁公司的销售收入持续增长，在 2020 年更是达到了 144.57 亿元。

<h1 style="text-align:center">本章小结</h1>

本章主要介绍了以下内容。

1. 客户忠诚包括 3 个方面的特征：行为特征，即重复购买行为；心理特征，即客户对企业所提供产品或者服务的高度依赖；时间特征，即客户在一段时间内不断关注、购买企业的产品或者服务。根据客户的行为特征和心理特征，可以将客户忠诚划分为 7 种类型：垄断忠诚、惰性忠诚、方便忠诚、价格忠诚、激励忠诚、超值忠诚和潜在忠诚。

2. 客户期望和行业竞争是影响客户满意与客户忠诚之间关系的两个重要因素。

3. 结合客户忠诚的特征，可以从时间维度、行为表现和客户的态度等方面来衡量客户忠诚。其中，时间维度体现为客户与企业的交易关系持续的时间，行为表现指标包括客户重复购买率、客户挑选时间、购买费用、客户对价格的敏感程度，客户的态度包括客户对企业的信赖、客户对产品质量问题的态度、客户对待竞争企业的态度。

4. 提升客户忠诚的途径有：提供优质的产品和服务；为客户设置退出壁垒；帮助客户转变角色。

5. 客户流失是指企业的客户由于某些原因，不再购买企业产品或服务，与企业终止业务关系的行为。客户流失的原因包括企业方面的原因和客户方面的原因两种类型。企业方面的原因有产品质量欠佳、服务质量欠佳、内部员工跳槽、企业主动放弃以及战略调整或业务变更等；客户方面的原因有需求的变化、客观原因、恶意离开以及被竞争企业吸引等。

6. 流失客户的挽回是指恢复或重建与流失客户之间的关系。具体来看，企业挽回流失客户会经历以下 4 个阶段：预警阶段、分析阶段、实施阶段、评估阶段。

本章内容可使读者了解客户忠诚的含义和类型，辨清客户满意与客户忠诚的关系，明白提升客户忠诚的方法，以及掌握流失客户的挽回方法。

本章习题

一、简答题

1. 请阐述客户忠诚的含义和类型。
2. 请论述客户满意与客户忠诚之间的关系。
3. 请阐述客户忠诚的影响因素。
4. 请举例说明提升客户忠诚的途径。
5. 请阐述客户流失的原因。
6. 请举例说明如何挽回流失的客户。

二、案例分析题

S 品牌是面向中低端消费者的汽车品牌，拥有 125 年的历史，目前 S 品牌已经建立了完备的管理和考评体系，并拥有健全的客户关系管理流程，组建了以厂家为主导的 S 车友汇。S 品牌位于华中的 4S 店对过往一年的销售数据进行了统计，发现公司的维修收入、维修台次均较低，客户流失率迅速增长。于是 4S 店针对客户满意度和客户流失率进行了调研，结果显示：公司的客户满意度评分由去年的 96.2 分上升到了 97.8 分，然而过去一年中客户流失率却由 19.2% 增加到了 29.2%。

针对这一情况，公司对流失客户的车龄段进行了分析，发现以下问题。

拥有 0 ~ 20 000 千米行驶里程车辆的客户，流失率达到 48.3%。这说明相当比例的客户到 4S 店体验服务后，尚未建立信任就离开 4S 店转移他处，这显示了 4S 店对新车客户的重视程度不足。

更为具体的分析结果如下。

1. 拥有 10 000 ~ 15 000 千米行驶里程车辆的客户，流失可能性最高。这些客户基本上是在 4S 店接受第 2 次或第 3 次保养后开始流失的，此时 4S 店为了引导客户养成定期深化养护的习惯，极力营销高端机油、发动机润滑系统、燃油系统和进气系统，造成保养费用急剧增加。由于这些客户在 4S 店的议价意愿和议价能力相对偏低，因此，这些客户基本上都接受了 4S 店的营销项目，然而客户自身对于价格是不能接受的。

2. 拥有 30 000 千米以上行驶里程车辆的客户，流失率开始降低。客户接受 6 次左右的保养维修服务后，对 4S 店已经比较熟悉，建立了一定的信任，流失可能性降低。

S 品牌目前的质保期为 3 年 100 000 千米，超过质保期的客户整体流失率较高，但是大部分客户并非等到过了质保期再离开 4S 店。超过质保期仍然来店的客户由于对 4S 店建立了信任，忠诚度显然更高。

更进一步，公司对 277 名流失客户进行了回访，询问其不在 4S 店进行维修保养的原因。其中，有 34.7% 的客户是因为维修价格过高，客户的期望保养价格与 4S 店实际的保养客单价仍存在较大差距。S 品牌的客户中有 43.4% 的客户距离 4S 店超过 15 千米，71.8% 超过 8 千米，而流失客户中有 45.1% 因为距离过远而选择在外地或者周边快修店进行维修保养。有 10.1% 的流失客户投奔业内熟人而离开 4S 店。此外，客户一方面认为 4S 店的服务基本物有所值，另一方面抱怨维修价格高，说明客户对于在 4S 店获取的价值与其付出成本的权衡结果不满意，客户感知价值不高。

4S 店客户的流失也与外部环境的变化密切相关。近年来，随着人们生活水平的提高，我国的汽车保有量也逐年提高，汽车后市场更是呈现了一派欣欣向荣的景象。传统的 4S 店面临的竞争也更加激烈。以博世、德尔福为代表的汽车连锁快修机构发展势头迅猛，它们以轮胎汽车品牌（如米其林、普利司通等）为代表建立轮胎修理更换中心，以"不需要大量深度检修，仅需要基本保养与简单维修"的客户作为目标客户，是 4S 店强有力的竞争对手。以途虎养车为代表的 O2O 汽车服务电商企业、综合修理厂及路边店、配件用品 B2B/B2C 平台，都是 4S 店的竞争对手。

案例思考题

（1）一般而言，客户流失的原因有哪些？案例中 4S 店客户流失的原因有哪些？

（2）面对店内客户流失，4S 店应该如何应对？

项目实训

以汽车行业为例，查阅并区分汽车企业的召回行为，分析不同召回行为对企业业绩以及客户忠诚的影响。

第8章
客户关系管理绩效评估

　　企业需要不断审视自身的客户关系管理策略成效，以便总结经验并进行迭代改进。本章正是围绕客户关系管理绩效的评估展开的。本章首先讨论了客户关系管理绩效测评的过程和关键维度，而后分别从客户和企业两个视角阐述了客户关系管理绩效测评的指标。以客户为中心的客户关系管理绩效测评指标包括过程和结果两个方面，而以企业为中心的客户关系管理绩效测评指标主要包括关键绩效指标和客户关系管理投资回报分析。

本章学习目标

　　（1）了解客户关系管理绩效的测评过程；
　　（2）理解客户关系管理绩效测评的关键维度；
　　（3）掌握客户关系管理绩效测评指标。

开篇引例：基于数字技术的宝洁客户关系管理策略

　　宝洁公司创始于1837年，是全球的日用消费品公司巨头之一。作为一家拥有100多年历史的知名企业，宝洁公司从2015年开始就采取了一系列数字化改革措施，推动宝洁在数字时代进行蜕变。

　　（一）依托数据重构商业流程

　　第一，宝洁重点发展了品牌和跨品牌客户关系管理系统，以此进行全域消费者的触达。消费者可以通过产品包装上的编码、宝洁的超市促销员、电商平台等多种渠道，建立与宝洁的互动关系。第二，供应链建设。宝洁在通过大数据建模，综合考虑地域、人群、消费、零售环境等复杂因素后，在全国新建了15个能够快速、低成本覆盖全国的前置仓，并根据消费动态，进行大数据算法的实时优化，以不断采取高效的产品供应方式。

　　（二）多渠道精准互动

　　第一，精准营销。宝洁打造了消费者数据管理平台（Data Management Platform，

DMP）和广告需求方平台（Demand Side Platform，DSP）等系统，还引进了大量优秀的数学科学家，为广告投放计划进行建模工作，从 2 000 多万个投放组合中，算出最佳投放组合，以大幅提升投资回报率。第二，构建公众号矩阵，输出品牌内容。以宝洁的微信公众号为例，考虑到宝洁公司旗下拥有诸多子品牌，不同子品牌面对的客户群体也不尽相同，宝洁公司以子品牌构建了公众号矩阵。与此同时，宝洁公司的产品主要依靠商超渠道进行销售，社交电商并非宝洁公司的主要销售途径。因此，宝洁公司子品牌的微信公众号更多是用于给消费者提供会员权益、加强互动、对新品精准派样，并输出品牌内容。

（三）全渠道运营

以往企业对传统渠道、现代渠道、超市渠道、电商渠道是割裂式的管理，现在由于数字化平台技术的发展，已可实现新品在所有渠道，通过数字化方式同时、同步推进，实现最大化的营销效率。例如，早在 2018 年，宝洁和京东用京东推出的 J-ZONE 平台对上述数据进行了连接。通过数据连接，宝洁旗下牙膏牙刷品牌欧乐 B 在"双十一"期间的会员增量是"6·18"期间的 8 倍，其京东店铺关注人数也大幅增长。宝洁旗下的另一品牌帮宝适，其微信公众号粉丝也在"双十一"期间贡献了京东店铺销售额的显著比例。"双十一"期间欧乐 B 发起了"京东会员狂欢日"，推出"组队瓜分 500 万京豆"活动，并对双方的重合人群进行精准推送。通过精准营销＋社交裂变，欧乐 B 会员数量实现爆发式增长，达到"6·18"大促时的 8 倍，京东店铺关注人数也大幅增长。帮宝适则在匹配京东数据后，将微信公众号粉丝分为不同的群组，推送个性化的活动通知。推送结果显示粉丝的阅读率、转化率、销售贡献等指标明显提升，公众号粉丝和京东用户重合的部分转化率达到单纯粉丝的 2 倍以上，销售贡献则更加明显。宝洁和京东随即启动了下一轮计划，宝洁把旗下二十几个品牌公众号与 J-ZONE 平台陆续连接。

如今，宝洁的消费者调研从抽样就可以实现全量、实时、精准地调研。线上、线下的数字平台，实际上已能够让公司在理论上准确地触达所有的目标消费者，并对其需求进行精准调研。对消费者需求的准确洞察让过往大批量、大制造的方式转变成小批量、定制化、快速反应的方式，即向柔性化制造方向发展，推动整个制造体系变得更加快速、更加敏捷，以满足消费者的需求。

8.1 客户关系管理绩效测评过程与关键维度

企业对客户关系管理绩效的测评具有复杂性。这种复杂性体现在以下几个方面。首先，由于客户关系管理既是企业的一种管理理念，同时也涉及一种管理软件，因此对客户关系管理绩效的评价涉及了多个方面。其次，作为企业的一种管理理念，客户关系管理并非一蹴而就，而是一个长期的过程。企业在实施客户关系管理的过程中不可避免地会受到内外部环境因素的影响。由此，客户关系管理绩效不仅具有长期性的特征，而且评价标准具有动态性，会随着企业内外部环境因素的变化而变化。最后，客户关系管理与企业的其他经营活动存在高度相关性，这使得企业很难测度客户关系管理活动的单独影响。总之，作为提升企业竞争力的一项重要举措，企业的客户关系管理活动涉及企业自身，也涉及客户，且具有长期性、动态性的特点，因此对客户关系管理绩效的测评具有多维度、动态性的特点。

8.1.1　客户关系管理绩效测评过程

客户关系管理（CRM）绩效的测评是一个动态循环过程，是一个不断迭代的过程。对CRM绩效的测评源于 CRM 战略的制定。一个良好的 CRM 战略能够为期望绩效提供路线图。图 8.1 所示为 CRM 绩效的测评过程。

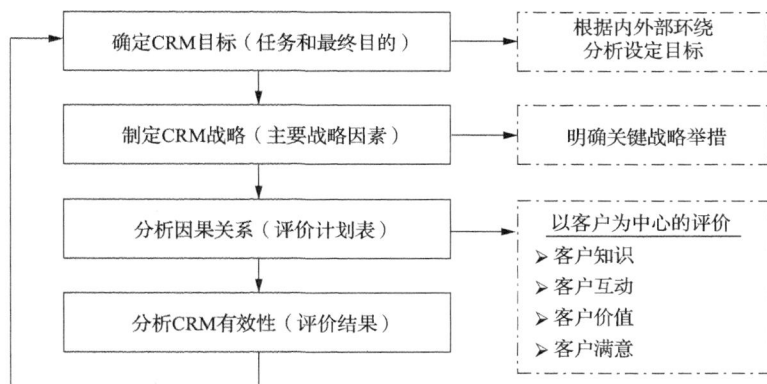

图 8.1　CRM 绩效测评过程

1. 确定 CRM 目标

在 CRM 绩效测评的过程中，第一步是确定 CRM 的任务与最终目的。一般而言，CRM的核心目标是实现客户资产的最大化。客户资产立足客户视角，聚焦于企业所有客户在整个客户生命周期中为企业带来的全部价值。但对不同的企业而言，如何实现客户资产最大化却有不同的侧重点，因而企业需要明确自身的 CRM 任务与目标。

CRM 任务与目标的确定源于对企业内外部环境的分析。外部环境的分析不仅包括对市场需求和客户的总体分析，而且涵盖了对竞争态势的分析，如竞争者分析、竞争地位分析等。内部环境的分析则是包括了对企业资源和能力的分析，以明晰企业的优势和劣势。对内外部环境的分析有助于企业明确 CRM 中的重点和难点，并帮助企业设立合适的 CRM 目标。

CRM 目标的设立需要符合目标管理的 SMART 原则，即行动明确（Specific action）、可衡量（Measurable）、可实现（Attainable）、有相关性（Relevant）、有时限要求（Time-bound）。

2. 制定 CRM 战略

在确定 CRM 目标之后，企业需要对 CRM 目标进行层层分解，以便制定清晰的 CRM 战略。在对 CRM 目标进行分解的过程中，需要注意不同部门、员工之间的沟通，使部门与部门之间、上下级之间以及员工之间达成共识。企业内部对目标和任务的一致性理解是制定有效 CRM 战略的基础。在对 CRM 目标分解的基础之上，企业可以识别关键战略因素，并制定 CRM 战略框架。

3. 分析因果关系

所谓分析因果关系，是指分析 CRM 活动与实现 CRM 目标之间的内部联系，即企业需要弄清如何做才有利于 CRM 目标的达成以及什么样的视角对实现 CRM 目标是有效的。CRM 绩效测评中的因果关系和关键维度如图 8.2 所示。企业在获取客户信息的基础之上，可以绘制客户画像，并对客户进行区分。随后，企业利用所掌握的客户知识，可以制定有效的客户互动策略，并对不同客户实行差异化营销策略，如实现产品或服务的定制化。当企业所提供的产品和服务符合或超出客户期望时，客户的满意度和忠诚度就会提升，由此企业获取和保留客户的成本会降低，客户份额与营业收入则会上升。

在上述过程中，企业对客户信息的获取与有效使用是关键。企业不仅需要获取客户的相关信息，还需要对客户信息进行有效整合，以便制定和调整战略。CRM 技术和流程不仅有助于客户信息的获取，而且有助于信息的分析和使用。因此，企业需要根据自身情况，选择合适的 CRM 技术，并将其与企业其他职能有效整合，帮助企业与客户建立长期且令双方满意的关系。

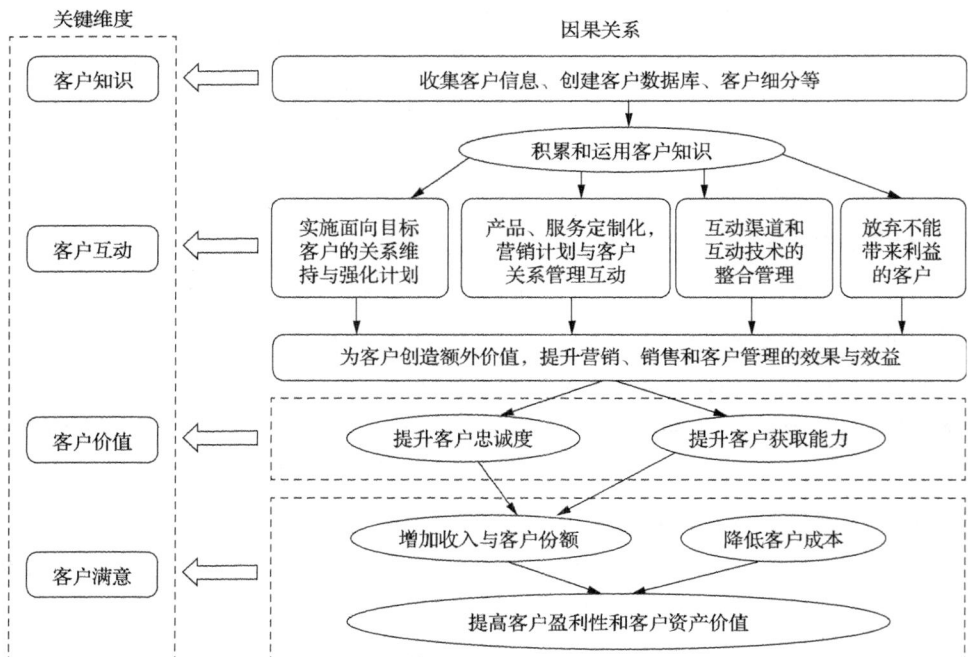

图 8.2　CRM 绩效测评中的因果关系和关键维度

4. 分析 CRM 有效性

CRM 绩效测评的最后一步是分析 CRM 的有效性，这一步骤包括了实际的 CRM 收益分析及其与 CRM 目标的对照。如果企业实际的 CRM 绩效低于之前设定的 CRM 目标，那么企业就需要重新审视其 CRM 活动，分析各项 CRM 活动的有效性，找到可以提升 CRM 绩效的途径。此外，企业也需要重新审视 CRM 目标的制定过程，分析内外部环境因素，以确定是否有更有效的 CRM 战略。不论企业采取上述何种方式，CRM 绩效的测评都是一个动态调整的过程，图 8.2 所示的过程将会不断重复进行。

8.1.2　客户关系管理绩效测评的关键维度

以客户为中心的测评主要包括了 4 个维度，分别是客户知识、客户互动、客户价值与客户满意。

1. 客户知识维度

客户知识维度反映了企业对客户的认知和了解程度，这是企业后续开展各项客户互动、客户获取与保留活动的基础。客户知识维度涵盖了企业获取客户信息的情况以及企业对客户数据的管理。企业有效应用各类工具获取客户信息，是企业理解客户需求和偏好的基石；企业能否运用各项数字技术对客户数据进行分析管理，不仅体现了企业对客户现有和未来需求的把握程度，而且会影响企业改进客户关系管理流程与行动。

案例

企业经常举办各类线下体验活动，但由于不同渠道、不同场次的活动报名数据分散，在活动结束后无法有效触达客户。那么，如何以客户为中心，将活动报名、提醒、签到、调查反馈等一系列活动数据归集起来统一管理，并最终形成企业的数据资产呢？企业可以通过 SCRM 系统来加强对客户数据的管理。具体方案如下。①在活动推广阶段，通过 SCRM 系统快速创建活动报名表单，可以为员工、合作伙伴等渠道生成专属推广码，SCRM 系统统一收集数据，自动追溯报名客户来源，同时生成客户数字档案。②活动前一天 SCRM 系统通过公众号、短信提醒已报名的客户参与活动。活动现场启用签到进场的模式，客户在微信扫码签到的同时自动关注公众号。SCRM 系统自动将已报名的客户信息与公众号粉丝数据关联，生成客户画像并添加"参加 ×× 活动"的标签。③ SCRM 系统实时统计活动报名 / 签到的人数，针对已签到的客户，可以通过公众号或短信链接推送现场精彩照片、PPT、满意度调查问卷等。

2. 客户互动维度

客户互动维度聚焦于企业的运营能力，这种运营能力既包括了企业内部的流程管理能力，又包括了外部的互动渠道管理能力。企业内部的流程管理能力体现了企业的运营能力，而外部互动渠道管理能力则反映了渠道管理的效果。外部互动渠道管理主要是指与客户接触点和互动过程的有效管理和持续改进，这会对客户体验、客户价值产生直接影响。卓有成效的互动渠道管理离不开卓越的内部流程管理。简言之，有效的内部流程管理，如企业内部对客户需求的响应、高效的产品递送等，可以有效优化客户接触点管理以及客户互动效果。

3. 客户价值维度

客户价值维度描述了客户为企业创造的有形价值和无形价值，如客户生命周期价值、客户钱包份额、客户推荐价值等。对企业而言，高价值客户是企业重要的资产，是企业保持竞争力的重要基石。对客户价值的评估可以帮助企业审视过往的客户关系管理活动，并促使企业找到提升客户价值的途径和方法。

4. 客户满意维度

客户满意维度反映了客户期望与实际体验之间相比较而形成的感觉状态。客户满意维度反映了客户的偏好、期望，在很大程度上决定了客户未来的购买行为。从定义可知，客户满意是一种心理状态，因而很难准确评估。但随着数字技术的发展，企业可以较为方便地请客户对产品或服务进行评价。

8.2 客户关系管理绩效测评指标

由于企业客户关系管理（CRM）活动涉及客户和企业双方，因此我们可以从客户和企业两个角度构建客户关系管理绩效测评的具体指标。

8.2.1 以客户为中心的客户关系管理绩效测评指标

客户测评的关键维度包括了客户知识、客户互动、客户价值和客户满意4个方面，其中客户知识和客户互动都属于过程性的测评指标，而客户价值和客户满意则属于结果性的测评指标。

1. 过程性测评指标

（1）客户知识测评指标

客户知识测评指标包含了以下3个方面。一是企业对客户信息的掌握程度。企业对客户信息掌握的深度和广度是后续一系列CRM活动的基础。二是企业对客户信息的分析与利用。在这一过程中，企业需要使用数据挖掘、机器学习等一系列数据分析方法来对客户信息进行过滤、分类、分析和运用。三是企业对 CRM 相关技术的使用情况。技术运用与更新对企业更好地理解客户需求至关重要。在上述获取和利用客户信息的过程中，客户信息的安全性是一个先决条件。

（2）客户互动测评指标

客户互动测评涉及企业内部流程管理和外部互动渠道管理。因此，客户互动测评指标包括以下 3 个方面。其一，企业对客户互动渠道的设置与布局，如互动渠道的设置与整合、响应客户需求的渠道数量、互动渠道管理的成本、订单配送时间、服务硬件设施的构建和管理等。其二，在客户互动中，企业员工的态度、技能与互动效率，如员工和客户参与程度的平衡管理、员工服务态度与技能的评估、员工执行营销活动的效率与效果等。其三，客户对互动渠道的评价，如客户对互动渠道的满意程度、客户参与互动的程度、客户对移情性的感知等。

2．结果性测评指标

客户价值和客户满意体现了客户对企业 CRM 活动的总体评价，这种评价可以体现为客户留存率、客户投诉、客户重复购买率以及客户钱包份额。可以利用以下公式计算客户钱包份额。

客户钱包份额 = 客户对该品牌的购买金额 ÷ 客户对所有该种类产品的购买金额 × 100%

客户钱包份额不仅考虑了客户对企业的总体评价，同时也考虑了客户对竞争对手的态度，能够更好地从全局角度测度企业 CRM 活动的成效。如果企业的客户钱包份额比较大，表明企业的产品在客户中销售得较好，企业具有大量的忠诚客户，企业的 CRM 活动富有成效。若企业的客户钱包份额较小，表明企业尚未赢得大量的忠诚客户，企业的 CRM 活动需要改进。

✎ 前沿研究

虽然学术界对客户钱包份额的定义基本一致，但对客户钱包份额的计算方式却存在不同观点。2018 年，《哈佛商业评论》给出了一个新的客户钱包份额公式，该公式的本质特征是既考虑品牌在客户心中的排名，也考虑客户在某一品类中选择的品牌数量。客户钱包份额公式的计算步骤如下。

1. 确定客户在目标品类中选用的品牌（或商店、企业）数量。

2. 调查每个品牌的客户满意度得分或其他忠诚度指标得分，按照分数进行排名，出现平局时取平均值。

3. 将该品牌的排名和该品类的品牌数量代入下面的客户钱包份额公式，以计算某位客户对某个品牌的钱包份额。

客户钱包份额 = [1-排名 ÷（品牌数量 +1）] ×（2 ÷ 品牌数量）

将每位客户和每个品牌的数据代入以上公式计算，便可得到所需数据。要计算某品牌的总体客户钱包份额，将所有客户的钱包份额分数相加取平均值即可。

企业可以通过计算客户钱包份额来评估其 CRM 战略表现。在很多情况下，客户可能很喜欢某个品牌，但同时也喜欢竞争品牌。此时，企业可以运用以下法则评估客户选择的每个竞争对手所占的钱包份额：①确定客户选择各竞争对手的比例；②计算客户贡献给各竞争对手的收入；③寻找客户选择竞争对手的主要原因；④评估针对各个原因赢得客户所需的成本，并对比赢得客户后可能获得的经济回报。

8.2.2 以企业为中心的客户关系管理绩效测评指标

以客户为中心的客户关系管理（CRM）绩效测评指标能够清晰描述企业的 CRM 活动的成效，然而，对企业而言，CRM 活动不仅涉及各项营销活动，而且涵盖企业在软件方面的投入。因此，以企业为中心的 CRM 绩效测评指标包括关键绩效指标和客户关系管理投资回报分析。

1. 关键绩效指标

二八法则认为一个企业在价值创造过程中，其每个部门和每位员工的 80% 的工作任务是由 20% 的关键行为完成的，抓住 20% 的关键行为，就抓住了主体。企业通过明确 CRM 目标，找到影响目标达成的关键业务领域，进而设定关键绩效指标。一般而言，关键绩效指标（Key Performance Index，KPI）是通过对组织内部流程的输入端、输出端的关键参数进行设置、取样、计算、分析，进而衡量流程绩效的一种目标式量化管理指标，是把企业的战略目标分解为可操作的工作目标的工具，是企业绩效管理的基础。

在 CRM 活动中，营销运作、销售运作、呼叫中心运作、现场服务运作是影响客户体验和感知的关键领域，因此可以从上述 4 个方面确定关键绩效指标。其中，营销运作重点是测度企业各项活动带来的客户行为变化；销售运作关注企业员工销售活动的成效；呼叫中心运作测度企业对客户需求的响应程度；现场服务运作关注企业为客户提供现场服务的情况。表 8.1 列出了基于关键绩效指标的 CRM 绩效测评指标。

表 8.1 基于关键绩效指标的 CRM 绩效测评指标

营销运作指标	销售运作指标
➤ 客户参与程度	➤ 销售配额
➤ 响应率	➤ 线索成功比率
➤ 交易率	➤ 客户价值分
➤ 平均客户获取成本	➤ 销售费用
➤ 平均客户交互成本	➤ 成交率
➤ 客户流失率	➤ 销售总量
➤ 平均订单规模	➤ 交叉销售率
➤ 订单完成情况	➤ 新客户数量

呼叫中心运作指标	现场服务运作指标
➤ 呼叫数量和时间 ➤ 平均等待时间 ➤ 放弃率 ➤ 平均谈话时间 ➤ 平均放弃时间 ➤ 后续处理时间 ➤ 一次呼叫平均成本 ➤ 平均处理时间 ➤ 客服人员利用率 ➤ 答复速度 ➤ 呼叫答复质量 ➤ 堵塞呼叫量	➤ 响应时间 ➤ 完成时间 ➤ 修复备件时间 ➤ 客户满意分 ➤ 现场服务优先级

案例

爱普生（中国）有限公司成立于 1998 年，主要从事打印机、扫描仪、投影机等信息关联产品业务、电子元器件业务，以及工业机器人业务，目前全球年销售额超过 100 亿美元，在我国累计投资已超过 8.22 亿美元，共有 10 家制造、销售及服务等机构，员工逾 16 000 人。随着家用打印机市场的扩大，呼叫中心每天有数千条会话，其中重复客户占比较多，导致沟通成本上升。在使用企点软件之后，呼叫中心员工在与客户的沟通过程中会标记客户信息并使用客户标签，以减少多、长、重复咨询带来的处理时间长、沟通成本高的问题。此外，公司售后客服团队人员众多，会话情况及员工服务质量难把控。在使用企点软件以后，管理人员每天都会在账户中心查看员工接待的相应信息，如会话总量、会话时长、平均响应时长、满意度评分等数据，能够快速精准地了解呼叫中心运作绩效。

2. 客户关系管理投资回报分析

企业在开展 CRM 活动时通常会涉及 CRM 项目的运营。CRM 项目的运营通常会涉及投资和回报。投资回报分析是一种基于财务分析的绩效评价指标。

（1）CRM 项目的成本

CRM 项目成本包括开发成本和运行维护成本。其中开发成本涉及分析设计费用（如系统调研、需求分析、系统设计等费用）和实施费用（如硬件购买与安装、系统软件配置、人员培训、数据收集、系统切换和数据导入等费用）；运行维护成本包括运行费用（如人员费用、消耗材料费用、技术资料获取费用、固定资产折旧费用等）、管理费用（系统服务费用、行政管理费用、审计费用等）、维护费用（纠错性维护费用、适应性维护费用、完善性维护费用）、系统升级费用等。

上述成本都是 CRM 项目实施中的显性成本，在 CRM 项目实施中还涉及隐性成本。隐性成本是相对于显性成本而言的，是指隐藏于企业总成本之中、游离于财务审计监督之外的成本。隐性成本是由企业或员工的行为而有意或者无意造成的、具有一定隐蔽性的将来成本和转移成本。例如，管理层决策失误带来的巨额成本增加、领导的权威失灵造成的上下行动不一致、信息和指令失真、效率低下等。相对于显性成本来说，这些成本隐蔽性强、难以避免、不易量化。由于隐性成本的存在，Gartner Group 发现大多数实施 CRM 项目的企业将项目成本低估了 40% ～ 75%。

（2）CRM 项目的收益

CRM 项目的收益主要包括业务收益和客户服务的成本节约收益两个部分。其中，业务收益来源于客户满意度与客户忠诚度提升带来的收益增长和利润提升，具体可以表现为：客户每次购买数量和金额的增加、客户购买频率的提高、客户与企业交易关系时间的延长等。上述收益与利润的提升源于企业与客户长期友好关系的建立，使客户从关系中收获更多、对企业产品的依赖更强。成本节约收益来源于企业在与客户沟通互动中支出费用的减少。例如 CRM 项目的运营提升了企业与客户的互动效率，减少了面对面互动的费用支出。

案例

2022 年 4 月，艾瑞咨询发布了《2022 年中国 CRM 行业研究报告》。该报告显示：2021 年中国 CRM 市场规模为 156 亿元，相较 2020 年增长了 16.5%。但不同规模企业 CRM 渗透率相差很大，大型企业 CRM 渗透率约为 75%，中型企业 CRM 渗透率约为 40%，小型企业 CRM 渗透率仅为 20%。目前，企业在使用 CRM 的过程中存在三大痛点：一是用户对 SaaS 产品选择困难、不会使用，二是企业部署 CRM 系统成本较高，三是人工录入、信息维护等工作使业务员工作量增加。据 Forrester 报告，约 31% 的受访者认为昂贵的总拥有成本（Total Cost of Ownership，TCO）是他们部署 CRM 系统时面临的主要挑战，而硬软件标价仅是成本中的显性一隅。以中小企业为例，咨询、培训、实施交付等成本约占云端部署 CRM TCO 的 15%，占本地部署 CRM TCO 的 30%。值得注意的是，这些数字还未考虑实际存在的人力、时间等投入。

企业实务

海尔的客户关系管理实践

作为世界知名的家电企业，海尔一直坚持以客户为中心。早在 20 世纪 90 年代，海尔就在全国 29 个城市建立了电话中心，使客户可以通过电话预约维修安装服务。21 世纪初，海尔开始建设客户关系管理（CRM）系统，并逐步形成了"前台一张网、后台一条链"（指海尔 CRM 网站和海尔的市场链）的集成系统。前台的 CRM 网站作为与客户快速沟通的桥梁，快速收集、反馈客户的需求，实现与客户的零距离互动；后台的 ERP 系统可以将客户需求快速发给供应链系统、物流配送系统、财务结算系统、客户服务系统等流程系统，实现对客户需求的协同服务，大大缩短对客户需求的响应时间。

进入数字经济时代以后，海尔发现客户的需求和行为模式有了非常大的变化，于是又开始了 SCRM 实践。海尔认为：与传统的以企业为中心的 CRM 不同，SCRM 强调以客户为中心，并注重大数据和交互，提出"无交互不海尔，无数据不营销"的口号。因此，数据平台运营的核心也是要聚焦活生生的人，而不是冷冰冰的数。当客户成为海尔的会员之后会产生很多数据，这些数据都存储在 SCRM 数据平台。这个数据平台不仅存放了会员注册数据，而且存放了产品销售数据、售后服务数据、官方网站数据、社交媒体数据等。一句话概括：只要是和海尔的客户有关的数据，都被存放在 SCRM 数据平台。

但是，光有数据并不一定能够带来价值，只有把数据连接在一起才能准确洞察客户需求。据此，海尔以客户数据为核心，把分散在不同系统中的客户数据进行数据融合。通过数据清洗，识别出每个海尔客户的相关信息，而后通过数据融合、客户识别，生成数据标签，建立数据模型。由此海尔不仅构建了 360 度客户画像，还运用量化分值定义客户潜在需求的大小。海尔已经连接超过 1.4 亿线下实名数据，19 亿线上匿名数据，所生成 360 度客户画像的标签体系，包含 7 个层级、143 个维度、5 236 个节点，数据标签超过 11 亿个。

海尔认为数据采集和挖掘的最终目的是使用数据。因此，海尔将营销场景分为线上场景和线下场景。线上场景有网上浏览、电商购物、线上社交；线下场景有居家生活、门店购物、电话交流等。客户无论出现在哪一个场合，海尔都可以在正确的时间、正确的地点给客户送去想要的产品或方案。海尔利用所掌握的客户信息开展了许多富有成效的营销活动。

海尔基于数据在线上开展精准营销。例如，海尔开展过一次"海尔、新浪微博、国美三方联合数据精准营销"活动，总体策略是：海尔 SCRM 数据平台将海尔客户数据和新浪微博用户数据进行匿名匹配，当匹配上的共同用户在微博上出现时，直接把用户引流到国美渠道购买海尔家电产品。具体步骤如下。第一步，海尔 SCRM 数据平台基于底层的需求预测数据模型，精准预测出 1.4 亿海尔忠实客户中有超过 3 000 万人存在更新换代、交叉购买等潜在需求。第二步，海尔、新浪微博双方都对自己的数据进行加密处理，在同一个第三方的"数据安全港"进行匿名匹配，结果发现海尔的 3 000 多万潜在客户中，有 500 多万人在新浪微博也有数据，属于"重合潜在用户"。第三步，海尔、国美联合策划了一个营销方案，并在新浪微博上面向这500多万"重合潜在用户"精准投放广告。在活动期间，这500多万目标用户中有120多万人登录新浪微博，成为这次大数据营销的精准受众。最终的效果是，精准转化率超过平时营销活动的3倍。

海尔在线下开展精准交互营销。例如，海尔有一款产品——"馨厨"冰箱，冰箱和食物通过传感器互连，冰箱和超市通过网络互连，冰箱和人通过手机终端互连。这款冰箱将薄膜晶体管、音箱等功能引入设计，使影音娱乐、生活资讯、在线购物等诸多互联网应用得以在冰箱上实现。海尔与爱奇艺、蜻蜓FM、豆果网、苏宁易购合作，将客户熟悉的网络娱乐、互动模式带入厨房，使客户可以一边做饭一边追剧、听节目或查看菜谱，甚至购物。此外，"馨厨"冰箱还搭载了人体感应模块，可以主动对场景做出识别并调节自身状态，这也使其能达到国家一级能耗标准。配备语音识别系统的"馨厨"冰箱可以同时变身为一个智能语音助手。

未来，海尔计划搭建一个U+智慧生活平台，构建并联交互平台和生态圈，为客户提供互联网时代美好生活解决方案。

本章小结

本章主要介绍了以下内容。

1. 客户关系管理绩效的测评是一个动态循环的过程，主要包括确定CRM目标、制定CRM战略、分析因果关系和分析CRM有效性4个步骤。

2. 以客户为中心的客户关系管理绩效测评包含了4个关键维度：客户知识、客户互动、客户价值和客户满意。

3. 以客户为中心的客户关系管理绩效测评指标可分为过程性测评指标和结果性测评指标。其中过程性测评指标包括客户知识测评指标、客户互动测评指标；结果性测评指标包括客户留存率、客户投诉、客户重复购买率以及客户钱包份额。

4. 以企业为中心的客户关系管理绩效测评指标包括关键绩效指标和客户关系管理投资回报分析。其中，关键绩效指标包括营销运作指标、销售运作指标、呼叫中心运作指标和现场服务运作指标；客户关系管理投资回报分析包括CRM项目的成本和CRM项目的收益两个方面。

本章内容可使读者理解客户关系管理绩效测评的过程和关键维度，也可以帮助读者掌握如何从客户和企业两个不同的角度设定合适的客户关系管理绩效测评指标。

一、简答题

1. 请阐述客户关系管理绩效测评的过程。

2. 请分析客户关系管理绩效测评的关键维度。

3. 请简述以客户为中心的客户关系管理绩效测评指标。

4. 请简述以企业为中心的客户关系管理绩效测评指标。

二、案例分析题

Newzoo 发布的《2021 全球移动市场报告》显示，2021 年全球智能手机用户总数将达到 39 亿，预计到 2024 年年底，全球智能手机用户的数量将达到 45 亿。而中国作为全球第一大移动支付市场，正成为数字化消费的最重要市场之一。

某运动品牌一直秉承以消费者为中心的理念。早在 2012 年，该运动品牌就洞悉到数字化会改变消费者的行为，企业需要加强与消费者的联系与互动。因此，该运动品牌提出了直接面向消费者（Direct To Customer，DTC）战略，试图利用数字技术加强与消费者之间的互动、强化与消费者之间的关系。为此，该运动品牌采取了以下行动。

首先，该运动品牌收购了三个数据分析公司，以此获取消费者习惯、行为、喜好等数据，以更个性化、更具吸引力和可持续性的方式，为消费者提供快捷的数字产品和服务。

其次，该运动品牌进行了线上数字化布局。该运动品牌先后推出了数个 App。该运动品牌以其 App 为中心，把官网、天猫官方旗舰店、微信小程序等平台，共同组成线上数字化矩阵，实现与消费者全方位连接。在其 App 上，会员可以买鞋、买衣服，定制属于自己的产品，预约精彩活动和独家运动课程，浏览感兴趣的推送内容等，还可以在社交平台进行分享。

再次，该运动品牌对线下消费场景进行变革，实现线上、线下全渠道零售融合发展。自 2018 年以来，该运动品牌不断创新线下零售场景，联合其 App、微信小程序等数字产品，共同实现线上、线下消费的无边界体验。以其广州品牌体验店为例，在店里，消费者能够用其 App 浏览活动和优惠消息，通过其 App At Retail 等，查看心仪产品的实时库存、速测鞋码，实现自助购物。

最后，该运动品牌不断更新迭代会员计划。例如，该运动品牌把会员制与线上 App 及第三方平台，与线下实体店整合。在其数字矩阵中，基于会员意愿分享的数据，如兴趣、购买历史，以及浏览历史等，App 向每一个会员推送个性化的产品和服务，包括训练技巧、饮食习惯、锻炼技巧等。

2021 年该运动品牌和天猫携手宣布整合天猫会员体验，共同推出会员进阶计划。该计划基于数字化的交互思维打造天猫首个品牌会员定制专区，是一项致力于服务年轻一代消费群体的"365天会员计划"。该计划会在该运动品牌旗下三家天猫官方旗舰店同时落地。

该运动品牌天猫会员进阶计划首次将3D虚拟人物——个性运动化身形象融入其中，使会员可以定制自己的专属卡通形象，并由此参与一系列趣味互动和升级挑战，晋升自己的会员等级，解锁会员福利。根据个人偏好，会员可以设定不同性别/风格的专属形象，如"弄潮儿""运动家""机能侠"等。随着会员等级不断提升，会员可以逐步解锁30种虚拟人物，参与丰富的线上、线下与运动相关的互动，包括线上投篮/瑜伽、线下运动（走路计步）等。值得一提的是，这也是天猫首次将计步功能搭载至App中。

从2016年到2020年，该运动品牌的数字渠道业务一直呈直线上扬的趋势，特别是在2020年，其多数实体门店被迫暂停营业，但线上表现未受影响。2020财年，该运动品牌数字业务占比达到30%，比原计划提前两年达成目标，预计2025财年数字业务将占总业务的50%。

该运动品牌设想未来的市场将是一个更贴近消费者想法和需求的市场。其将对直营零售、经销商、供应商、技术服务商等合作伙伴进行全方位的统一管理，与经销商连接库存数据、会员数据，为消费者打造从线上到线下包括产品、服务、沟通等各方面的无缝体验，扩大对小型、数字化驱动店铺的投资。

案例思考题

（1）该运动品牌的客户关系管理策略有何特点？

（2）该运动品牌如何利用数字技术提升客户关系管理绩效？

（3）新兴数字技术的引入能为客户关系管理策略和绩效测评带来哪些启示？

项目实训

选择你熟悉的一家企业，分析其客户关系管理绩效，并提出改进该企业客户关系管理绩效的策略。

参考文献

[1] 佩恩，等. 关系营销：形成和保持竞争优势 [M]. 梁卿，等译. 北京：中信出版社，2002.

[2] 特班，斯特劳斯，黎秀龄. 社交商务：营销、技术与管理 [M]. 朱缜，等译. 北京：机械工业出版社，2018.

[3] 白琳. 顾客感知价值、顾客满意和行为倾向的关系研究述评 [J]. 管理评论，2009，21（1）：87-93.

[4] 皮泊斯，容格斯. 客户关系管理 [M]. 郑先炳，邓运盛，译. 北京：中国金融出版社，2006.

[5] 邓成连. 触动服务接触点 [J]. 装饰，2010（6）：13-17.

[6] 范晓屏，马庆国. 基于虚拟社区的网络互动对网络购买意向的影响研究 [J]. 浙江大学学报（人文社会科学版），2009，39（5）：149-157.

[7] 科特勒. 营销革命4.0：从传统到数字 [M]. 王赛，译. 北京：机械工业出版社，2018.

[8] 冯光明，余峰. 客户关系管理理论与实务 [M]. 北京：清华大学出版社，2019.

[9] 符国群，俞文皎. 从一线员工角度探讨服务接触中顾客满意与不满的原因 [J]. 管理学报，2004（1）：98-102，5.

[10] 黄丽华，何晓，卢向华. 企业在线社群内容组合策略的影响研究 [J]. 管理科学学报，2020，23（2）：15.

[11] 李惠璠，罗海成，姚唐. 企业形象对顾客态度忠诚与行为忠诚的影响模型——来自零售银行业的证据 [J]. 管理评论，2012，24（6）：88-97.

[12] 李文龙，徐湘江，包文夏. 客户关系管理 [M]. 2版. 北京：清华大学出版社，2020.

[13] 刘凤军，孟陆，陈斯允，等. 网红直播对消费者购买意愿的影响及其机制研究 [J]. 管理学报，2020（1）：11.

[14] 刘新燕，刘雁妮，杨智，等. 构建新型顾客满意度指数模型——基于SCSB、ACSI、ECSI的分析 [J]. 南开管理评论，2003，6（6）：52-56.

[15] 齐佳音，韩新民，李怀祖. 客户关系管理的管理学探讨 [J]. 管理工程学报，2002，3：31-34.

[16] 钱丽萍, 刘益, 程超. 连锁超市服务质量感知模型研究 [J]. 当代经济科学, 2005（3）: 73-78, 111.

[17] 权明富, 齐佳音, 舒华英. 客户价值评价指标体系设计 [J]. 南开管理评论, 2004（3）: 17-23.

[18] 邵兵家, 钱丽萍, 于同奎. 客户关系管理: 理论与实践 [M]. 2 版. 北京: 清华大学出版社, 2010.

[19] 苏朝晖. 客户关系管理: 理念、技术与策略 [M]. 3 版. 北京: 机械工业出版社, 2018.

[20] 王永贵, 马双. 虚拟品牌社区顾客互动的驱动因素及对顾客满意影响的实证研究 [J]. 管理学报, 2013, 10（9）: 1375-1383.

[21] 王永贵. 客户关系管理（精要版）[M]. 北京: 高等教育出版社, 2018.

[22] 王勇, 庄贵军, 刘周平. 企业对顾客直接投诉的反应及其影响 [J]. 管理学报, 2007（3）: 318-325, 335.

[23] 韦夏, 涂荣庭, 周志民. "准忠诚计划"失败对顾客满意的影响 [J]. 管理科学, 2017, 30（3）: 12.

[24] 卫海英, 冯伟. 品牌资产生成路径: 基于企业与消费者互动行为的研究视角 [J]. 管理世界, 2007（11）: 164-165.

[25] 吴凤姣, 胡跃红. 美容院顾客满意度影响因素的实证分析 [J]. 数理统计与管理, 2006（6）: 631-635.

[26] 伍京华. 客户关系管理 [M]. 北京: 人民邮电出版社, 2017.

[27] 夏国恩, 金炜东. 基于支持向量机的客户流失预测模型 [J]. 系统工程理论与实践, 2008（1）: 71-77.

[28] 薛佳奇, 刘婷, 张磊楠. 制造企业服务导向与创新绩效: 一个基于顾客互动视角的理论模型 [J]. 华东经济管理, 2013, 27（8）: 78-82.

[29] 杨伟文, 刘新. 虚拟品牌社群价值对品牌忠诚的影响实证研究 [J]. 系统工程, 2010, 28（3）: 53-58.

[30] 易明, 邓卫华. 客户关系管理 [M]. 北京: 科学出版社, 2020.

[31] 张均涛, 李春成, 李崇光. 消费经历对顾客满意感影响程度研究——基于武汉市生鲜农产品的实证研究 [J]. 管理评论, 2008, 20（7）: 21-27.

[32] 张新安, 田澎, 张列平. 顾客满意度测评模型 [J]. 系统工程理论方法应用, 2002, 11（3）: 248-252.

[33] 张新安, 田澎. 顾客满意与顾客忠诚之间关系的实证研究 [J]. 管理科学学报, 2007（4）: 62-72.

[34] Anderson E W, Fornell C, Lehmann D R. Customer satisfaction, market share, and

profitability：Findings from Sweden[J]. Journal of marketing，1994，58（3）：53-66.

[35] Berry L L. Relationship marketing of services perspectives from 1983 and 2000[J]. Journal of Relationship Marketing，2002，1（1）：59-77.

[36] Blocker C P，Flint D J，Myers M B，et al. Proactive customer orientation and its role for creating customer value in global markets[J]. Journal of the Academy of Marketing Science，2011，39：216-233.

[37] Bonner J M. Customer interactivity and new product performance：Moderating effects of product newness and product embeddedness[J]. Industrial Marketing Management，2010，39：485-492.

[38] Churchill Jr G A，Surprenant C. An investigation into the determinants of customer satisfaction[J]. Journal of Marketing Research，1982，19（4）：491-504.

[39] Dabholkar P A，Thorpe D I，Rentz J O. A measure of service quality for retail stores：Scale development and validation[J]. Journal of the Academy of marketing Science，1996，24（1）：3-16.

[40] Florenthal B，Shoham A. Four-mode channel interactivity concept and channel preferences[J]. Journal of Services Marketing，2010，24（1）：29-41.

[41] Fornell C，Johnson M D，Anderson E W，et al. The American customer satisfaction index：Nature，Purpose，and Findings[J]. Journal of Marketing，1996，60（4）：7-18.

[42] Grönroos C. Adopting a service logic for marketing[J]. Marketing Theory，2006，6（3）：317-333.

[43] Grönroos C. Service management and marketing[M]. Lexington，MA：Lexington books，1990.

[44] Gummesson E. Making relationship marketing operational[J]. International Journal of Service Industry Management，1994，5（5）:5-20.

[45] Hoffman D L，Novak T P. Marketing in hypermedia computer-mediated environments：Conceptual foundations[J]. Journal of Marketing，1999，60（3）：50-68.

[46] Howard J A，Sheth J N. The theory of buyer behavior[M].New York：Wiley,1969.

[47] Ko H，Cho C H，and Roberts M S. Internet uses and gratifieations：a structural equation model of interaetive advertising[J]. Journal of Advertising，2005，34（2）：57-70.

[48] Kumar V. A theory of customer valuation：Concepts，metrics，strategy，and implementation[J]. Journal of Marketing，2018，82（1）：1-19.

[49] Liu Y，Shrum L J. What is interactivity and is it always a good thing? Implications of definition，person，and situation for the influence of interactivity on advertising effectiveness[J]. Journal of Advertising，2002，31（4）：53-64.

[50] Massey B L, Levy M R. Interactivity, online joumalism, and english-language web news papers in Asia[J]. Joumalism & Mass Communication Quarterly, 1999, 76（1）: 138-151.

[51] Morgan R M, Hunt S D. The commitment-trust theory of relationship marketing[J]. Journal of Marketing, 1994, 58（3）:20-38.

[52] Oliver R L. A cognitive model of the antecedents and consequences of satisfaction decisions [J]. Journal of Marketing Research, 1980, 17（4）: 460-469.

[53] Peppers D, Rogers M. The one to one future: building relationships one customer at a time[M]. New York: Currency Doubleday, 1993.